Lo Iacono / Wiefling / Schneider

Programmieren trainieren

W0359033

Luigi Lo Iacono
Stephan Wiefling
Michael Schneider

Programmieren trainieren

Mit über 150 Workouts in Java und Python

3., überarbeitete Auflage

HANSER

Die Autoren:
Prof. Dr.-Ing. Luigi Lo Iacono, Bonn
Stephan Wiefling, Köln
Michael Schneider, Daaden

Aus Gründen der besseren Lesbarkeit wird auf die gleichzeitige Verwendung der Sprachformen männlich, weiblich und divers (m/w/d) verzichtet. Sämtliche Personenbezeichnungen gelten gleichermaßen für alle Geschlechter.

Bibliografische Information der Deutschen Nationalbibliothek:
Die Deutsche Nationalbibliothek verzeichnet diese Publikation in der Deutschen Nationalbibliografie; detaillierte bibliografische Daten sind im Internet über http://dnb.d-nb.de abrufbar.

Lektorat: Sylvia Hasselbach
Copy editing: Sandra Gottmann, Wasserburg
Layout: le-tex publishing services GmbH
Umschlagdesign: Marc Müller-Bremer, www.rebranding.de, München
Umschlagrealisation und Titelmotiv: © Max Kostopoulos
Druck und Bindung: Hubert & Co. GmbH & Co. KG BuchPartner, Göttingen
Printed in Germany

Print-ISBN: 978-3-446-47766-7
E-Book-ISBN: 978-3-446-47821-3
E-Pub-ISBN: 978-3-446-47999-9

Inhalt

Vorwort

Der Messenger auf deinem Smartphone, der Bluetooth-Lautsprecher, mit dem du deine Lieblingsmusik abspielst, der Algorithmus, der auf Netflix die neueste Serie vorschlägt – jemand hat all das programmiert. Fast nichts in der Welt kommt noch ohne Code aus. Du bist grade auf dem besten Weg, ein Teil davon zu werden und die Zukunft mitzugestalten. Wie aufregend!

Klar, es gibt auch frustrierende Momente – wenn du nicht herausfinden kannst, wo der Fehler in deinem Code liegt, oder wenn du das Kapitel über Objektorientierung in deinem Lehrbuch nicht verstehst. Aber keine Sorge, wir alle haben diese Erfahrung gemacht. Es braucht Zeit und Übung, um wirklich gut im Programmieren zu werden.

Ich selbst habe angefangen, Informatik zu studieren, ohne jemals auch nur eine Zeile Code gesehen zu haben. Und oh boy, war das eine Herausforderung. Am Anfang fiel es mir echt schwer. Aber irgendwas hat mich gepackt, und mit jeder Übungsaufgabe wurde es ein bisschen einfacher. Und je mehr ich gelernt habe, desto mehr habe ich gemerkt, wie viel Spaß programmieren macht. Es ist einfach das beste Gefühl, wenn man den Fehler im Code dann irgendwann doch findet und das Programm endlich genau so funktioniert, wie man es sich vorgestellt hast.

Und irgendwann siehst du dann, was du mit diesem Handwerk alles anstellen und wie kreativ du mit Code werden kannst. In meiner Arbeit als Spieleprogrammiererin kann ich mit nur wenigen Zeilen Code die Steuerung für eine Spielfigur festlegen, eine Unterhaltung zwischen zwei Charakteren auf dem Bildschirm anzeigen oder ein ganzes Level automatisch generieren lassen. Die Möglichkeiten sind fast endlos! Und das Beste: Es gibt selten nur eine richtige Lösung für ein Problem. Das gibt uns beim Programmieren die Chance, unsere eigenen Ideen und Visionen umzusetzen. Und nein, wir sitzen nicht den ganzen Tag allein im Keller vor dem Bildschirm, wie Kriminelle beim Hacken in einem Hollywoodfilm. Wir arbeiten im Team an spannenden Projekten, um gemeinsam ein Ziel zu erreichen.

Mit den Übungsaufgaben in diesem Buch (in dieser Auflage übrigens mit 20 brandneuen Aufgaben) kannst du deine Fähigkeiten im Programmieren Schritt für Schritt ausbauen. Damit auch du dich bald an eigene und komplexere Projekte wagen kannst und mit deinem Code die Zukunft gestaltest!

Kathrin Radtke (Spellgarden Games), im Januar 2023

Neues in der 3. Auflage

Im Vergleich zu den ersten beiden Auflagen hat sich in der 3. Auflage erneut einiges geändert.

Wie du dir vorstellen kannst, sind **neue Aufgaben** hinzugekommen. Dieses Mal sind es zwanzig Aufgaben mehr im Vergleich zur 2. Auflage. Wir haben die neuen Aufgaben gekennzeichnet, damit du sie schnell finden kannst. Sowohl im Inhaltsverzeichnis als auch in der Aufgabenüberschrift befindet sich der Hinweis „Neu“, an dem du die neuen Aufgaben direkt erkennen kannst. Ansonsten sind die Aufgaben in den Kapiteln nach unserer subjektiven Einschätzung der Schwierigkeit, des Zeitaufwands und der erforderlichen Kreativität aufsteigend sortiert. Du kannst dich also auch gut von vorne nach hinten durcharbeiten.

Außerdem haben wir **Fehler korrigiert**, die uns von Leserinnen und Lesern zuletzt zur 2. Auflage zurückgemeldet wurden (siehe auch Danksagung). Es versteht sich von selbst, dass wir zudem alles Erforderliche **auf den aktuellen Stand** gebracht haben. Dies betrifft insbesondere alle Kapitel, in denen die dem Buch zugrunde gelegte Programmierumgebung „Processing“ behandelt wird. Auch hier haben wir für die 3. Auflage das Feedback unserer Leserschaft aufgegriffen und genauer beschrieben, wie die Beispiellösungen auch mit einer anderen Programmierumgebung verwendet werden können. Für die Aufgaben, für die die Verwendung außerhalb von Processing ohne größere Änderungen an der Musterlösung möglich ist, haben wir eine Kennzeichnung eingeführt, die dies ersichtlich macht. Das Icon, das an jeder Aufgabe zur visuellen Unterstützung steht, ist dann eingerahmt und mit dem Text „Auch ohne Processing lösbar“ versehen.

Eine weitere wichtige Neuerung der 3. Auflage ist, dass wir uns entschlossen haben, die Beispiellösungen nicht mehr im Buch mit abzudrucken. Der Grund dafür ist, dass wir wertvolles **Papier einsparen** möchten. Wie du es vermutlich schon von Hanser-Büchern und natürlich auch von unseren ersten beiden Auflagen gewohnt bist, hast du viele verschiedene Zugänge zu den Beispiellösungen. Diese sind z. B. im E-Book enthalten oder können als Programmtexte von GitHub oder direkt von Hanser heruntergeladen werden. Also wundere dich nicht, wenn bei den Anhängen C und D die Lösungen, die im E-Book enthalten sind, im gedruckten Buch fehlen. Jetzt weißt Du, warum dies der Fall ist.

Darüber hinaus erhältst du als Käufer:in des gedruckten Buches einen Code, mit dem du das komplette E-Book herunterladen kannst. Diesen Code findest du ganz vorne im Buch unter der Überschrift „E-Book inklusive“.

Danksagung

Ein Buchprojekt ist harte Arbeit. Ohne die Unterstützung vieler helfender Hände geht es nicht. Wir können uns gar nicht genug bei euch allen bedanken, versuchen es aber dennoch, so gut wir können.

Zeit ist wohl das Kostbarste, was wir haben. Darum bin ich umso dankbarer, dass meine liebe Familie mir diese für derartige und andere Projekte einräumt. Danke, Barbara, Giuliana, Antonio und Fabio.

Danke an Brigitte, Frank, Christian und alle anderen wundervollen Menschen, die mich bei der Arbeit an diesem Buch unterstützt haben. Außerdem danke ich allen Förderinnen und Förderern, besonders meinem damaligen Informatiklehrer „Herr Schepanek“.

Ich danke allen Kolleginnen und Kollegen, die mich im Laufe der Jahre begleitet haben. Besonders möchte ich mich bei Katrin für ihre Geduld und ihren Support sowie bei Juli und Lana für ihre Motivation bedanken.

Gemeinsam möchten wir uns bei Christian Ullenboom bedanken. Er hat das Buch kritisch durchgearbeitet und uns viele wertvolle Anmerkungen dazu gegeben. Gleiches gilt für Dirk Louis, der uns zudem freundlicherweise das Vorwort zur Erstauflage des Buches geschrieben hat. Bei Kathrin Radtke und Patrick Stenzel möchten wir uns für die Vorworte zur dritten bzw. zweiten Auflage bedanken. Dem Hanser Verlag und insbesondere Sylvia Hasselbach möchten wir für die viele Geduld mit uns und die ungebrochene Unterstützung bedanken. Ein derartiger Rückhalt ist unverzichtbar.

Außerdem bedanken wir uns bei Remo Lötscher, Lothar Massing, Lars Mühlbauer, Jens Schönbohm und Lars Wildeshaus, die uns auf kleine Fehler in den vorherigen Auflagen aufmerksam gemacht haben, welche wir in dieser Auflage korrigieren konnten.

Schließlich wollen wir uns an dieser Stelle bei den vielen Freiwilligen da draußen bedanken, die ihre wertvolle Zeit dafür aufwenden, um der Allgemeinheit viele nützliche Dinge kosten- und diskriminierungsfrei zur Verfügung zu stellen. Unser Buch bedient sich viel aus der Public Domain, wofür wir uns gerne durch Benennung der wesentlichen Bausteine bedanken wollen. Zunächst sind hierzu die beiden zugrunde gelegten Programmiersprachen zu nennen. **Java** (https://www.java.com/de/) wird von der Oracle Corporation und **Python** (https://www.python.org/) von der Python Software Foundation bereitgestellt. Beide gehören aktuell zu den am meisten eingesetzten Sprachen und können auf vielfältigste Weise verwendet werden. Um die Hürden gerade für den (fachfremden) Einstieg in die Programmierung weitestgehend zu eliminieren, stellt die Processing Foundation die gleichnamige Entwicklungsumgebung zur Verfügung (https://processing.org/). **Processing** basiert dabei von Hause aus auf Java. Im Laufe der Zeit sind weitere Programmiersprachen hinzugekommen, darunter neben JavaScript auch Python (https://py.processing.org/). Wir verwenden im Buch zudem **Piktogramme**, um die Aufgaben durch kleine Icons visuell zu unterstreichen. Iconify.it stellt eine Sammlung von 650 freien Glyphicons bereit, aus der wir uns hierzu bedient haben. Schließlich verwenden wir in einigen Programmieraufgaben Bilder, die durch das Programm verarbeitet werden sollen. Hier haben wir auf die Public-Domain-Cliparts von clker.com (https://clker.com/) zurückgegriffen. Ebenso haben wir das Public-Domain-Bild „squirrel“ von Lola Williams in zwei Aufgaben verwendet.

Last, but not least wollen wir uns **bei dir bedanken**. Wir freuen uns, dass wir dein Interesse geweckt und es schon mal bis in deine Hände geschafft haben. Jetzt bleibt uns nur noch, dir beim Programmierentrainieren viel Erfolg und auch Spaß zu wünschen.

Luigi Lo Iacono, *Stephan Wiefling* und *Michael Schneider*
August 2023

Vorwort zur zweiten Auflage

„Jede hinreichend fortschrittliche Technologie ist von Magie nicht zu unterscheiden.“
— Arthur C. Clarke

Wir sind Programmierer. Wir sind Magier. Das MIT ist unser Hogwarts, der Google Campus ist unsere unsichtbare Universität, Cupertino ist unser Narnia. Steve Jobs ist unser David Copperfield, Larry Page und Sergey Brin sind unsere Ehrlich Brother, und Frank Thelen ist immerhin vielleicht noch so was wie unser Vincent Raven. Wir sind Siegfried und Roy, und aus Versehen programmierte Endlosschleifen sind unsere weißen Tig... strapazieren wir die Allegorie mal nicht über. Jedenfalls: Wir sind Magier.

Oder wenigstens wirken wir für unser Umfeld so. Der Onkel dritten Grades, der im Atomkraftwerk arbeitet, würde uns selbst dann anrufen, wenn AssetWise mal hakt, weil wir eben Informatiker sind und uns dementsprechend mit allem auskennen, was irgendwie mit Computern zusammenhängt. Dabei ist es auch egal, wie komplex oder unterkomplex die Aufgabe ist. Wir werden angerufen, wenn ein Teilchenbeschleuniger angesteuert werden muss, aber auch, wenn es im Fachgeschäft für Strickzubehör „Woll im Leben“ einer Freundin des Freundes deiner Tante väterlicherseits in der alten Fußgängerzone der Kleinstadt, in der du geboren wurdest, nicht mehr ganz so gut läuft und sie jetzt „mal eben“ einen Shop braucht, um den Globalisierungseffekt besser für sich zu nutzen und das Wollgeschäft im Sturm zu erobern. Gestrickt wird ja wohl überall, und sie ist sogar bereit, dir für die drei Wochen Arbeit noch 100 € in die Hand zu drücken. Dafür müsstest du dann aber auch die nächsten drei Jahre zu jeder Tages- und Nachtzeit für Support zur Verfügung stehen.

Doch wir steuern nicht nur die Stromversorgung und das weltweite Woll-Business. Wir halten Banken am Laufen, das Transportwesen und die Kommunikation, ohne uns läuft gar nichts mehr heutzutage. Wir können Welten erschaffen, und wir können sie auch zerstören, je nachdem, ob wir Harry Potter oder Lord Voldemort sein wollen.

Welchen Weg du einschlagen willst – und jeder, der schon mal programmiert hat und behauptet, niemals auf die dunkle Seite geschaut zu haben, lügt – entscheidest du selbst, und auf dem Weg zu deiner Entscheidung ist dieses Buch dein Hogwarts Express, und du musst nicht mal gegen eine Mauer rennen, um hineinzugelangen. Du hast die erste Seite aufgeschlagen und das Vorwort gelesen und die Richtung, in der du weiterblätterst, ist deine rote und deine blaue Pille.

Schlag es wieder zu – dann endet die Geschichte hier, du wachst auf in deinem Bett und glaubst, was immer du glauben möchtest. Blätter weiter, bleib im Wunderland, und das Buch zeigt dir, wie tief der Kaninchenbau geht. Nerd today, boss tomorrow.

Patrick Stenzel (@rock_galore), im Januar 2020

1 Einleitung

1.1 Wozu sollte ich programmieren lernen?

Weil du es kannst und weil die Programmierung **das Werkzeug des 21. Jahrhunderts** ist. Die frühere Bundeskanzlerin Angela Merkel hat in einem Interview mit YouTuberinnen und YouTubern das Programmieren auf eine Stufe mit den Grundfertigkeiten Lesen, Schreiben und Rechnen gestellt (https://youtu.be/Uq2zIzscPgY?t=12m18s). Programmieren ist lange nicht mehr nur etwas für Fachleute, die das studiert haben. Durch den Einzug des Digitalen in alle Branchen und den Alltag können viele andere als nur Informatikfachkräfte von der Programmierung profitieren und damit ihre Ideen erproben und verwirklichen. Beispiele kannst du unzählige finden. Lass uns hier nur einige zur Verdeutlichung kurz anreißen. Dir fallen dann bestimmt selbst viele weitere Beispiele ein.

Angenommen, du schaffst **Kunst** und hast bisher mit den klassischen Materialien und Techniken deiner Disziplin gearbeitet. Für deine neueste Projektidee möchtest du mit regelmäßigen Formen und Farben experimentieren, wie es z. B. Sol LeWitt in seinem künstlerischen Schaffen getan hat (https://de.wikipedia.org/wiki/Sol_LeWitt). Das erfordert viel Fleiß, Geduld und Präzision. Da du deine Zeit lieber damit verbringen möchtest, an spannenden neuen Konstruktionen und deren Wirkung zu experimentieren, anstatt diese in langwierigen und teils monotonen Arbeitsschritten erst erstellen zu müssen, wünschst du dir einen Automatismus dafür, der das für dich erledigt. Dies kann ein eigens geschriebenes Computerprogramm leisten. Ist ein solches geschrieben, liegen die Vorteile auf der Hand. Veränderungen an den Farben, der Größe sowie Anordnungen der Formen usw. sind umgehend gemacht. Auch das Ausgabeformat kann leicht angepasst werden, um das Kunstwerk in vielfältiger Art und Weise zu drucken oder aus einem Rohling zu fräsen. Schlüsselfiguren der computergenerierten Kunst sind z. B. Manfred Mohr, Joseph Nechvatal, Olga Kisseleva und John Lansdown.

Als **Fachkraft für Veranstaltungstechnik** sieht man sich heute immer stärker mit Anforderungen von Kundinnen und Kunden konfrontiert, die nach noch nicht da gewesenen Hinguckern verlangen. Hierfür gibt es naturgemäß keine fertigen Lösungen, die man aus dem Regal ziehen kann. Somit siehst du dich auf der einen Seite immer mit neuen spannenden Entwicklungsaufgaben konfrontiert, musst dafür aber auf der anderen Seite adäquate Lösungen entwickeln. Diese bedingen eigentlich immer auch Software, die es zu programmieren gilt.

Im letzten fiktiven Szenario wollen wir ins **Internet der Dinge** abtauchen. Mit diesem Schlagwort wird der allgemeine Trend bezeichnet, mit dem die Digitalisierung und die Vernetzung im Gewand des Internets stetig in Gegenstände des alltäglichen Gebrauchs diffundieren. Der smart gewordene Fernseher ist ein Paradebeispiel hierfür. Einige neue Anwendungen findest du toll, willst aber noch nicht in neue Produkte investieren. Die alten tun es ja noch. So findest du es z. B. praktisch, im Supermarkt einen Blick in deinen Kühlschrank werfen zu können, um zu sehen, ob es genügend Frühstückseier fürs Wochenende gibt. Der Kühlschrank ist schnell für diesen Anwendungsfall erweitert. Mit einer batteriebetriebenen Kamera, einem LED-Licht und etwas Programmierung kannst du bald via Smartphone-App in deinen Kühlschrank gucken.

Das soll zeigen, was dir alles an Möglichkeiten offensteht, wenn du die Programmierung als ein Werkzeug verstehst und dich dessen bemächtigst.

1.2 Wie kann mir dieses Buch dabei helfen?

Vor den Erfolg haben die Gottheiten allerdings den Schweiß gesetzt. Diese Tatsache hat der griechische Dichter und Geschichtsschreiber *Hesiod* bereits vor langer Zeit festgestellt und dann so zutreffend formuliert. Dieser Ausspruch trifft unseres Erachtens kaum besser auf etwas zu als die Programmierung. Es gehört eine ordentliche Portion Arbeit dazu, bis der Groschen fällt und man die wesentlichen Programmierkonzepte verstanden hat. Erst dann wird man in der Lage sein, Aufgabenstellungen jeglicher Couleur selbstständig angehen und erfolgreich bewältigen zu können. Wir wollen dir diese notwendigen Mühen nicht verschweigen. Unserer Erfahrung nach scheitert so mancher Einstieg genau an dieser Hürde.

Unser Ansatz ist deshalb, durch **viele spannende Programmieraufgaben** das nötige Material zum Trainieren bereitzustellen. Du wirst in diesem Buch im Wesentlichen Aufgabenstellungen von uns bekommen, an denen du Aufgabe für Aufgabe alle relevanten Programmierkonzepte üben kannst. Damit dir dabei nicht die Laune vergeht, haben wir uns viel Mühe beim Zusammenstellen der Aufgaben gegeben. Es wird deutlich über die meisten „Lehrbuchaufgaben" hinausgehen und sich, soweit möglich, erheblich näher an praktischen Anwendungsszenarien orientieren. Der klassische Lehrbuchstil hangelt sich meist an Aufgabenstellungen aus der Mathematik entlang. Das ist wichtig, und daher haben auch wir das ab und an mit dir vor. Wir können aber auch verstehen, wenn derartige Aufgaben nicht allen liegen, um etwas Neues zu lernen. Daher programmierst du eher Anwendungen, die etwas Nützliches tun oder etwas hübsch Anzuschauendes generieren. Als Appetitanreger haben wir in der nachfolgenden Bild 1.1 schon mal drei Beispiele aus dem Buch für dich.

Diese drei Bilder zeigen exemplarisch, was du mit unserem Trainingsprogramm programmieren sollst und auch können wirst, wenn du fleißig am Ball bleibst. Es lohnt sich!

Bild 1.1 Drei Beispielbilder, die du programmieren wirst

1.3 Was muss ich mitbringen?

Nicht viel! Mit diesem Buch können wir es nicht leisten, dir die Basics beizubringen. Das musst du halt selbst tun, oder du bekommst es in irgendeiner Form gezeigt. Wir erklären zu Beginn eines jeden Kapitels noch mal kurz die im Fokus stehenden Übungsschwerpunkte. Das ist mehr eine Gedächtnisstütze und soll als Warm-up dienen, falls du es überhaupt brauchst. Wir gehen dabei nochmals kurz auf die wesentlichen Konzepte ein und erläutern Besonderheiten in den Programmierumgebungen, für die wir Beispiellösungen bereitstellen.

1.4 Wie geht das vonstatten?

Wie schon gesagt, ist das hier ein Trainingsbuch fürs Programmieren. Wir stellen dir **ein großes Angebot an Übungsaufgaben mit Lösungsvorschlägen** zum Training bereit. Die grundlegende Struktur gleicht dabei derer gängiger Ressourcen zur Einführung in die Programmierung. Es geht mit dem Aufbau erster einfacher Programme los und wird durch das Hinzukommen von Programmierkonzepten wie Variablen, Datentypen, Operatoren, Ausdrücken, bedingten Anweisungen, Wiederholungsanweisungen, Funktionen, Arrays, Strings bis hin zur Objektorientierung stetig erweitert. Damit wir uns – ohne unnötiges Störfeuer und Ablenkung – auf das Kernthema des jeweiligen Kapitels konzentrieren können, bestehen die ersten Programme der Kapitel 2, 3 und 4 zunächst aus Anweisungen. Erst in den nachfolgenden Kapiteln 5 bis 9 kommen dann Strukturelemente für den Programmcode in Form von Funktionen sowie Klassen und Objekten hinzu. Wir werden dir Kapitel für Kapitel Trainingsaufgaben stellen, für die du dir ein passendes Programm überlegen und dieses dann in einer Programmiersprache vollständig angeben sollst.

Jede Trainingsaufgabe ist nach einem **festen Schema** aufgebaut (siehe Bild 1.2). Um jede Aufgabe eindeutig identifizieren zu können, haben wir diese mit einem eindeutigen Namen, einer eindeutigen Nummer und einem Piktogramm versehen. Das wird dir insbesondere dabei helfen, dich mit Bezugspersonen, Leuten aus der Schule, Mitstudierenden, dem Arbeitsteam oder der Community über die Aufgaben auszutauschen. Auch unsere Lösungsvorschläge im Anhang des E-Books und online wirst du auf diese Weise spielend der jeweiligen Aufgabe zuordnen können. Die Identifizierungsnummer ist dem jeweiligen

Buchkapitel zugeordnet. Das einfache Zurückspringen zur Aufgabenstellung im Buch ist damit auch gewährleistet.

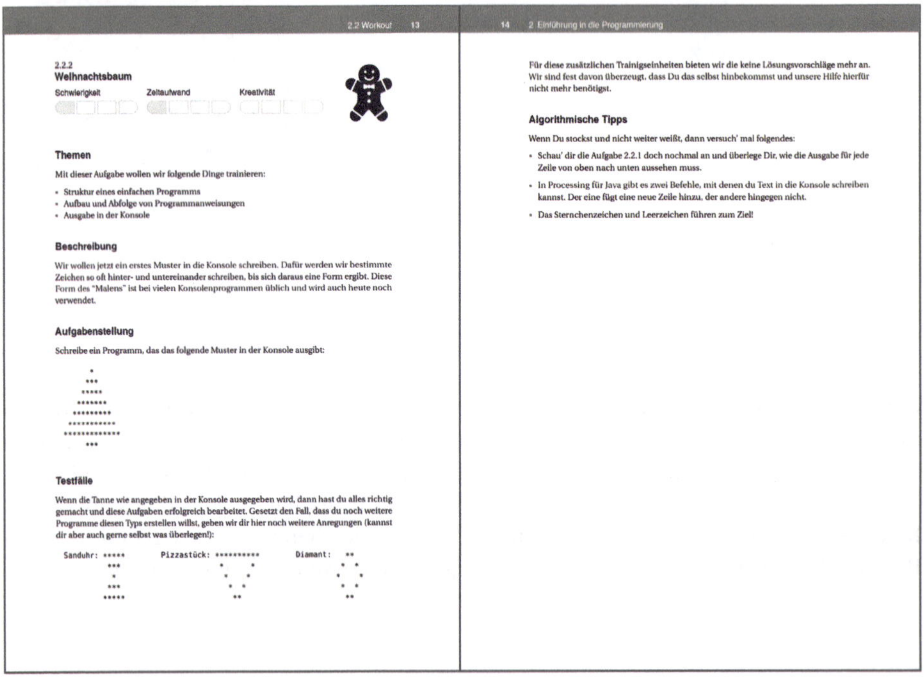

2.2 Workout 13

2.2.2
Weihnachtsbaum

Schwierigkeit Zeitaufwand Kreativität

Themen

Mit dieser Aufgabe wollen wir folgende Dinge trainieren:

- Struktur eines einfachen Programms
- Aufbau und Abfolge von Programmanweisungen
- Ausgabe in der Konsole

Beschreibung

Wir wollen jetzt ein erstes Muster in die Konsole schreiben. Dafür werden wir bestimmte Zeichen so oft hinter- und untereinander schreiben, bis sich daraus eine Form ergibt. Diese Form des "Malens" ist bei vielen Konsolenprogrammen üblich und wird auch heute noch verwendet.

Aufgabenstellung

Schreibe ein Programm, das das folgende Muster in der Konsole ausgibt:

```
      *
     ***
    *****
   *******
  *********
 ***********
*************
     ***
```

Testfälle

Wenn die Tanne wie angegeben in der Konsole ausgegeben wird, dann hast du alles richtig gemacht und diese Aufgaben erfolgreich bearbeitet. Gesetzt den Fall, dass du noch weitere Programme diesen Typs erstellen willst, geben wir dir hier noch weitere Anregungen (kannst dir aber auch gerne selbst was überlegen!):

```
Sanduhr: *****     Pizzastück: **********     Diamant:  **
          ***                   *        *             *  *
           *                     *      *             *    *
          ***                     *    *               *  *
         *****                     **                   **
```

14 2 Einführung in die Programmierung

Für diese zusätzlichen Trainigseinheiten bieten wir die keine Lösungsvorschläge mehr an. Wir sind fest davon überzeugt, dass Du das selbst hinbekommst und unsere Hilfe hierfür nicht mehr benötigst.

Algorithmische Tipps

Wenn Du stockst und nicht weiter weißt, dann versuch' mal folgendes:

- Schau' dir die Aufgabe 2.2.1 doch nochmal an und überlege Dir, wie die Ausgabe für jede Zeile von oben nach unten aussehen muss.
- In Processing für Java gibt es zwei Befehle, mit denen du Text in die Konsole schreiben kannst. Der eine fügt eine neue Zeile hinzu, der andere hingegen nicht.
- Das Sternchenzeichen und Leerzeichen führen zum Ziel!

Bild 1.2 Exemplarische Darstellung des Aufgaben-Templates

Die Aufgaben haben wir nach unserem Dafürhalten in den Kategorien **Schwierigkeit**, **Kreativität** und **Zeitaufwand** bewertet und sortiert. Einfachere Aufgaben, die im Vergleich eher wenig Zeit und kreative Eigenleistung erfordern, findest du meist am Anfang eines jeden Kapitels. Du bist aber völlig frei in deiner Entscheidung, welcher Aufgabe du dich in welcher Reihenfolge widmen möchtest. Du musst auch längst nicht alle Aufgaben durchackern. Wenn der Groschen in Bezug auf die in einem Kapitel fokussierten Programmierkonzepte gefallen ist, kann es ans nächste Kapitel gehen.

Wir haben schon eingangs gesagt, dass wir mit dir und den Aufgaben eines jeden Kapitels bestimmte Programmierkonzepte trainieren möchten. Auf welche **Themen** sich eine jeweilige Aufgabe dabei im Besonderen fokussiert, geben wir dir kurz stichwortartig an. Dies soll ein zusätzliches Kriterium sein, wonach du entscheiden kannst, ob du eine bestimmte Aufgabe bearbeiten möchtest.

Worum es sich in einer Aufgabe dreht, erläutert eine kurze **Beschreibung**. Hier wird der Kontext gesetzt und gegebenenfalls auch ein Praxisbezug hergestellt, damit du weißt, wo sich in der Praxis etwas Derartiges finden lässt. Was du dann tatsächlich tun musst, geben wir dir im anschließenden Abschnitt mit dem passenden Namen **Aufgabenstellung** an. Du solltest beide Abschnitte aufmerksam und eventuell mehrmals lesen, um sicherzustellen, dass du deinen Auftrag richtig verstanden hast.

Zur Überprüfung, ob dein Programm tatsächlich funktioniert, geben wir dir **Testfälle** mit entsprechenden Testdaten an die Hand. Zudem haben wir zu jeder Aufgabe eine ausführlich kommentierte Lösung in den Programmiersprachen Java und Python beigefügt. Bevor du dir die aber anguckst, solltest du wirklich lange Zeit selbst an der Erarbeitung einer Lösung werkeln.

Wenn du völlig auf dem Schlauch stehst und gar keinen Zugang findest, sind am Ende einer jeden Aufgabe **algorithmische Tipps** aufgelistet, die dich einem möglichen Lösungsansatz näherbringen sollen. Bitte nutze diese Tipps und versuche unbedingt, selbst eine Lösung herzustellen, bevor du dir unsere Lösungsvorschläge im Anhang des E-Books oder online anschaust. Nur auf diese Weise kommst du genügend ins Schwitzen, um nachher wirklich behaupten zu können, das Programmieren auch selbstständig zu beherrschen.

1.5 Was muss ich sonst noch wissen?

Damit du möglichst effektiv und fokussiert trainieren kannst, haben wir die Trainingsumgebung für dich von unnötigem Ballast entschlackt. Du sollst nicht schon bei der Installation, Konfiguration und Verwendung der Programmierumgebung die Lust am Programmieren bzw. die Sicht auf das Wesentliche verlieren. Wir stützen uns daher auf ein einziges Werkzeug, mit dem du in **Java und Python** das Programmieren trainieren kannst. Es handelt sich dabei um das frei und kostenlos verfügbare Tool mit dem Namen **Processing**, das du unter der Webadresse https://processing.org/ abrufen kannst. Hier findest du auch viele weitere Informationen und Dokumentationen rund um Processing. Im Anhang A haben wir Installationsanleitungen für die gängigen Betriebssysteme Windows, macOS und Linux beigefügt.

Dass wir auf Processing abstellen, soll aber nicht heißen, dass du mit dem Erlernten in der Praxis nicht viel anfangen kannst. Ganz im Gegenteil! Die Programmiersprachen Java und Python gehören zu den am weitesten verbreiteten Sprachen, und schließlich kommt es im Wesentlichen auf die Programmierkonzepte an. Wenn du diese intensiv trainiert und dadurch verinnerlicht hast, dann bist du bereit, alle möglichen Aufgabenstellungen programmatisch zu lösen. Dann haben wir unser gemeinsames Ziel erreicht. Die Verwendung professionellerer Programmierumgebungen wie z. B. Eclipse, IntelliJ, PyCharm oder Visual Studio Code ist dann ein Klacks. Darüber müssen wir dann nicht mehr viele Worte verlieren. Wenn du so gar keine Lust auf Processing haben solltest und unsere Aufgaben lieber mit anderen Programmierumgebungen für Java oder Python bearbeiten möchtest, dann findest du im Anhang B Anleitungen für den Aus- und Umstieg.

Die Quelltexte zum Buch – unsere Lösungsvorschläge – haben wir auf den Onlinediensten **GitHub** und **Hanser Plus** für dich bereitgelegt. Du findest sie unter den Adressen https://github.com/protrain und https://plus.hanser-fachbuch.de. Wie du damit umgehst, erklären wir für alle gängigen Desktop-Betriebssysteme ab Anhang C.1 (für Java) bzw. ab Anhang D.1 (für Python).

Mit dem Kauf des Buches soll aber noch nicht Schluss sein. Wir würden uns sehr freuen, von dir zu hören. Über GitHub kannst du uns z. B. auf Fehler im Buch oder in den Lösungen aufmerksam machen. Wir tragen das dann in die Errata-Liste ein bzw. korrigieren die Programme. Außerdem kannst du uns auch deine Lösung(en) bereitstellen. Wenn diese einen eigenen Lösungsweg zeigen, nehmen wir sie mit in das Repository auf. Selbiges gilt für Lösungen in anderen Programmiersprachen. Achte aber bitte hierbei darauf, dass es für die Sprache eine ähnlich einfache und umfangreiche Programmierumgebung gibt, wie es Processing für Java und Python ist. Wenn du sonstige Anregungen zur Verbesserung hast oder Ideen für weitere Aufgaben beisteuern möchtest, freuen wir uns, von dir zu hören.

Hoffentlich konnten wir dein Interesse wecken und dir unseren Ansatz zum Programmierenlernen schmackhaft machen. Jedenfalls würden wir uns sehr freuen, gemeinsam mit dir das Programmieren zu trainieren. Und wenn dir die mehr als 150 Aufgaben in diesem Buch nicht ausreichen sollten, möchten wir dich auf einige andere Ressourcen aufmerksam machen, die einen ähnlichen Ansatz wie wir verfolgen:

- *Advent of Code* (https://adventofcode.com/): Seit 2015 veröffentlicht der „Advent of Code" Programmieraufgaben, um die Adventszeit zu versüßen. Die Aufgaben sind oft algorithmisch anspruchsvoll und erfordern kreative Lösungsansätze. Du kannst die Aufgaben in der Programmiersprache deiner Wahl lösen. Dabei geht es nicht nur darum, die richtige Lösung zu finden (wie in diesem Buch), sondern auch um Effizienz und Eleganz des Codes. Es sind noch alle Aufgaben vergangener Adventskalender online verfügbar.
- *rustlings* (https://github.com/rust-lang/rustlings): Mit „rustlings" kannst du spielerisch und praxisnah deine Kenntnisse und Fähigkeiten in der Programmiersprache Rust verbessern. Es bietet interaktive Übungen und Aufgaben, um verschiedene Aspekte von Rust abzudecken. Du kannst den Code bearbeiten, Lösungen testen und Hinweise nutzen, um dein Verständnis zu vertiefen. Egal, ob du Anfänger oder erfahrener Entwickler bist, rustlings ist ein wertvolles Lernwerkzeug, um deine Kenntnisse in Rust zu erweitern und dich mit Best Practices vertraut zu machen.

1.6 Wie kann und sollte ich ChatGPT & Co verwenden?

Künstliche Intelligenz ist in aller Munde. Du wirst z. B. ChatGPT kennen und es gegebenenfalls auch schon verwendet haben. Wenn nicht, dann hier einige kurze Erläuterung dazu: **ChatGPT** ist ein intelligentes Sprachmodell, das entwickelt wurde, um dir in Konversationen zu helfen. Du kannst es nutzen, um Fragen zu stellen, Informationen anzufordern oder einfach nur eine Unterhaltung zu führen. Es basiert auf umfangreichem Training mit Textdaten und verwendet statistische Muster, um dir Antworten zu geben. Bitte beachte jedoch, dass es manchmal ungenaue oder falsche Antworten geben kann. Es ist wichtig, klare Fragen zu stellen und die erhaltenen Antworten kritisch zu überprüfen. ChatGPT ist ein nützliches Werkzeug für natürlichsprachliche Unterstützung, aber vergiss nicht, die Ergebnisse immer zu hinterfragen, um sicherzustellen, dass sie angemessen und korrekt sind.

Warum ist das für dieses Buch und die Programmierung relevant? Nun, weil Du ChatGPT und andere, stärker auf die Programmierung spezialisierte Sprachmodelle wie z. B. Codex, DeepCode oder CoPilot auch dazu verwenden kannst, dir Programmcodes generieren zu lassen. Du könntest also auf die Idee kommen, ChatGPT & Co für die Lösung der Aufgaben im Buch heranzuziehen. Damit betrügst du dich aber nur selbst. Du bekommst immer eine Antwort von diesen Systemen, und auf den ersten Blick mag die plausibel aussehen. Ob das aber funktionierende Programmcodes sind, die die Aufgabenstellung vollständig erfüllen, ist keinesfalls sicher. Hier ist die programmierende Person weiterhin selbst gefordert, dies sicherzustellen. Ein Grund mehr, das Programmieren nachhaltig durch geeignetes Training zu erlernen. Sonst wirst du die generierten Codes nicht beurteilen und gegebenenfalls verbessern können. Also lass dir nicht stupide Programmcodes zu den Aufgaben generieren und vorsetzen, sondern nutze diese Tools vielmehr als Unterstützung in deinem Lernprozess. So könntest du dir z. B. deine eigenen Codes erklären lassen und so vielleicht Fehler selbst finden. Oder du könntest dir die Beispiellösungen erklären lassen, die du nicht selbst nachvollziehen kannst. Wenn das dann immer noch nicht hilft, frage gerne uns!

2 Einführung in die Programmierung

2.1 Warm-up

Dein Training beginnt in diesem Kapitel mit ersten einfachen Programmen. Dazu musst du wissen, wie der grundlegende Aufbau eines Programms sowie der Aufbau der Anweisungen in einer bestimmten Programmiersprache sind. Letzteres gehört zur sogenannten **Syntax** einer Programmiersprache. So wie z. B. die Syntax einer natürlichen Sprache Prinzipien und Regeln des Wort- und Satzbaus festlegt, so legt die Syntax einer Programmiersprache das Vokabular und den Aufbau von Anweisungen fest.

Für die allerersten Programme, die du entwickeln sollst, genügt zunächst die allereinfachste Struktur überhaupt. Hierbei werden Programme als eine lineare Abfolge von Anweisungen angegeben. Anweisungen verfügen immer über einen Namen und eine Liste von Parametern, die die Anweisung verarbeiten soll. Um den Anweisungsnamen von der Parameterliste unterscheiden zu können, werden die Parameter häufig eingeklammert und dem Anweisungsnamen nachgestellt.

```
nameAnweisung(parameter);
```

Verfügt die Parameterliste über mehrere Einträge, so werden diese mit Komma (`,`) voneinander getrennt.

```
nameAnweisung(parameter1, parameter2);
```

Parameterlose Anweisungen sind durch ein leeres Klammernpaar gekennzeichnet.

```
nameAnweisung();
```

Um mehrere Anweisungen voneinander unterscheiden zu können, wird dafür ein Trennzeichen in der Syntax einer Programmiersprache festgelegt. In Java ist das das Semikolon (`;`). Das folgende Beispiel zeigt ein abstraktes Programm, das sich aus sieben Anweisungen zusammensetzt, die in der angegebenen Reihenfolge ausgeführt werden. Die lineare Programmabfolge führt die programmierten Anweisungen zeilenweise von links nach rechts beginnend mit der obersten Zeile aus.

```
Anweisung1(); Anweisung2(); Anweisung3(); Anweisung4(); Anweisung5();
Anweisung6(); Anweisung7();
```

Durch diese Syntaxregel können die einzelnen Anweisungen separiert werden, unabhängig davon, wie du diese in die Quelltextdatei schreibst. Zur besseren Lesbarkeit empfehlen wir dir aber, dich auf eine Anweisung pro Zeile zu beschränken und die Anweisungen untereinander zu schreiben.

```
Anweisung1();
Anweisung2();
Anweisung3();
Anweisung4();
Anweisung5();
Anweisung6();
Anweisung7();
```

Die Programmiersprache Python legt in ihrer Syntax als Trennzeichen von Anweisungen den Zeilenumbruch fest. Ein Zeilenumbruch kann je nach Betriebssystem aus einem oder zwei Zeichen bestehen (`'\n'`, `'\r'` oder `'\r\n'`).

In der Programmierliteratur hat sich das `"Hello World!"`-Programm als einführendes Beispiel zur Darstellung der grundlegenden Syntax eines einfachen Programms in einer bestimmten Programmiersprache etabliert. Das Hello-World-Programm gibt in der Konsole einen einfachen Text aus, nämlich `Hello World!`. Wir wollen es zur Konkretisierung der einführenden Erläuterungen verwenden.

Java:

```
print("Hallo␣Welt!");
```

Python:

```
print("Hallo␣Welt!")
```

Die `print()`-Anweisung bekommt einen Parameter übergeben. Dieser enthält den Text, den die Anweisung in der Konsole ausgeben soll. Um den Text eingrenzen zu können, wird dieser von doppelten Anführungszeichen (`"`) eingerahmt.

Die Aufgaben dieses Kapitels drehen sich um derartige Programme. Deine Aufgabe wird es sein, die zur Lösung der Aufgabenstellung benötigten Anweisungen zu identifizieren und diese dann in einer geeigneten Abfolge zu platzieren. Welche Anweisungen eine Programmiersprache im Standardumfang bereitstellt, sind in der Referenzdokumentation aufgeführt. Die Referenz der von Processing bereitgestellten Anweisungen kann im Internet eingesehen werden:

- https://processing.org/reference/ (Java)
- http://py.processing.org/reference/ (Python)

Referenzen sind sehr umfangreich. Dies gilt auch für die von Processing. Es kann daher etwas dauern, bist du dich darin zurechtfindest. Für die in diesem Kapitel bereitgestellten Trainingsaufgaben sind insbesondere Funktionen zur Ausgabe von Texten in der Konsole und Funktionen zur Ausgabe elementarer geometrischer Formen im grafischen Ausgabefenster wichtig. Um dir das Auffinden dieser Anweisungen zu erleichtern, führen wir dir in der nachfolgenden Auflistung die relevanten auf.

- Konsolenausgabe
  - https://processing.org/reference/print_.html (Java)
  - http://py.processing.org/reference/print.html (Python)
- Linie
  - https://processing.org/reference/line_.html (Java)
  - http://py.processing.org/reference/line.html (Python)

- Dreieck
  - https://processing.org/reference/triangle_.html (Java)
  - http://py.processing.org/reference/triangle.html (Python)
- Rechteck
  - https://processing.org/reference/rect_.html (Java)
  - http://py.processing.org/reference/rect.html (Python)
- Viereck
  - https://processing.org/reference/quad_.html (Java)
  - http://py.processing.org/reference/quad.html (Python)
- Ellipse
  - https://processing.org/reference/ellipse_.html (Java)
  - http://py.processing.org/reference/ellipse.html (Python)
- Kreisausschnitt
  - https://processing.org/reference/arc_.html (Java)
  - http://py.processing.org/reference/arc.html (Python)

Um sich mit der Funktionsweise der Anweisungen vertraut zu machen, empfehlen wir dir, die Beschreibung in der Referenz aufmerksam zu lesen. Dies ist eine wichtige Grundfertigkeit, die zum Programmieren dazugehört.

Verwenden werden wir in diesem Buch die Entwicklungsumgebung Processing. Hiermit können wir Programme sowohl in Java als auch in Python schreiben. Processing bietet nicht nur den Vorteil der einfachen Installation auf nahezu allen Betriebssystemen. Wir können damit auch sehr einfach (grafische) Programme auf Basis von Anweisungen schreiben. Aber auch höherwertige Konzepte, wie wir sie in den späteren Kapiteln umsetzen werden, sind in Processing möglich; perfekte Voraussetzungen also zum Trainieren deiner Programmiertechniken mit diesem Buch.

Alle Installationsschritte von Processing findest du in Abschnitt A.1. Wie du an die digitalen Quelltexte unserer Lösungsvorschläge zu einzelnen Aufgaben kommst und wie du sie in Processing öffnest, steht im Anhang C.1.1 für Java und im Anhang D.1.1 für Python.

Dateien mit Quelltext können wir in Processing mit Klick auf *Datei → Öffnen ...* laden. In Bild 2.1 haben wir zum Beispiel eine solche Datei geöffnet. Dort können wir gut die grafische Bedienoberfläche von Processing erkennen:

- Mit dem Start- und Stopp-Button *(1)* kannst du deinen Java- bzw. Python-Code ausführen.
- Um vom Java- auf den Python-Modus zu wechseln, kannst du den Modus-Auswahlreiter *(2)* verwenden. Wie du den Python-Modus in Processing installierst, steht in Anhang A.5. Links neben diesem Button ist der integrierte Debugger, den du zur Analyse von Java-Code verwenden kannst. Mehr dazu findest du in Anhang C.1.4.
- In der Mitte der Bedienoberfläche *(3)* steht der eigentliche Quelltext. In diesen Bereich kannst du deinen Java- bzw. Python-Code hineinschreiben.
- Entsprechende Ausgaben in der Konsole findest du im darunterliegenden Bereich *(4)*. Hier werden auch auftretende Fehler im Code angezeigt, sofern es welche gibt.

Nach der Einrichtung von Processing und dem Lesen der Einführung solltest du für dieses Kapitel ausgerüstet sein. In dem Sinne: Viel Spaß bei den ersten Aufgaben, und ran an die Workouts!

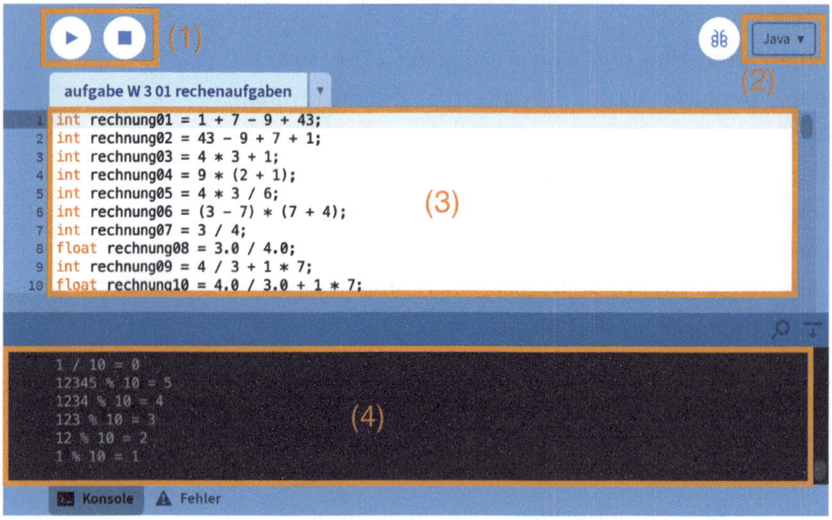

Bild 2.1 So sieht die grafische Bedienoberfläche von Processing aus.

2.2 Workout

W.2.1 Three-Two-One – Mein erstes Programm

Auch ohne Processing lösbar

Schwierigkeit Zeitaufwand Kreativität

Themen

Mit dieser Aufgabe wollen wir folgende Dinge trainieren:

- Struktur eines einfachen Programms
- Aufbau von Programmanweisungen
- Ausgabe in der Konsole

Beschreibung

Wir wollen ein erstes Programm schreiben. Der Klassiker hierfür ist die Ausgabe eines Texts – meist der Text `Hello World` – in der Konsole. Dazu braucht es in der Regel nur eine einzige Anweisung. An dieser kannst du aber bereits den Aufbau von Anweisungen und einfachen Programmen nachvollziehen und trainieren. Los geht's!

Aufgabenstellung

Schreibe ein Programm, das den Text `Three-Two-One - Takeoff!` in der Konsole ausgibt. Wenn dein Programm funktioniert, solltest du den angegebenen Text in der Konsole lesen können, so wie nachfolgend exemplarisch zu sehen ist:

```
Three-Two-One - Takeoff!
```

Wenn das geklappt hat, dann mach doch einfach weiter und modifiziere dein erstes Programm nach deinen Wünschen. Ändere z. B. den Text oder füge weitere Anweisungen zur Textausgabe hinzu. Reflektiere dabei, wie dein Programm auf die Änderungen reagiert. Wenn du das Resultat hast kommen sehen, und es ist nichts Unerwartetes bei der Ausführung deines Programms passiert, hast du es im Griff und verstanden, wie Anweisungen und einfache Programme aufgebaut sind.

Testfälle

Zum Testen deines Programms brauchst du in diesem Fall noch keine Testdaten. Starte dein Programm und prüfe, ob die geforderte Ausgabe in der Konsole ausgegeben wird.

(Algorithmische) Tipps

Wenn du stockst und nicht weiterweißt, dann versuch mal Folgendes:

- Gib nicht auf. Du solltest es so lange probieren, bis es klappt. Das nennt man *Trial and Error* (Versuch und Irrtum). Versuch es weiter! Vermutlich bist du schon nah dran an der Lösung, denn der Fehler liegt sehr häufig im Detail.
- Wir benötigen eine passende Anweisung, die uns die Programmiersprache zur Ausgabe von Daten in der Konsole bereitstellt. Wie lautet diese?
- Anweisungen folgen einem festgelegten Aufbau. Hier schleichen sich schon mal Tippfehler ein. Was sagen denn die Fehlermeldungen, wenn du versuchst, dein Programm zu starten?

W.2.2 Weihnachtsbaum

Schwierigkeit Zeitaufwand Kreativität

Auch ohne Processing lösbar

Themen

Mit dieser Aufgabe wollen wir folgende Dinge trainieren:

- Struktur eines einfachen Programms
- Aufbau und Abfolge von Programmanweisungen
- Ausgabe in der Konsole

Beschreibung

Wir wollen jetzt ein erstes Muster in die Konsole schreiben. Dafür werden wir bestimmte Zeichen so oft hinter- und untereinander schreiben, bis sich daraus eine Form ergibt. Diese Form des „Malens“ ist bei vielen Konsolenprogrammen üblich und wird auch heute noch verwendet.

Aufgabenstellung

Schreibe ein Programm, das das folgende Muster in der Konsole ausgibt:

```
      *
     ***
    *****
   *******
  *********
 ***********
*************
     ***
```

Testfälle

Wenn die Tanne wie angegeben in der Konsole ausgegeben wird, dann hast du alles richtig gemacht und diese Aufgaben erfolgreich bearbeitet. Gesetzt den Fall, dass du noch weitere Programme dieses Typs erstellen willst, geben wir dir hier noch weitere Anregungen (du kannst dir aber auch gerne selbst was überlegen!):

```
Sanduhr: *****        Pizzastück: **********        Diamant:    **
          ***                      *      *                    *  *
           *                        *    *                    *    *
          ***                        *  *                      *  *
         *****                        **                        **
```

Für diese zusätzlichen Trainingseinheiten bieten wir dir keine Lösungsvorschläge mehr an. Wir sind fest davon überzeugt, dass du das selbst hinbekommst und unsere Hilfe hierfür nicht mehr benötigst.

Algorithmische Tipps

Wenn du stockst und nicht weiterweißt, dann versuch mal Folgendes:

- Schau’ dir die allererste Aufgabe dieses Buches doch noch einmal an und überlege dir, wie die Ausgabe für jede Zeile von oben nach unten aussehen muss.
- In Processing für Java gibt es zwei Befehle, mit denen du Text in die Konsole schreiben kannst. Der eine fügt eine neue Zeile hinzu, der andere hingegen nicht.
- Das Sternchen- und das Leerzeichen führen zum Ziel!

W.2.3 Haus

Schwierigkeit Zeitaufwand Kreativität

Themen

Mit dieser Aufgabe wollen wir folgende Dinge trainieren:

- Struktur eines einfachen Programms
- Aufbau und Abfolge von Programmanweisungen
- Ausgabe im grafischen Fenster

Beschreibung

Wir wollen uns ein virtuelles Haus bauen. Dafür haben wir ein 600×600 Pixel großes Fenster zur Verfügung gestellt bekommen.

Das Dach ist 300 Pixel breit und 100 Pixel hoch. Der Grundbau darunter ist 300 Pixel breit und 300 Pixel hoch.

Aufgabenstellung

Programmiere das angegebene Bild mithilfe der Processing-Grundelemente.

Testfälle

Siehe Aufgabenstellung.

Algorithmische Tipps

Wenn du stockst und nicht weiterweißt, dann versuch mal Folgendes:

- Schau' dir die Aufgabe zu den Grundelementen an.
- Das Bild hat ein Rechteck und ein Dreieck.
- Die Füllfarbe ist weiß und die Strichfarbe ist rot.

W.2.4 Perlenkette

Schwierigkeit Zeitaufwand Kreativität

Themen

Mit dieser Aufgabe wollen wir folgende Dinge trainieren:

- Struktur eines einfachen Programms
- Aufbau und Abfolge von Programmanweisungen
- Ausgabe im grafischen Fenster

Beschreibung

In dieser Aufgabe wollen wir die unten dargestellte Perlenkette programmieren:

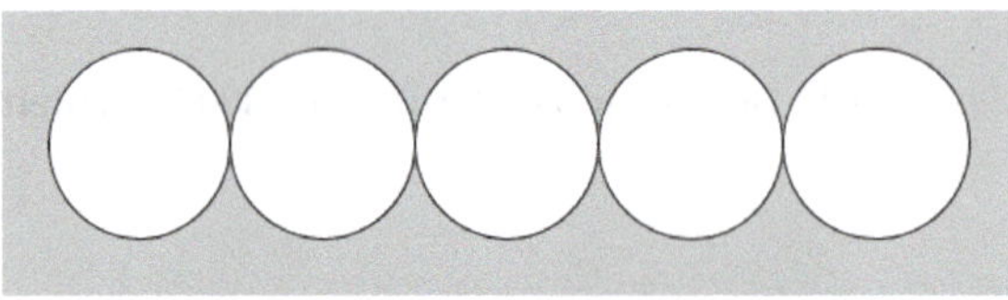

Die Kette besteht aus fünf Perlen, die als Kreise mit schwarzer Linie und weißer Füllung dargestellt sind.

Aufgabenstellung

Programmiere das angegebene Bild mithilfe der grafischen Grundelemente von Processing.

Testfälle

Wenn die geforderten Grundformen in Art, Größe, Farbe und Lage wie in der Aufgabenstellung gefordert gezeichnet werden, dann hast du eine Lösung gefunden und die Aufgabenstellung richtig gelöst.

Algorithmische Tipps

Wenn du stockst und nicht weiterweißt, dann versuch mal Folgendes:

- Alle Processing-Befehle kannst du auf der offiziellen Homepage nachlesen (Java: https://processing.org/reference/, Python: http://py.processing.org/reference/). Hier kannst du nachschauen, um die entsprechenden Befehle für das Programm zu finden.
- In Processing gibt es keine Funktion zum Zeichnen von Kreisen. Aber es gibt eine Funktion zum Malen von Ellipsen. Ab wann wird eine Ellipse zum Kreis?
- Wenn du die Ausmaße des Bildschirmfensters weißt, wo wird wohl die Mitte des Bildschirmfensters liegen?

W.2.5 Die erste Zeichnung

Schwierigkeit Zeitaufwand Kreativität

Themen

Mit dieser Aufgabe wollen wir folgende Dinge trainieren:

- Struktur eines einfachen Programms
- Aufbau und Abfolge von Programmanweisungen
- Ausgabe im grafischen Fenster

Beschreibung

In dieser Aufgabe wollen wir die Processing-Grundelemente besser kennenlernen. Dazu wollen wir folgende Grafik programmieren:

Die Grafik hat unter anderem folgende Eigenschaften:

- Fenstergröße: 450 Pixel breit und 320 Pixel hoch
- Rechteck:
  - x-Position: 10
  - y-Position: 10
  - Größe: 100 Pixel breit und 300 Pixel hoch
  - Farbe: rot
- Kreis:
  - x-Position: 200
  - y-Position: Mitte des Bildschirmfensters
  - Radius: 100 Pixel
  - Farbe: grün
- Linie:
  - Breite: 10
  - Start: 310 (x), 10 (y)
  - Ziel: 310 (x), 300 (y)
  - Farbe: blau
- Dreieck:
  - Eckpunkte:
    * 400 (x), 10 (y)
    * 370 (x), 310 (y)
    * 440 (x), 310 (y)
    * Farbe: gelb

Aufgabenstellung

Programmiere das angegebene Bild mithilfe der grafischen Grundelemente von Processing.

Testfälle

Wenn die geforderten Grundformen in Art, Größe, Farbe und Lage wie in der Aufgabenstellung gefordert gezeichnet werden, dann hast du die Lösung gefunden und umgesetzt.

Algorithmische Tipps

Wenn du stockst und nicht weiterweißt, dann versuch mal Folgendes:

- Alle Processing-Befehle kannst du auf der offiziellen Homepage nachlesen (Java: https://processing.org/reference/, Python: http://py.processing.org/reference/). Hier kannst du nachschauen, um die entsprechenden Befehle für das Programm zu finden.
- In Processing gibt es keine Funktion zum Zeichnen von Kreisen. Aber es gibt eine Funktion zum Malen von Ellipsen. Ab wann wird eine Ellipse zum Kreis?
- Wenn du die Ausmaße des Bildschirmfensters weißt, wo wird wohl die Mitte des Bildschirmfensters liegen?

W.2.6 Nachteule

Schwierigkeit Zeitaufwand Kreativität

Themen

Mit dieser Aufgabe wollen wir folgende Dinge trainieren:

- Struktur eines einfachen Programms
- Aufbau und Abfolge von Programmanweisungen
- Ausgabe im grafischen Fenster

Beschreibung

In dieser Aufgabe wollen wir eine Eule nach dem folgenden Vorbild zeichnen:

Aufgabenstellung

Programmiere das angegebene Bild mithilfe der Processing-Grundelemente. Die folgenden Konstruktionsüberlegungen sollen dir dabei eine Hilfestellung bieten:

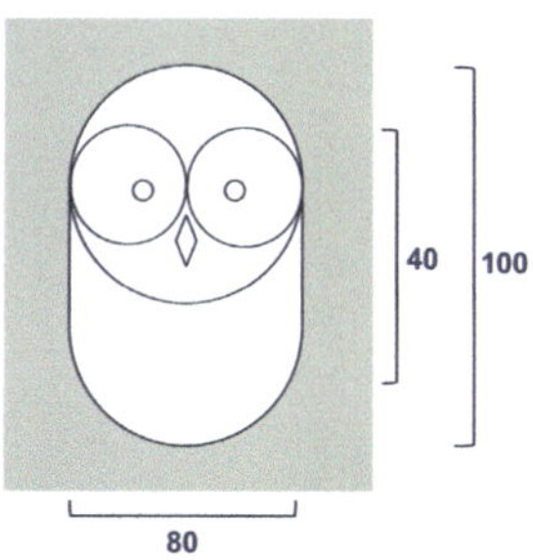

Testfälle

Wenn deine Eule grundsätzlich mit der abgebildeten Eule übereinstimmt, dann hast du die Lösung gefunden und die Aufgabe gelöst.

Algorithmische Tipps

Wenn du stockst und nicht weiterweißt, dann versuch mal Folgendes:

- Bei Ellipsen und dem Spezialfall der Kreise wird immer der Mittelpunkt angegeben und nicht die linke obere Ecke.
- Achte auf die Reihenfolge!

W.2.7 Daumen

Schwierigkeit Zeitaufwand Kreativität

Themen

Mit dieser Aufgabe wollen wir folgende Dinge trainieren:

- Struktur eines einfachen Programms
- Aufbau und Abfolge von Programmanweisungen
- Ausgabe im grafischen Fenster

Beschreibung

Wir wollen einen Daumen zeichnen. Das folgende Bild ist keine exakte Vorgabe, aber soll zeigen, wie er aussehen könnte:

Hierfür haben wir folgende Farben benutzt:

- Hintergrund: 47 (Rot), 125 (Grün), 225 (Blau)
- Daumen: 255 (Rot), 186 (Grün), 8 (Blau)
- Hemdkragen:
  - außen: 3 (Rot), 43 (Grün), 67 (Blau)
  - innen: 19 (Rot), 111 (Grün), 99 (Blau)

Aufgabenstellung

Programmiere einen Daumen wie in der oben stehenden Darstellung. Verwende zum Zeichnen die Processing-Grundelemente Rechteck und Dreieck.

Testfälle

Siehe Aufgabenstellung.

Algorithmische Tipps

Wenn du stockst und nicht weiterweißt, dann versuch mal Folgendes:

- Die Bestimmung der Pixelpositionen ist am einfachsten, wenn du auf kariertem Papier die Grafik einzeichnest.
- Den Hemdkragen kannst du mit nur einem Rechteck zeichnen.
- Den Daumen kannst du mit vier Rechtecken und einem Dreieck zeichnen.

W.2.8 Tasse

Neu

Schwierigkeit Zeitaufwand Kreativität

Themen

Mit dieser Aufgabe wollen wir folgende Dinge trainieren:

- Struktur eines einfachen Programms
- Aufbau und Abfolge von Programmanweisungen
- Ausgabe im grafischen Fenster

Beschreibung

Wir wollen eine Tasse zeichnen. Das folgende Bild ist keine exakte Vorgabe, aber soll zeigen, wie sie aussehen könnte:

Hierfür haben wir folgende Farben benutzt:

- Hintergrund: 116 (Rot), 168 (Grün), 146 (Blau)
- Tasse: 251 (Rot), 242 (Grün), 196 (Blau)
- Beschriftung: 199 (Rot), 82 (Grün), 42 (Blau)
- Ränder: 125 (Grau)

Aufgabenstellung

Programmiere eine Tasse wie in der oben stehenden Darstellung. Verwende zum Zeichnen die Processing-Grundelemente.

Testfälle

Siehe Aufgabenstellung.

Algorithmische Tipps

Wenn du stockst und nicht weiterweißt, dann versuch mal Folgendes:

- Schau dir die vorherigen Zeichenaufgaben an.
- Der Henkel der Tasse hat zwei verschiedene Füllfarben.
- Hier ein gezeichneter Hinweis:

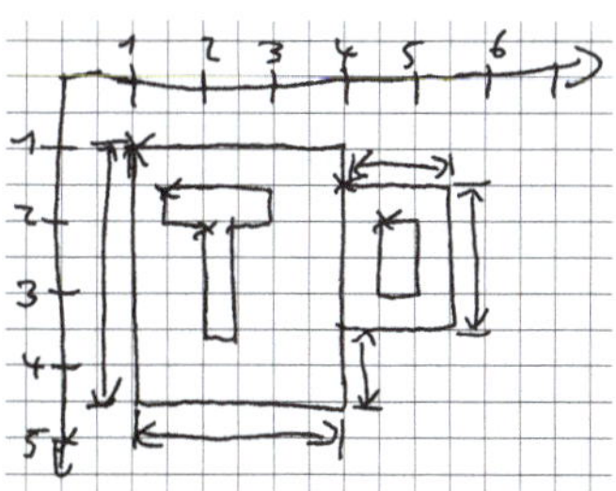

W.2.9 Raupe Allzeitappetit

Schwierigkeit Zeitaufwand Kreativität

Themen

Mit dieser Aufgabe wollen wir folgende Dinge trainieren:

- Struktur eines einfachen Programms
- Aufbau und Abfolge von Programmanweisungen
- Ausgabe im grafischen Fenster

Beschreibung

In dieser Aufgabe wollen wir eine Raupe zeichnen:

Aufgabenstellung

Programmiere das angegebene Bild mithilfe der Processing-Grundelemente.

Testfälle

Wenn deine Raupe grundsätzlich mit der abgebildeten Raupe übereinstimmt, dann hast du die Lösung gefunden und die Aufgabe gelöst.

Algorithmische Tipps

Wenn du stockst und nicht weiterweißt, dann versuch mal Folgendes:

- Überlege dir zunächst, welche Grundelemente dieses Bild beinhaltet und wo diese platziert sind. Achte dabei auch auf eventuell „unsichtbare" Grundelemente.
- Die Augen der Raupe bestehen entweder aus fünf (!) Kreisen oder zwei ganzen und zwei halben Kreisen. Beides ist möglich.
- Bei Ellipsen/Kreisen wird immer der Mittelpunkt angegeben und nicht die linke obere Ecke.

W.2.10 Klötzchen-Kunst

Schwierigkeit Zeitaufwand Kreativität

Themen

Mit dieser Aufgabe wollen wir folgende Dinge trainieren:

- Struktur eines einfachen Programms
- Aufbau und Abfolge von Programmanweisungen
- Ausgabe im grafischen Fenster

Beschreibung

In dieser Aufgabe wollen wir einen Menschen aus Rechtecken programmieren:

Aufgabenstellung

Programmiere das angegebene Bild mithilfe der Processing-Grundelemente.

Testfälle

Wenn deine Klötzchen-Figur grundsätzlich mit dem abgebildeten Menschen übereinstimmt, dann hast du die Lösung gefunden und die Aufgabe gelöst.

Algorithmische Tipps

Wenn du stockst und nicht weiterweißt, dann versuch mal Folgendes:

- Schaue dir die vorherigen Zeichenaufgaben noch einmal an.
- Bei der Höhe und Breite des Rechtecks kannst du auch negative Werte angeben, um das Rechteck in die umgekehrte Richtung zu zeichnen.

W.2.11 Ghettoblaster

Schwierigkeit Zeitaufwand Kreativität

Themen

Mit dieser Aufgabe wollen wir folgende Dinge trainieren:

- Struktur eines einfachen Programms
- Aufbau und Abfolge von Programmanweisungen
- Ausgabe im grafischen Fenster

Beschreibung

Der sogenannte Ghettoblaster gilt quasi als der Vorgänger der Bluetooth-Box. Er bestand aus zwei Lautsprechern und meistens auch einem UKW-Radio, mit welchem man unterwegs Musik hören konnte.

Einen solchen Ghettoblaster wollen wir in dieser Aufgabe als Grafik realisieren.

Aufgabenstellung

Programmiere in Processing die Zeichnung eines Ghettoblasters. Er soll in dieser Form gestaltet werden:

Testfälle

Siehe Aufgabenstellung.

Algorithmische Tipps

Wenn du stockst und nicht weiterweißt, dann versuch mal Folgendes:

- Bevor du dich an die Programmierung setzt, solltest du dir die Umsetzung überlegen. Am besten skizzierst du dir das Bild auf ein kariertes Blatt Papier. Danach zeichnest du das Koordinatensystem des Ausgabefensters ein. Wichtig hierbei ist, dass die y-Achse des Koordinatensystems von oben nach unten geht und der Nullpunkt in der linken oberen Ecke liegt:

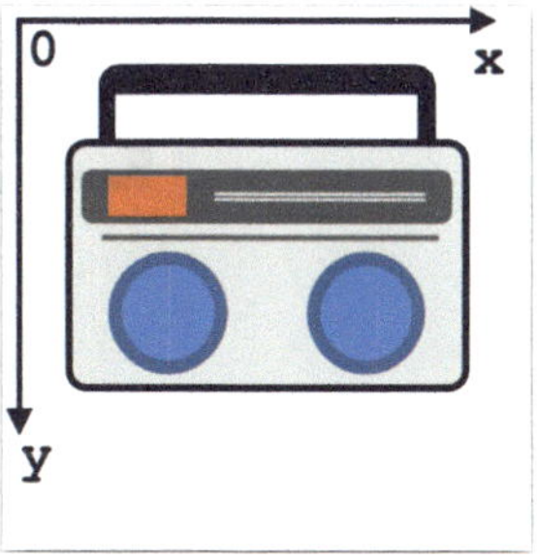

Auf dem Blatt Papier kannst du anschließend bei allen Elementen die Höhe und Breite der einzelnen Elemente einzeichnen. Ebenso kannst du planen, wo die Koordinatenposition liegen wird.

- Nach der Planung kannst du mit der Programmierung beginnen. Hierbei wird es sehr helfen, wenn du die einzelnen Elemente deines Bildes mit entsprechenden Kommentaren versiehst. So behältst du immer den Überblick, an welcher Stelle welches Element gezeichnet wird. Das könnte in Java zum Beispiel so aussehen:

```
// Blaue Lautsprecherbox unten links
... (hier steht dann der entsprechende Code)
```

- Sollten Elemente nicht an der vermuteten Stelle gezeichnet werden: Prüfe die entsprechende Stelle im Code und schaue nach, ob sich nicht ein Gedanken- oder Tippfehler eingeschlichen hat. Probiere auch gerne verschiedene Werte in den Zeichenfunktionen aus. Das wird dir beim Verstehen der Funktionen sicher weiterhelfen.

Neu

W.2.12 Gesichtsmaske

Schwierigkeit Zeitaufwand Kreativität

Themen

Mit dieser Aufgabe wollen wir folgende Dinge trainieren:

- Struktur eines einfachen Programms
- Aufbau und Abfolge von Programmanweisungen
- Ausgabe im grafischen Fenster

Beschreibung

Wir wollen eine Gesichtsmaske auf unseren Bildschirm zeichnen. Das folgende Bild zeigt, wie sie aussehen könnte.

Aufgabenstellung

Schreibe ein Programm, welches eine Gesichtsmaske wie in der oben stehenden Darstellung ausgibt. Verwende zum Zeichnen die Processing-Grundelemente Dreieck und Rechteck.

Testfälle

Siehe Aufgabenstellung.

Algorithmische Tipps

Wenn du stockst und nicht weiterweißt, dann versuch mal Folgendes:

- Das Programmieren der Aufgabe könnte für dich einfacher sein, wenn du zunächst nur die Formen auf den Bildschirm zeichnest und sie danach erst einfärbst. So kannst du besser erkennen, wo noch Elemente fehlen.
- Insgesamt wären vier Dreiecke und fünf Rechtecke im Bild.

W.2.13 Hallo Bello!

Schwierigkeit Zeitaufwand Kreativität

Themen

Mit dieser Aufgabe wollen wir folgende Dinge trainieren:

- Struktur eines einfachen Programms
- Aufbau und Abfolge von Programmanweisungen
- Ausgabe im grafischen Fenster

Beschreibung

Auch einen Hund können wir mit einfachen geometrischen Objekten selber programmieren. Folgendes Bild haben wir als Vorgabe bekommen:

Aufgabenstellung

Programmiere das angegebene Bild mithilfe der Processing-Grundelemente.

Testfälle

Siehe Aufgabenstellung.

Algorithmische Tipps

Wenn du stockst und nicht weiterweißt, dann versuch mal Folgendes:

- In diesem Bild haben wir viele Elemente, die sich nur über die Eckpunkte beschreiben lassen (Trapez, Linien, Dreiecke). Deshalb solltest du hier besonders vor dem Programmieren die genauen Positionen der Elemente planen. Nimm dir dazu ein (kariertes) Blatt Papier und zeichne die Elemente und deren Position ein. Ist dann alles genau geplant, läuft die Programmierung wesentlich einfacher.
- Achte darauf, welches Element über welches andere Element gelegt werden soll. Dies kannst du über die Reihenfolge festlegen, mit der du die Elemente in das Ausgabefenster zeichnest.
- Es ist empfehlenswert, wenn du zunächst alle Formen einzeichnest. Stimmt die Zeichnung dann mit dem Ergebnis einigermaßen überein, kannst du die Eigenschaften der Elemente noch hinzufügen (Farbe, Liniendicke, Linienart etc.).

3 Variablen, Datentypen, Operatoren und Ausdrücke

3.1 Warm-up

Das Programm einer der vorangegangenen Aufgaben hatte zum Ziel, einen vorgegebenen Text auszugeben. Das war ziemlich statisch. Ähnlich verhält es sich mit einem Programm, welches die Fläche eines Rechtecks mit den Seitenlängen `a=3` und `b=4` berechnet. Gibt es der Person aber die Flexibilität, auch Flächen von Rechtecken mit *beliebigen* Seitenlängen zu berechnen, wird es schon interessanter.

Damit das Programm also dynamischer reagieren kann, benötigen wir etwas wie einen Platzhalter. Den kann das Programm anstatt eines konkreten Werts verwenden. In Programmen spricht man in diesem Zusammenhang von **Variablen**.

Bei einer Variablen handelt es sich um einen Speicherbereich, in den wir Datenwerte ablegen und auslesen können. Den Bezeichner, also den Namen der Variablen, spezifizieren wir unter Beachtung einiger Regeln selbst.

Da wir bei den hier behandelten Programmiersprachen keine Beschränkungen in der Länge eines Bezeichners haben, gibt uns das die Möglichkeit, *sprechende Namen* zu verwenden. Denn je treffender die Bezeichner benannt werden, umso einfacher fällt es dir, das Programm zu verstehen. Beachte aber, dass je nach verwendetem Programmiersystem ganz unterschiedliche Gesetzmäßigkeiten für die Benennung von Variablen und anderen Bezeichnern gelten.

Auch wenn wir jetzt noch ganz am Anfang stehen, solltest du dir darüber klar werden, in welcher Landessprache du die Variablen – und die später folgenden Bezeichner – schreibst. Beispielsweise verbieten einige Programmiersprachen die Verwendung von Umlauten und Sonderzeichen, ohne die ein entsprechender Bezeichner vielleicht nur umständlich oder schlecht zu begreifen ist.

Einige Programmiersprachen bieten ausgearbeitete *Naming Conventions* oder *Naming Guidelines* an, siehe z. B. http://www.oracle.com/technetwork/java/codeconventions-135099.html für Java oder https://www.python.org/dev/peps/pep-0008/#naming-conventions für Python. Darin werden Konventionen angegeben, die – durchgängig angewendet – dem Entwicklungsteam beim Erfassen eines Algorithmus helfen.

Die in diesem Buch behandelten Programmiersprachen sind beide **streng typisierte Sprachen**. Dies hat zur Folge, dass jeder Variablen eindeutig ein **Datentyp** zugeordnet wird. Der Datentyp gibt an, *was* für eine Art von Daten bzw. *wie* Daten gespeichert werden sollen. Es ist beispielsweise möglich, das Datum `4711` als eine Zahl oder eine Zeichenkette abzuspeichern. Außerdem legt der zugeordnete Datentyp auch den Wertebereich fest. Die möglichen Operationen auf den Daten dieses Typs werden ebenfalls durch den Datentyp definiert.

Nun existieren abhängig von dem jeweiligen Programmiersystem die unterschiedlichsten **Datentypen.** Im arithmetischen Umfeld werden verschiedene Datentypen vor allem durch ihren Wertebereich klassifiziert. Java definiert beispielsweise sechs verschiedene arithmetische Datentypen. Während eine Variable des Datentyps `byte` lediglich Zahlen von -128 bis +127 aufnehmen kann, speichert eine Variable des Datentyps `short` Werte im Bereich von -32768 bis +32767. Und auf die gleiche Weise beherbergen die nachfolgenden Datentypen immer größere Werte in der angegebenen Größenrelation:

```
byte < short < int < long < float < double
```

Sehr oft müssen wir Daten eines Datentyps in einen anderen umwandeln. In diesem Zusammenhang spricht man von der **Typumwandlung**. Es ist schnell einsehbar, dass eine Typumwandlung von einem kleineren in einen größeren Datentyp kein Problem darstellt. Dies wird auch als **implizite Typumwandlung** bezeichnet und geht automatisch vonstatten. Wollen wir dagegen in die entgegengesetzte Richtung, also von einem Datentyp mit höherem Wertebereich in einen Datentyp mit geringerem Wertebereich, konvertieren, sprechen wir von der **expliziten Typumwandlung**. Diese Umwandlung kann nur *manuell* erfolgen, da ansonsten ein Datenverlust eine mögliche Folge wäre. Dennoch kann es nötig sein, mit besonderer Vorsicht eine solche Konvertierung durchzuführen. Und zu diesem Zweck stellen Programmiersprachen wie z. B. Java einen sogenannten **Casting-Operator** zur Verfügung.

Während Python keine Deklaration der Variablen verlangt und damit der Datentyp bei der ersten Wertzuweisung vom Programmiersystem implizit festgelegt wird, fordert Java die Bekanntmachung jeder Variablen unter Angabe des zu verwendenden Datentyps *vor* der ersten Zuweisung. Hierbei spricht man auch von **expliziter Typisierung**.

Schritt	Java	Python
Deklaration	int diameter;	
Zuweisung	diameter = 80;	
In einem Schritt	int diameter = 80;	diameter = 80

In den oben aufgeführten Beispielen wird mehrfach der Zuweisungsoperator (=) verwendet. Er gilt für alle Datentypen und bewirkt die Zuweisung eines Werts an die Variable. Der **Ausdruck**, also die Verarbeitungsvorschrift, wird dementsprechend von rechts nach links abgearbeitet. Bei einem Ausdruck handelt es sich um ein Konstrukt, das einen Wert zurückliefert. Im einfachsten Fall ist ein Ausdruck ein Literal, also bereits der Wert, den der Ausdruck liefert. Ein Ausdruck kann aber auch eine Variable oder eine Funktion sein. Auch eine Verarbeitungsvorschrift, die sich aus Operanden und Operatoren zusammensetzt und einen Wert liefert, wird als *Ausdruck* bezeichnet. Hierbei können die Operanden wiederum Ausdrücke sein.

Beachte, dass es sich bei dem =-Operator nicht um die mathematische Vergleichsoperation handelt! Der Operator zum Bestimmen der Gleichheit zweier Operanden wird in beiden Programmiersprachen durch ein doppeltes Gleichheitszeichen ausgedrückt ==. Hinzu kommen noch weitere **Vergleichsoperatoren**, die in der folgenden Tabelle zu sehen sind.

Vergleich	Operator
Gleichheit	==
Ungleichheit	!=
Kleiner	<
Kleiner gleich	<=
Größer gleich	>=
Größer	>

Darüber hinaus sind dir die **arithmetischen Operatoren** +, -, *, / bekannt. Hinzu kommt noch der **Modulo-Operator** (`%`), der den ganzzahligen Rest einer Division zweier Zahlen angibt, also z. B. `5 % 3 = 2`.

Manchmal wird es nötig sein, Bedingungen zu verknüpfen. Das kann mit den sogenannten **logischen Operatoren** gemacht werden. Hier die tabellarische Übersicht:

Operand 1	Operand 2	UND	ODER	Exklusiv ODER
'false'	'false'	'false'	'false'	'false'
'false'	'true'	'false'	'true'	'true'
'true'	'false'	'false'	'true'	'true'
'true'	'true'	'true'	'true'	'false'

Zusätzlich gibt es noch die **Negation**, bei der das Ergebnis der Operation einfach umgekehrt wird.

Wie bereits weiter oben beschrieben, definiert der Datentyp einer Variablen die möglichen Operatoren und damit Operationen auf diesen Daten. Der obige Abschnitt behandelt die typischen Operatoren der Arithmetik. Da wir uns aber auch anderer Datentypen (`char`, `String`) bedienen, müssen wir uns darüber im Klaren sein, dass hier gegebenenfalls andere Gesetzmäßigkeiten gelten. So gibt es bei Strings neben dem Zuweisungsoperator nur noch den +-Operator, der auch eine völlig andere Bedeutung gegenüber arithmetischen Datentypen hat: Er verknüpft zwei Zeichenketten miteinander. Operatoren besitzen also eine *Wandlungsfähigkeit* in Abhängigkeit vom Datentyp, auf den sie angewendet werden.

Und nun – ran an die Workouts, und viel Erfolg beim Training!

3.2 Workout

W.3.1 Einfache Rechenaufgaben

Schwierigkeit Zeitaufwand Kreativität

Auch ohne Processing lösbar

Themen

Mit dieser Aufgabe wollen wir folgende Dinge trainieren:

- Verwendung einfacher Grundrechenoperatoren
- Anpassung der Funktionsweise von Operatoren an Datentypen

Beschreibung

In dieser Aufgabe wollen wir einfache Rechenaufgaben durchführen.

Aufgabenstellung

Schreibe ein Programm, das die bei den Testfällen stehenden Rechenaufgaben berechnet, die Ergebnisse in einer Variablen speichert und die Werte der Variablen in der Konsole ausgibt.

Testfälle

```
1 + 7 - 9 + 43 = 42
43 - 9 + 7 + 1 = 42
4 * 3 + 1 = 13
9 * (2 + 1) = 27
4 * 3 / 6 = 2
(3 - 7) * (7 + 4) = -44
3 / 4 = 0
3.0 / 4.0 = 0.75
4 / 3 + 1 * 7 = 8
4.0 / 3.0 + 1 * 7 = 8.333333
2 * 2 * 2 * 2 * 2 * 2 * 2 = 128
42 / 7 / 3 = 2
```

```
12 % 2 = 0
13 % 5 = 3
12345 / 10 = 1234
1234 / 10 = 123
123 / 10 = 12
12 / 10 = 1
1 / 10 = 0
12345 % 10 = 5
1234 % 10 = 4
123 % 10 = 3
12 % 10 = 2
1 % 10 = 1
```

Algorithmische Tipps

Wenn du stockst und nicht weiterweißt, dann versuch mal Folgendes:

- Solltest du ein Ergebnis wie `NaN` (Not a Number) auf der Konsole sehen, wurde eine Division mit der Zahl `0` durchgeführt. Anscheinend hast du hier statt einer Kommazahl eine Integer-Zahl für die Division verwendet. Achte daher darauf, dass bei der Division die korrekten Datentypen verwendet werden. Beispiel: 255 ist Integer, 255.0 ist Float.
- Wenn du Variablen mit Zahlenwerten in Python auf der Konsole ausgeben willst und der Fehler `TypeError: cannot concatenate 'str' and 'float' objects` auftaucht, musst du diese Variablen in Klammern mit einem davorstehenden **str** setzen. Beispiel: **str(Variable)**. Hiermit wandelst du die Zahl in ein String-Objekt um. Anstelle von `str` kannst du auch die Python-Methode `IrgendeinString.format(Variablen,...)` verwenden, mit der du einen String mit Platzhaltern `{}` mit Variableninhalten auffüllen kannst. Mehr zu Strings erfährst du später im Buch.

W.3.2 Perlenkette 2.0

Schwierigkeit Zeitaufwand Kreativität

Themen

Mit dieser Aufgabe wollen wir folgende Dinge trainieren:

- Verwenden von Variablen und Datentypen
- Verwendung einfacher Grundrechenoperatoren
- Anpassung der Funktionsweise von Operatoren an Datentypen

Beschreibung

In dieser Aufgabe wollen wir die Perlenkette aus dem vorherigen Kapitel mit den neu hinzugekommenen Programmierkonzepten (Variablen und arithmetische Operatoren) umsetzen. Hier noch mal die angestrebte Perlenkette:

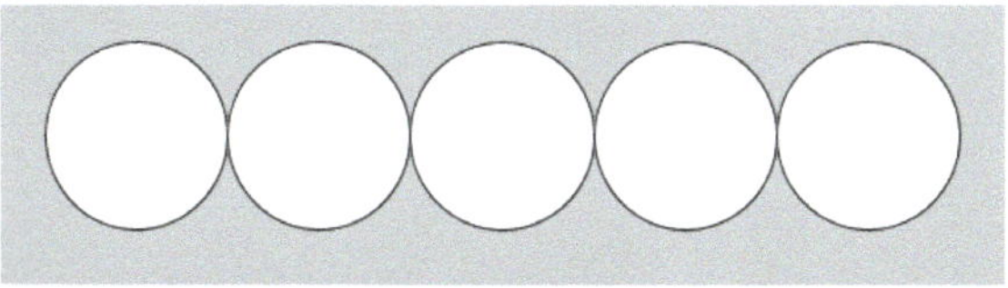

Aufgabenstellung

Programmiere die angegebene Zeichnung unter Verwendung der Processing-Grundelemente. Nutze dabei Variablen und Operatoren.

Testfälle

Wenn die Perlenkette wie in der Aufgabenstellung gefordert von deinem Programm gezeichnet wird, dann bist du schon auf einem guten Weg. Eine richtige Lösung hast du dann entwickelt, wenn dein Programm zudem mit Veränderungen der Perlengröße zurechtkommt. Wenn du diese durch eine entsprechende Variable vorgeben kannst und für verschiedene Werte immer fünf aneinandergereihte Perlen dargestellt werden, passt alles. Dann siehst du jetzt auch, wie sich durch den Einsatz von Variablen und Operatoren Programme flexibel an neue Gegebenheiten anpassen.

Algorithmische Tipps

Wenn du stockst und nicht weiterweißt, dann versuch mal Folgendes:

- Speichere die Startposition (X-Koordinate), die Y-Koordinaten der Kreise sowie deren Radius in jeweils einer Variablen.
- Zeichne anschließend die Kreise auf den Bildschirm. Hierzu kannst du die Processing-Funktion **ellipse()** verwenden.
- Wenn du die Startposition und den Radius der Kreise kennst, kannst du die Position des nächsten Kreises durch das Addieren der X-Startposition mit dem Radius ermitteln.

W.3.3 Blutalkoholkonzentration

Schwierigkeit Zeitaufwand Kreativität

Auch ohne Processing lösbar

Themen

Mit dieser Aufgabe wollen wir folgende Dinge trainieren:

- Verwenden von Variablen und Datentypen
- Verwendung einfacher Grundrechenoperatoren
- Anpassung der Funktionsweise von Operatoren an Datentypen

Beschreibung

Mit der Widmark-Formel können wir die Blutalkoholkonzentration abschätzen. Sie wird mit dieser Formel berechnet:

$$c = \frac{A}{m * r}$$

mit

$$A = V * \epsilon * \rho$$

wobei

- c: Alkoholkonzentration im Blut in [g/kg]
- A: Aufgenommene Masse des Alkohols in [g]
- r: Verteilungsfaktor im Körper – Männer: $r \approx 0{,}7$ – Frauen: $r \approx 0{,}6$ – Kinder: $r \approx 0{,}8$
- m: Masse der Person in [kg]
- V: Volumen des Getränks in [ml]
- ϵ: Alkoholvolumenanteil in [%] (z. B. Bier $\approx$ 0,05)
- ρ: Dichte von Alkohol [g/ml] $\rightarrow \rho \approx 0{,}8$ g/ml

Aufgabenstellung

Schreibe ein Programm, das die Blutalkoholkonzentration mit der Widmark-Formel berechnet. Die Eingabegrößen sollen dabei flexibel einstellbar sein.

Testfälle

Ein 80 kg ($m = 80$) schwerer Mann ($r \approx 0{,}7$) trinkt eine 0,5-l-Flasche Bier ($A = 500\,ml * 0{,}05 * 0{,}8\,g/ml = 20g$). Daraus ergibt sich nach der Widmark-Formel eine Blutalkoholkonzentration von ungefähr 0,35714 g/kg ($\approx$ 0,36 Promille).

Überlege dir weitere Testfälle, die möglichst viele der möglichen Kombinationen aus Alkoholart, Geschlecht, Köpergewicht und Volumen abdecken. Hier noch eine Anregung von uns, wie das aussehen kann:

```
Bier (epsilon=0,05)       Wein (epsilon=0,12)       Scotch (epsilon=0,46)
- Mann (m=70, 80, ...)    - Mann (m=70, 80, ...)    - Mann (m=70, 80, ...)
  V=500, 1000, ...          V=200, 400, ...           V=20, 40, ...
- Frau (m=60, 70, ...)    - Frau (m=60, 70, ...)    - Frau (m=60, 70, ...)
  V=500, 1000, ...          V=200, 400, ...           V=20, 40, ...
- Kind (m=40, 50, ...)    - Kind (m=40, 50, ...)    - Kind (m=40, 50, ...)
  V=500, 1000, ...          V=200, 400, ...           V=20, 40, ...
```

Algorithmische Tipps

Wenn du stockst und nicht weiterweißt, dann versuch mal Folgendes:

- Achte bei der Programmierung auf den korrekten Datentyp bei der Berechnung.
- Für einen besseren Überblick könntest du die Variablennamen nach den entsprechenden Bezeichnungen in der Widmark-Formel verwenden. Dabei könnte es zusätzlich helfen, wenn du mit Kommentaren entsprechend dazuschreibst, wozu die einzelne Variable verwendet wird.
- Teile die Formel in mehrere einzelne Berechnungen auf, idealerweise mit dafür angelegten Variablen. So behältst du einfacher den Überblick.

W.3.4 Stoffwechselrate

Schwierigkeit Zeitaufwand Kreativität

Auch ohne Processing lösbar

Themen

Mit dieser Aufgabe wollen wir folgende Dinge trainieren:

- Verwenden von Variablen und Datentypen
- Verwendung einfacher Grundrechenoperatoren
- Anpassung der Funktionsweise von Operatoren an Datentypen

Beschreibung

Die Größe des Grundumsatzes (G, Kalorien pro Tag) können wir zur Charakterisierung des Stoffwechsels beim Menschen verwenden. Sie ist diejenige Energiemenge, die der Körper pro Tag bei völliger Ruhe, einer Temperatur von 28 Grad Celsius und leerem Magen zur Aufrechterhaltung seiner Funktionen benötigt.

Bereits 1918 veröffentlichten J. A. Harris und F. G. Benedict die nach ihnen benannte Harris-Benedict-Formel. Diese berechnet den Grundumsatz mithilfe von Körpergewicht (m in kg), Körpergröße (l in cm) und dem Alter (t in Jahre). Die Harris-Benedict-Formel stellt noch heute eine in der Ernährungsmedizin allgemein akzeptierte gute Näherung des gemessenen Grundumsatzes (G).

Sie lautet für Männer:

$$G = 66{,}47 + 13{,}7 * m + 5 * l - 6{,}8 * t$$

und für Frauen:

$$G = 655{,}1 + 9{,}6 * m + 1{,}8 * l - 4{,}7 * t$$

Aufgabenstellung

Schreibe ein Programm, welches den Grundumsatz nach der Harris-Benedict-Formel berechnet und die Ergebnisse für beide Geschlechter in der Konsole ausgibt.

Testfälle

- Eingabe:
  - Körpergewicht: 58 kg
  - Körpergröße: 180 cm
  - Alter: 25 Jahre
- Ergebnis:
  - Mann: 1591.07 Kalorien pro Tag
  - Frau: 1418.4 Kalorien pro Tag

- Eingabe:
  - Körpergewicht: 90 kg
  - Körpergröße: 160 cm
  - Alter: 45 Jahre
- Ergebnis:
  - Mann: 1793.47 Kalorien pro Tag
  - Frau: 1595.6 Kalorien pro Tag

- Eingabe:
  - Körpergewicht: 45 kg
  - Körpergröße: 176 cm
  - Alter: 17 Jahre
- Ergebnis:
  - Mann: 1447.37 Kalorien pro Tag
  - Frau: 1324.0 Kalorien pro Tag

Algorithmische Tipps

Wenn du stockst und nicht weiterweißt, dann versuch mal Folgendes:

- Speichere die Eingabegrößen als Variablen.
- Berechne die Formeln für Mann und Frau in unterschiedlichen Variablen und schreibe das Ergebnis in die Konsole.
- Achte bei der Berechnung auf den passenden Datentyp.

W.3.5 Baumstammvolumen

Schwierigkeit Zeitaufwand Kreativität

Auch ohne Processing lösbar

Themen

Mit dieser Aufgabe wollen wir folgende Dinge trainieren:

- Verwenden von Variablen und Datentypen
- Verwendung einfacher Grundrechenoperatoren
- Anpassung der Funktionsweise von Operatoren an Datentypen

Beschreibung

Nachdem ein Baum gefällt und der Stamm aufgearbeitet wurde, möchte man in der Holzwirtschaft wissen, wie viel Holz der Stamm hat (Volumen in Festmeter). Dazu messen wir die Länge (L in Meter) und den Mittendurchmesser (D in Zentimeter).

Nach folgender Formel können wir anschließend das Volumen berechnen:

$$Volumen = (\frac{\pi}{4} * D^2) * L/10000$$

Aufgabenstellung

Schreibe ein Programm, das nach der oben stehenden Formel das Volumen eines Baumstamms berechnet.

Testfälle

- 10 Meter lang und 30 cm Durchmesser: 0.70685834 Festmeter
- 15 Meter lang und 32 cm Durchmesser: 1.2063715 Festmeter

Algorithmische Tipps

Wenn du stockst und nicht weiterweißt, dann versuch mal Folgendes:

- Die Kreiszahl PI steht in Processing als Variable **PI** zur Verfügung.
- Definiere zuerst die Variablen für Länge und Durchmesser und berechne anschließend das Volumen.

W.3.6 Körperoberfläche

Schwierigkeit Zeitaufwand Kreativität

Auch ohne Processing lösbar

Themen

Mit dieser Aufgabe wollen wir folgende Dinge trainieren:

- Verwenden von Variablen und Datentypen
- Verwendung einfacher Grundrechenoperatoren
- Anpassung der Funktionsweise von Operatoren an Datentypen

Beschreibung

Die Körperoberfläche eines Menschen wird nach der Formel von Mosteller wie folgt errechnet:

$$KOF = \sqrt{\frac{h * w}{3600}}$$

In der angegebenen Formel bezeichnet h die Körpergröße in cm und w das Körpergewicht in kg. Das Ergebnis ist die Körperoberfläche in m^2.

Aufgabenstellung

Schreibe ein Programm, das die Körperoberfläche nach der Formel von Mosteller in m^2 berechnet.

Testfall

- 1,60 m und 55 kg → 1.5634719 m^2
- 1,80 m und 58 kg → 1.7029387 m^2
- 2,10 m und 80 kg → 2.1602468 m^2

Algorithmische Tipps

Wenn du stockst und nicht weiterweißt, dann versuch mal Folgendes:

- Zum Wurzelziehen kannst du die Processing-Methode **sqrt(float n)** nutzen.
- Achte bei Divisionen immer darauf, dass die Nenner aus Kommazahlen bestehen.
- Bei Divisionen von Integer-Werten folgt ein Integer-Ergebnis.

Neu

W.3.7 Schuhgröße

Auch ohne Processing lösbar

Schwierigkeit Zeitaufwand Kreativität

Themen

Mit dieser Aufgabe wollen wir folgende Dinge trainieren:

- Verwenden von Variablen und Datentypen
- Verwendung einfacher Grundrechenoperatoren
- Anpassung der Funktionsweise von Operatoren an Datentypen

Beschreibung

Schuhgrößen beim fiktiven Schuhhersteller *Victoria* lassen sich für Deutschland nach der folgenden Formel berechnen:

$$S = l * 1{,}5 + 2{,}25$$

In der Formel ist S die Schuhgröße und l die Fußlänge in cm. Unser Schuhhersteller stellt allerdings nur Schuhe in ganzzahligen Größen her (also zum Beispiel 36 oder 39). Daher ignorieren wir die Nachkommastelle in diesem Fall.

Aufgabenstellung

Schreibe ein Programm, welches aus einer übergebenen Fußlänge in cm die Schuhgröße berechnet. Die Fußlänge soll dabei individuell einstellbar sein.

Der Einfachheit halber soll bei der Schuhgröße die Nachkommastelle abgeschnitten werden.

Testfälle

- 27.17 cm → 43
- 25,1675 cm → 40
- 15,2 cm → 25

Algorithmische Tipps

Wenn du stockst und nicht weiterweißt, dann versuch mal Folgendes:

- Mit welchem Datentyp könntest du die Nachkommastelle von einer Fließkommazahl abtrennen?
- Erst die Schuhgröße in einem Datentyp ausrechnen und dann in den anderen Datentyp konvertieren.

W.3.8 Haus mit Garage

Schwierigkeit Zeitaufwand Kreativität

Themen

Mit dieser Aufgabe wollen wir folgende Dinge trainieren:

- Verwenden von Variablen und Datentypen
- Verwendung einfacher Grundrechenoperatoren
- Anpassung der Funktionsweise von Operatoren an Datentypen

Beschreibung

Wir wollen ein Haus mit Garage malen. Dabei soll die Garage folgende Eigenschaften haben:

Eigenschaft	Wert	Berechnung
Höhe	Halbe Höhe des Hauses	hausHoehe / 2
Breite	Fünf Achtel der Hausbreite	hausBreite * 5/8
X-Position	Rechts neben dem Haus	hausX + hausBreite
Y-Position	Boden des Hauses	hausY + hausHoehe – garagenHoehe

Das Dach des Hauses ist 300 Pixel breit und 100 Pixel hoch. Der Grundbau darunter ist 300 Pixel breit und 300 Pixel hoch.

Das Ergebnis könnte dann so aussehen:

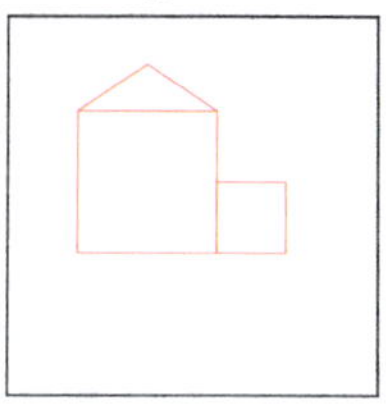

Aufgabenstellung

Male ein Haus mit Garage, wie in der Aufgabenstellung beschrieben.

Testfälle

Siehe Beschreibung.

Algorithmische Tipps

Wenn du stockst und nicht weiterweißt, dann versuch mal Folgendes:

- Im Kapitel davor haben wir ein Haus gemalt. Nehme diese Aufgabe als Vorlage und versuche erst einmal, die Zahlenwerte dort durch Variablen zu ersetzen (z. B. Höhe und Breite).
- Schau dir die Processing-Funktion `translate(x, y)` an. Damit kannst du den Startpunkt (Nullpunkt) des Koordinatensystems verschieben. Komplexe Überlegungen wie z. B. beim Zeichnen des Dachs oder der Garage kannst du damit dann wesentlich einfacher umsetzen.

W.3.9 RGB nach CMYK

Schwierigkeit Zeitaufwand Kreativität

Auch ohne Processing lösbar

Themen

Mit dieser Aufgabe wollen wir folgende Dinge trainieren:

- Verwenden von Variablen und Datentypen
- Verwendung einfacher Grundrechenoperatoren
- Anpassung der Funktionsweise von Operatoren an Datentypen
- Erstellung und Auswertung von Ausdrücken

Beschreibung

Wenn wir Farben für Computer beschreiben wollen, gibt es dafür verschiedene Formate. Bei Displays wird dafür oft das RGB-Format verwendet. Dieses beschreibt den Anteil der Farbwerte von Rot (R), Grün (G) und Blau (B). Diesen Anteil speichern wir jeweils als ganze Zahl im Zahlenbereich von 0 bis 255.

Bei Druckern wird üblicherweise das CMYK-Format verwendet. Hierbei werden die Farben durch die Farbwerte Cyan (C), Magenta (M), Gelb (Yellow, Y) und Schwarz (Key, K) beschrieben. Diese CMYK-Werte speichern wir als eine Kommazahl (reelle Zahl), die zwischen den ganzen Zahlen 0 und 1 liegt.

Mit diesen Berechnungen kannst du Farbwerte von RGB nach CMYK umwandeln:

$$C = \frac{w - \frac{r}{255}}{w}$$

$$M = \frac{w - \frac{g}{255}}{w}$$

$$Y = \frac{w - \frac{b}{255}}{w}$$

$$K = 1 - w$$

wobei

$$w = max\{\frac{r}{255}, \frac{g}{255}, \frac{b}{255}\}$$

Aufgabenstellung

Schreibe ein Programm, das einen RGB-Farbwert in einen CMYK-Farbwert umrechnet. Das Programm soll drei ganze Zahlen **r**, **g** und **b** in entsprechende Variablen speichern und die berechneten CMYK-Werte auf der Konsole ausgeben.

Testfälle

Testfall 1:

- RGB-Ausgangswerte:
  - R: 75
  - G: 0
  - B: 130
- CMYK-Zielwerte:
  - C: 0.42307693
  - M: 1.0
  - Y: 0.0

Testfall 2:

- RGB-Ausgangswerte:
  - R: 11
  - G: 11
  - B: 11
- CMYK-Zielwerte:
  - C: 0.0
  - M: 0.0
  - Y: 0.0
  - K: 0.95686275

Testfall 3:

- RGB-Ausgangswerte:
  - R: 20
  - G: 40
  - B: 60
- CMYK-Zielwerte:
  - C: 0.6666666
  - M: 0.3333333
  - Y: 0.0
  - K: 0.7647059

Algorithmische Tipps

Wenn du stockst und nicht weiterweißt, dann versuch mal Folgendes:

- Schau dir noch einmal die Aufgabe zu den einfachen Rechenaufgaben an.
- Das Maximum kannst du mit der Funktion **max(Zahl1, Zahl2, Zahl3)** berechnen.

W.3.10 Tic-Tac-Toe-Spielfeld

Schwierigkeit Zeitaufwand Kreativität

Themen

Mit dieser Aufgabe wollen wir folgende Dinge trainieren:

- Verwenden von Variablen und Datentypen
- Verwendung einfacher Grundrechenoperatoren
- Anpassung der Funktionsweise von Operatoren an Datentypen

Beschreibung

Wir wollen in dieser Aufgabe das Spielfeld des bekannten Spiels **Tic-Tac-Toe** grafisch darstellen. Dieses Spielfeld besteht aus neun meist quadratischen Feldern, die in einem 3-mal-3-Raster angeordnet sind:

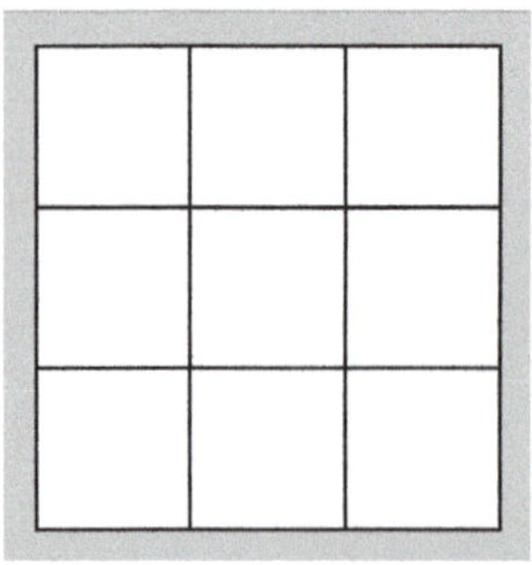

Aufgabenstellung

Schreibe ein Programm, das ein leeres Spielfeld für Tic-Tac-Toe erzeugt und darstellt. Mache dabei Gebrauch von geeigneten Variablen!

Testfälle

Siehe Beschreibung.

Algorithmische Tipps

Wenn du stockst und nicht weiterweißt, dann versuch mal Folgendes:

- Überlege dir zunächst, wie die Elemente im Fenster platziert werden und welche Formen du dafür verwendest, idealerweise auf einem Blatt Papier. Erst danach solltest du mit der Programmierung anfangen.
- Rechteck oder Linie zeichnen? Beides ist möglich, aber ein Fall ist einfacher umzusetzen.
- Bei wiederholenden Zahlenwerten könntest und solltest du diese in einer Variablen speichern und im Programm verwenden.

W.3.11 Gamecontroller

Neu

Schwierigkeit Zeitaufwand Kreativität

Themen

Mit dieser Aufgabe wollen wir folgende Dinge trainieren:

- Verwenden von Variablen und Datentypen
- Verwendung einfacher Grundrechenoperatoren
- Anpassung der Funktionsweise von Operatoren an Datentypen

Beschreibung

Wir wollen einen Gamecontroller zeichnen. Die folgende Grafik gibt uns einige Hinweise zu den einzelnen Abmessungen:

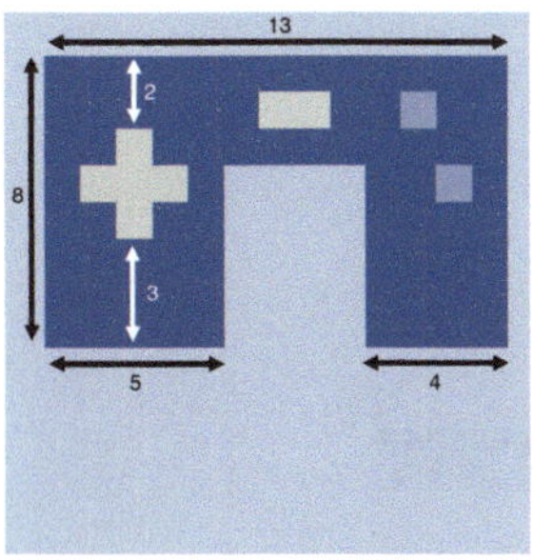

Farben:

- Hintergrund: 182 (Rot), 191 (Grün), 216 (Blau)
- Controller: 53 (Rot), 74 (Grün), 126 (Blau)
- Buttons links/mitte: 200 (Grau)
- Buttons rechts: 141 (Rot), 155 (Grün), 191 (Blau)

Aufgabenstellung

Schreibe ein Programm, welches den oben dargestellten Gamecontroller zeichnet. Die Größe des Gamecontrollers soll dabei mit einer Variablen einstellbar sein.

Testfälle

Kästchengröße 25 Pixel	Kästchengröße 40 Pixel	Kästchengröße 100 Pixel
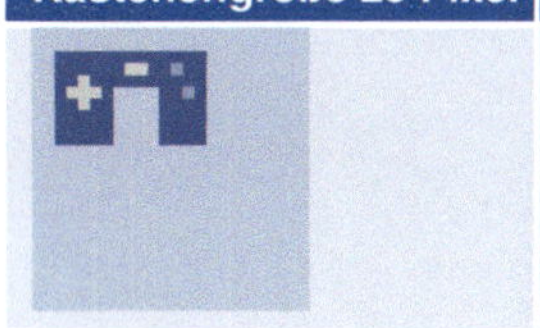	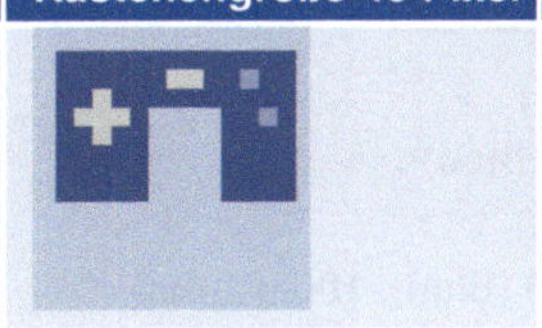	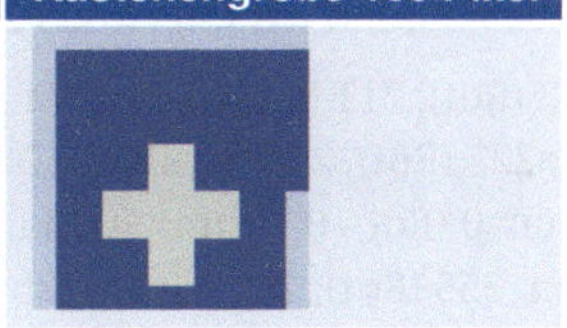

Algorithmische Tipps

Wenn du stockst und nicht weiterweißt, dann versuch mal Folgendes:

- Mithilfe der Relationen solltest du den Controller bauen können.
- Du kannst den Nullpunkt vom Koordinatensystem mit `translate(x, y)` verschieben.
- Siehe auch die vorherigen Zeichenaufgaben für weitere Tipps.

W.3.12 Fußballtor

Schwierigkeit Zeitaufwand Kreativität

Themen

Mit dieser Aufgabe wollen wir folgende Dinge trainieren:

- Verwenden von Variablen und Datentypen
- Verwendung einfacher Grundrechenoperatoren
- Anpassung der Funktionsweise von Operatoren an Datentypen

Beschreibung

Wir wollen ein Fußballtor zeichnen. Dies könnte ungefähr so aussehen:

Das Tor hat dabei folgende Eigenschaften:

Eigenschaft	Wert
Höhe des Tores	300 Pixel
Breite des Tores	2.5-fache Torhöhe
Torposition	100 Pixel (X), 100 Pixel (Y)
Position des inneren Kastens*	1/8 der Torbreite (X), 1/8 der Torhöhe (Y)
Breite des inneren Kastens	3/4 der Torbreite
Höhe des inneren Kastens	5/8 der Torhöhe

* von innerhalb des Tores aus gesehen

Außerdem verwenden wir folgende Farben:

- Wiese: 42 (Rot), 211 (Grün), 50 (Blau)
- Himmel: 227 (Rot), 248 (Grün), 252 (Blau)
- Torpfosten: 0 (Rot), 0 (Grün), 0 (Blau)
- Torkasten: 255 (Rot), 255 (Grün), 255 (Blau), 100 (Alpha)

Die Torpfosten haben eine Liniendicke von 10 Pixel. Alle anderen Elemente haben eine Liniendicke von 3 Pixel. Die Fenstergröße ist 1000 x 500 Pixel.

Aufgabenstellung

Programmiere ein Fußballtor. Verwende zum Zeichnen Variablen und Operatoren sowie die Processing-Grundelemente. Gerne kannst du auch die `translate()`-Funktion verwenden.

Testfälle

Siehe Beschreibung.

Algorithmische Tipps

Wenn du stockst und nicht weiterweißt, dann versuch mal Folgendes:

- Der Alpha-Wert ist der vierte Parameter bei Farbwerten (u. a. auch beim Datentyp `color`). Damit kannst du die Transparenz (Durchsichtigkeit) der Farbe entsprechend einstellen.
- Male zuerst den Hintergrund, dann das Tornetz und danach die Torpfosten.
- Für die Netze am Rand bietet sich die Funktion `quad(...)` an, die eine vierseitige Fläche mit festgelegten Eckpunkten (Polygon) zeichnet.
- Falls du beim Tornetz nicht weiterkommen solltest: Probiere zunächst, die Torpfosten zu zeichnen, und füge später dann das Tornetz hinzu. Durch die bereits sichtbaren Torpfosten fällt dir die Orientierung für das Zeichnen der Netze eventuell leichter.

4 Kontrollstrukturen

4.1 Warm-up

Bis jetzt führen unsere Programme die Programmanweisungen eine nach der anderen aus. In diesem Kapitel wollen wir dem Ganzen etwas Würze verleihen, indem wir die Programme in die Lage versetzen, ihren Ablauf zu steuern. Damit ist gemeint, dass nicht grundsätzlich alle Anweisungen während der Ausführung eines Programms auch tatsächlich abgearbeitet werden sollen oder dürfen. Hierbei spricht man von **bedingten Anweisungen**, die nur unter einer bestimmten Voraussetzung abgearbeitet werden. Andere Anweisungen müssen dagegen *wiederholt* ausgeführt werden. Hierunter versteht man die sogenannten **Wiederholungsanweisungen**. Nimmt man beide Paradigmen zusammen, ist vom Einsatz von **Kontrollstrukturen** die Rede. Sie steuern die Abfolge der Ausführung von Anweisungen und geben an, in welcher Reihenfolge und wie oft Anweisungen ausgeführt werden.

Zu der Familie der **bedingten Anweisungen** gehören die `if-else`-Anweisung sowie die `switch`-Anweisung. Der große Unterschied zwischen diesen beiden bedingten Anweisungen besteht darin, dass die `if-else`-Anweisung lediglich zwei Fälle unterscheidet und damit auch nur diese beiden Fälle behandeln kann: den Teil, der ausgeführt wird, wenn die Bedingung (auch *boolescher Ausdruck* genannt) zutrifft, und den zweiten Teil, der alternativ abgearbeitet wird.

```
if(<boolescherAusdruck>) {
    // In diesen geklammerten Block kommen alle Anweisungen hinein,
    // die abgearbeitet werden, wenn die Bedingung wahr ist.
}
else {
    // In diesen geklammerten Block kommen alle Anweisungen hinein,
    // die abgearbeitet werden, wenn die Bedingung falsch ist.
}
```

Der `else`-Block ist optional. Wenn wir ihn nicht brauchen, kann er komplett entfallen.

Es kommt oft vor, dass mehr als zwei Fälle betrachtet werden müssen. Stellen wir uns beispielsweise vor, wir müssen die Lampen einer Ampel steuern. Hier haben wir drei Fälle zu unterscheiden, die wir zwar durch mehrere und vielleicht auch verschachtelte `if-else`-Konstrukte ausdrücken können, was aber schnell unübersichtlich wird. In Situationen, in denen drei oder mehr Fälle unterschieden werden, können wir in der Programmiersprache Java auf die `switch`-Anweisung zurückgreifen.

```
switch(<Ausdruck>) {
    case <Konstante_1>:
        <Anweisungsblock_1>;
        break;
    case <Konstante_2>:
        <Anweisungsblock_2>;
        break;
    ...
    case <Konstante_n>:
        <Anweisungsblock_n>;
        break;
    default:
        <Anweisungsblock_sonst>;
}
```

Besonderes Augenmerk müssen wir auf das Schlüsselwort `break` legen, welches die Ausführung der umgebenden Struktur unmittelbar beendet. Im obigen Beispiel wird also die `switch`-Struktur verlassen. Vergessen wir eine `break`-Anweisung, werden alle Anweisungen bis zum nächsten `break` bzw. dem Ende der `switch`-Anweisung ausgeführt. Optional beschreibt das Schlüsselwort `default` den Sonst-Fall.

Verwenden wir Java, darf es sich bei dem Bedingungsausdruck nur um ganzzahlige Werte handeln; in anderen Programmiersprachen wie zum Beispiel **C#** können dies z. B. auch Strings sein.

Sehr oft ist es in unseren Programmen notwendig, dass Anweisungen mehrfach ausgeführt werden. Hierbei kann es sich um eine gegebene *Anzahl* von Wiederholungen handeln oder darum, dass Anweisungen in Abhängigkeit von einer *Bedingung* wiederholt werden müssen. Ein geläufiger Begriff für derartige Konstrukte ist **Wiederholungsanweisungen** oder schlicht und kurz **Schleifen**.

Alle Schleifenarten können in zwei Typen unterteilt werden: In *kopfgesteuerte* und *fußgesteuerte* Schleifen. Der Unterschied besteht darin, dass eine *kopfgesteuerte* Schleife die Bedingung zur Ausführung prüft, bevor die erste Anweisung aus dem Inneren der Schleife ausgeführt wird. Es ist also durchaus möglich, dass die Anweisungen innerhalb der Schleife nie ausgeführt werden. Obwohl wir alle Probleme unabhängig von der verwendeten Schleifenart lösen können, bietet es sich schon an, die *richtige* Auswahl zu treffen. Denn hierdurch kann das Verständnis für einen Algorithmus verbessert werden.

Die *`for`-Schleife* ist eine Zählschleife, in der wir angeben, wie oft die Anweisungen im Schleifenrumpf ausgeführt werden sollen. Nach dem Schlüsselwort `for` wird in Klammern zunächst eine Initialisierung vorgenommen; häufig findet diese mit der Deklaration einer Zählvariablen statt. Durch ein Semikolon getrennt, folgen dann die Abbruchbedingung und letztlich die Aktualisierungsanweisung.

Im nachfolgenden Beispiel wird eine Integer-Variable deklariert und mit dem Wert 1 initialisiert. Anschließend folgt die Abbruchbedingung. Solange diese `true` zurückliefert, werden die Anweisungen innerhalb des Blocks ausgeführt, und im Anschluss daran wird die Aktualisierungsanweisung abgearbeitet.

```
for(int i=1; i<10; i++) {
    // In diesen geklammerten Block kommen alle Anweisungen hinein,
    // die wiederholt abgearbeitet werden sollen.
}
```

Hinweis: Die `for`-Schleife kann auch als Endlosschleife *missbraucht* werden, indem z. B. keine Parameter im Schleifenkopf angegeben werden: `for (;;){...}`. **Endlosschleifen** sind in den allermeisten Fällen unerwünscht. Ein Programm soll schon irgendwann mal zum Ende kommen. Anwendungen, in denen Endlosschleifen hingegen erwünscht sind, sind Programme, die tatsächlich so lange laufen sollen, bis sie jemand abbricht. Dazu gehören z. B. Server-Programme (z. B. Webserver, E-Mail-Server usw.).

In dieser Art wird die `for`-Schleife in Python nicht unterstützt. Das vorangegangene Beispiel sieht in Python folgendermaßen aus:

```
for i in range(1, 10):
    # Anweisungsblock, der wiederholt abgearbeitet werden soll
    # In diesem Beispiel wird der Anweisungsblock neunmal wiederholt
```

Neben der Syntax – die Lauf-Parameter werden nicht in Klammern angegeben – wird die Zählvariable `i` nicht initialisiert, und auch die Bedingung wird nicht explizit formuliert. Stattdessen werden pauschal alle Elemente im Bereich zwischen 1 und 10 nacheinander abgearbeitet. Verantwortlich hierfür ist die Funktion `range(1, 10)`, die die Menge an Zahlen von `1` bis `9` generiert.

Die ebenfalls zur Familie der *kopfgesteuerten* Schleifen gehörende **`while`-Schleife** wird eingesetzt, um Anweisungen so oft wiederholen zu lassen, bis der als Bedingung gesetzte boolesche Ausdruck den Wert `false` liefert.

```
while(i<10) {
    // Anweisungen, die abgearbeitet werden sollen
    i++;
}
```

Hinweis: Auch mit dieser Schleifenvariante lässt sich eine Endlosschleife bauen, z. B. durch den Ausdruck *while (true) {...}*.

Auch hier unterscheidet sich die Umsetzung in Python leicht von der bisher betrachteten Java-Variante:

```
while i < 10:
    # Anweisungen, die abgearbeitet werden sollen
    i += 1
```

Zuletzt betrachten wir noch diese Schleifenart, die im Prinzip der `while`-Schleife ziemlich ähnlich ist. Bei ihr findet die Überprüfung der Bedingung allerdings am Ende des Ausführungsblocks statt. Das bedeutet, dass die Anweisungen im Schleifenrumpf *mindestens* einmal abgearbeitet werden. Aus diesem Grund gehört sie zur Familie der fußgesteuerten Schleifen und ist unter dem Namen **`do-while`-Schleife** bekannt.

```
do {
    // Anweisungen, die abgearbeitet werden sollen
    i += 1;
} while(i<10)
```

Hinweis: Wie bei der `while`-Schleife wird durch eine geeignete Bedingung eine Endlosschleife realisiert, z. B. mit: *do {...} while (true)*.

Wir sollten uns darüber im Klaren sein, dass die Anweisung *break* auch innerhalb von Schleifenrümpfen angewendet werden kann. Wie auch bei den Bedingungsanweisungen führt sie dazu, dass die gegebene Struktur verlassen wird. Das bedeutet, das Programm fährt mit der nächsten Zeile außerhalb der Schleife fort.

Ein weiteres Schlüsselwort **`continue`** ist nur in Schleifenrümpfen erlaubt. Es bewirkt, dass der aktuelle Durchlauf zunächst beendet und die Bedingung neu geprüft wird. Bei der `for`-Schleife wird dazwischen noch die Aktualisierungsanweisung ausgeführt.

Nun haben wir das Rüstzeug für die Arbeit an den nächsten Aufgaben zusammen und können loslegen. Dabei sollten wir auch daran denken, dass wir die Kontrollstrukturen auch beliebig ineinander verschachteln können.

Und nun – ran an die Workouts, und viel Erfolg beim Training!

4.2 Workout

W.4.1 Maximum bestimmen

Schwierigkeit Zeitaufwand Kreativität

Auch ohne Processing lösbar

Themen

Mit dieser Aufgabe wollen wir folgende Dinge trainieren:

- Kontrollstrukturen
- Bedingte Anweisungen

Beschreibung

Das Maximum bestimmt die größte Zahl aus einer Auswahl von vorliegenden Zahlen. Zur Ermittlung des Maximums gibt es in den gängigen Programmiersprachen eine Funktion. Wir wollen uns das aber in dieser Aufgabe selber schreiben.

Aufgabenstellung

Schreibe ein Programm, welches das Maximum von drei Integer-Variablen bestimmt und in der Kommandozeile ausgibt. Benutze bei den Vergleichen ausschließlich `if`- und `else`-Anweisungen sowie den >-Operator.

Testfälle

- Vorliegende Zahlen: 1, 2, 3 → Maximum davon: 3
- Vorliegende Zahlen: 42, 7, 13 → Maximum davon: 42
- Vorliegende Zahlen: -9, 4, 2 → Maximum davon: 4

Algorithmische Tipps

Wenn du stockst und nicht weiterweißt, dann versuch mal Folgendes:

- Initialisiere zuerst die Variablen und die Variable, die den maximalen Wert haben soll.
- Anschließend kannst du mithilfe einer Abfolge von `if`- und `else`-Anweisungen das Maximum bestimmen.
- Wenn Variable `a` größer ist als `b` und `c`, dann ist `a` das Maximum. Wenn `b` größer ist als `a` und `c`, dann ist `b` das Maximum. Trifft beides nicht zu, dann kann nur `c` das Maximum sein.

W.4.2 Summe berechnen

Schwierigkeit Zeitaufwand Kreativität

Auch ohne Processing lösbar

Themen

Mit dieser Aufgabe wollen wir folgende Dinge trainieren:

- Kontrollstrukturen
- Wiederholungsanweisungen

Beschreibung

In dieser Aufgabe wollen wir die Summe von 24 aufeinanderfolgenden Zahlen berechnen. Da dies mit dem Taschenrechner ein sehr großer Tippaufwand wäre, stellt sich die Frage: Warum wollen wir das nicht einfach den Computer erledigen lassen?

Aufgabenstellung

Schreibe ein Programm, das mit einer `for`-Schleife die Summe der Zahlen von 3 bis 27 berechnet und das Ergebnis in der Konsole ausgibt.

Testfälle

- Das Ergebnis der Summe von 3 bis 27 ist 375.
- Das Ergebnis der Summe von 1 bis 100 ist 5050.

Algorithmische Tipps

Wenn du stockst und nicht weiterweißt, dann versuch mal Folgendes:

- Deklariere und initialisiere zunächst die Variable, die die Summe beinhalten soll.
- Gehe die Zahlen von 3 bis 27 nacheinander durch.
- Addiere zur Summenvariable die aktuelle Zählerzahl.

W.4.3 Tippspiel

Schwierigkeit Zeitaufwand Kreativität

Auch ohne Processing lösbar

Themen

Mit dieser Aufgabe wollen wir folgende Dinge trainieren:

- Kontrollstrukturen
- Bedingte Anweisungen

Beschreibung

Bei Fußballwettspielen werden die erzielten Wettpunkte nach folgenden Regeln ermittelt:

Exakter Tipp (3 Punkte):

- Sieg (z. B. Ergebnis: 3:2, Tipp: 3:2)
- Niederlage (z. B. Ergebnis: 0:1, Tipp: 0:1)
- Unentschieden (z. B. Ergebnis: 2:2, Tipp: 2:2)

Richtige Tendenz (1 Punkt):

- Sieg (z. B. Ergebnis: 3:2, Tipp: 2:1)
- Niederlage (z. B. Ergebnis: 0:1, Tipp: 1:2)
- Unentschieden (z. B. Ergebnis: 2:2, Tipp: 1:1)

Sonst 0 Punkte

Aufgabenstellung

Schreibe ein Programm, das für ein Fußballtippspiel die erzielten Punkte berechnet und das Ergebnis in der Konsole ausgibt. Dazu werden das getippte Ergebnis und das tatsächlich erzielte Ergebnis des Fußballspiels benötigt.

Testfälle

- Ergebnis: **3:2**, Tipp: **3:2** → Punkte: **3**
- Ergebnis: **0:1**, Tipp: **0:1** → Punkte: **3**
- Ergebnis: **2:2**, Tipp: **2:2** → Punkte: **3**
- Ergebnis: **3:2**, Tipp: **2:1** → Punkte: **1**
- Ergebnis: **0:1**, Tipp: **1:2** → Punkte: **1**
- Ergebnis: **2:2**, Tipp: **1:1** → Punkte: **1**
- Ergebnis: **3:2**, Tipp: **2:0** → Punkte: **1**
- Ergebnis: **0:1**, Tipp: **1:1** → Punkte: **0**
- Ergebnis: **2:2**, Tipp: **2:4** → Punkte: **0**

Algorithmische Tipps

Wenn du stockst und nicht weiterweißt, dann versuch mal Folgendes:

- Deklariere und initialisiere Variablen für den Tipp und das Ergebnis des Fußballspiels.
- Prüfe anhand der Variablen, welche Punktzahl zutrifft.
- Schreibe diese Punktzahl in die Konsole.

W.4.4 PIN-Code-Generator

Schwierigkeit Zeitaufwand Kreativität

Auch ohne Processing lösbar

Themen

Mit dieser Aufgabe wollen wir folgende Dinge trainieren:

- Kontrollstrukturen
- Wiederholungsanweisungen

Beschreibung

In dieser Aufgabe wollen wir alle vierstelligen PINs einer Bankkarte oder eines Passcodes erzeugen und in der Konsole ausgeben.

Aufgabenstellung

Schreibe ein Programm, das die oben beschriebene Aufgabe umsetzt. Setze diese mit einer `for`-Schleife um.

Testfälle

- Ausgabe:

```
0000
0001
0002
0003
0004
0005
0006
0007
...
9993
9994
9995
9996
9997
9998
9999
```

Alle PINs sind vierstellig!

Algorithmische Tipps

Wenn du stockst und nicht weiterweißt, dann versuch mal Folgendes:

- Alle PINs durchgehen.
- Prüfe, ob die Zahl ein-, zwei- oder dreistellig ist, und füge gegebenenfalls voranstehende Nullen hinzu.
- Da das Processing-Konsolenfenster maximal 500 Einträge anzeigen kann, sind bei einem schnellen Prozessor eventuell nur die letzten 500 Einträge sichtbar. Du kannst die Funktionalität aber überprüfen, indem du die Schleifenanweisung etwas langsamer ablaufen lässt. Der Processing-Befehl `delay(1)` fügt beispielsweise eine künstliche Pause von einer Millisekunde in dein Programm ein.

W.4.5 Ladevorgang-Rädchen

Schwierigkeit Zeitaufwand Kreativität

Themen

Mit dieser Aufgabe wollen wir folgende Dinge trainieren:

- Kontrollstrukturen
- Wiederholungsanweisungen

Beschreibung

In dieser Aufgabe wollen wir diese Figur programmieren:

Der Ausgabebereich hat dabei folgende Eigenschaften:

- Fenstergröße: 400 x 400 Pixel
- Hintergrundfarbe: Weiß
- Weichzeichnen: aktiv

Die Linien haben dazu diese Einstellungen:

- Linienstärke: 30 Pixel
- Linienende: abgerundet

Damit wir die Formen in der dargestellten Art und Weise anordnen können, benötigen wir zwei neue Anweisungen:

- Die Anweisung `translate()` verschiebt den Nullpunkt des Koordinatensystems an die in der Funktion definierte Stelle.
- Die Anweisung `rotate()` rotiert das Koordinatensystem in einer kreisförmigen Bewegung um den (verschobenen) Ursprung. Die Funktion erwartet als Parameter die Angabe des Winkels im Bogenmaß.

Vor dem Einsatz sollten wir die Dokumentation der Anweisungen auf der Processing-Website durchlesen (https://www.processing.org/reference/).

Der Winkel, mit dem wir die Rotation in der Figur durchführen, beträgt 45 Grad (= PI/4.0 in Bogenmaß).

Aufgabenstellung

Programmiere die in der Beschreibung dargestellte Figur mit den Processing-Grundelementen. Verwende dafür eine oder mehrere Wiederholungsanweisungen.

Testfälle

Siehe Beschreibung.

Algorithmische Tipps

Wenn du stockst und nicht weiterweißt, dann versuch mal Folgendes:

- Verschiebe den Nullpunkt des Koordinatensystems von der linken oberen Ecke in die Mitte des Ausgabebereichs. Um den Mittelpunkt zu bestimmen, kannst du die reservierten Variablen **width** und **height** von Processing verwenden. Diese enthalten die Breite bzw. Höhe des aktuellen Ausgabebereichs.
- Anschließend kannst du eine Linie zeichnen und danach das Koordinatensystem um 45 Grad drehen. Die Koordinaten der Linie bleiben immer gleich, da das Koordinatensystem gedreht wird. Könntest du also diese Schritte in einer Schleife verarbeiten?
- Versuche doch mal, die Linie etwas weiter vom Nullpunkt entfernt zu starten. Dann wird mit der Rotation die Linie mit dem geforderten Abstand zu den anderen Linien rotieren.

W.4.6 Windrad

Schwierigkeit Zeitaufwand Kreativität

Themen

Mit dieser Aufgabe wollen wir folgende Dinge trainieren:

- Kontrollstrukturen
- Wiederholungsanweisungen

Beschreibung

Dieses Mal wollen wir ein Windrad mit Processing grafisch darstellen:

Aufgabenstellung

Programmiere das dargestellte Bild mithilfe von Wiederholungsanweisungen.

Testfälle

Siehe Beschreibung.

Algorithmische Tipps

Wenn du stockst und nicht weiterweißt, dann versuch mal Folgendes:

- Schau dir die vorherige Aufgabe noch einmal an.
- Theoretisch kannst du das Bild mit jeder Schleifenart realisieren. Probiere doch mal aus, ob du die Aufgabe mit allen Schleifenarten schaffst.
- Halbkreise kannst du mit der Funktion `arc()` zeichnen. Weitere Informationen findest du in der Processing-Dokumentation.

W.4.7 Rotierte Dreiecke

Schwierigkeit Zeitaufwand Kreativität

Themen

Mit dieser Aufgabe wollen wir folgende Dinge trainieren:

- Kontrollstrukturen
- Wiederholungsanweisungen

Beschreibung

In dieser Aufgabe wollen wir eine Zeichnung mit rotierenden Dreiecken realisieren:

Zur Umsetzung der Grafik sind hier noch zwei Hinweise:

- Es handelt sich um 20 gleichschenklige Dreiecke. Gleichschenklig bedeutet, dass zwei Seiten der Dreiecke gleich lang sind.
- Die Farben der Dreiecke sind zufällig.

Aufgabenstellung

Schreibe ein Programm, das die dargestellte Form erzeugt.

Testfälle

Siehe Beschreibung.

Algorithmische Tipps

Wenn du stockst und nicht weiterweißt, dann versuch mal Folgendes:

- Die vorherigen Zeichenaufgaben in diesem Kapitel könnten dir weiterhelfen.
- Male ein Dreieck um den Nullpunkt herum. Um die Koordinaten herauszufinden, könnte dir eine eigene Zeichnung auf Papier weiterhelfen.
- Drehe das Koordinatensystem anschließend um $\frac{1}{20}$ von 360 Grad. 360 Grad sind im Bogenmaß `2*PI`.

W.4.8 Moderne Kunst

Schwierigkeit Zeitaufwand Kreativität

Themen

Mit dieser Aufgabe wollen wir folgende Dinge trainieren:

- Kontrollstrukturen
- Verschachtelte Wiederholungsanweisungen

Beschreibung

Moderne Kunstwerke können wir auch mit dem Computer schaffen. Beispielsweise können wir eine Art Mosaik mit Processing realisieren:

Für die Realisierung wichtig ist:

- Die Farben sind zufällig generiert.
- Alle Vierecke sind gleich groß.
- Die Vierecke sind teilweise leicht gedreht.

Aufgabenstellung

Realisiere das oben gezeigte moderne Kunstwerk als Processing-Programm.

Testfälle

Siehe Beschreibung.

Algorithmische Tipps

Wenn du stockst und nicht weiterweißt, dann versuch mal Folgendes:

- Setze die Größe der Kästchen als Variable fest. Dann kannst du in Abhängigkeit von den Fensterabmessungen die Schrittweiten pro Zeile bzw. Spalte berechnen (`height/size` oder `width/size`).
- Ebenso kannst du die Rotationswinkel in einer Variablen speichern. Dann kannst du erst rotieren, dann das Kästchen zeichnen und dann wieder zurückrotieren. So kannst du das Koordinatensystem mit jedem Kästchen weiterwandern lassen. Dies ist einfacher umzusetzen im Vergleich zur manuellen Koordinatenbestimmung für jedes einzelne Kästchen.
- Wenn du das Koordinatensystem an das Ende einer Zeile bewegt hast: Vergiss nicht, für die nächste Spalte wieder die gesamte Fensterbreite zurückzuwandern.

W.4.9 Schachbrett

Schwierigkeit Zeitaufwand Kreativität

Themen

Mit dieser Aufgabe wollen wir folgende Dinge trainieren:

- Kontrollstrukturen
- Verschachtelte Wiederholungsanweisungen

Beschreibung

Wir wollen in dieser Aufgabe das Spielfeld für das Strategiespiel Schach programmieren. Ein Schachfeld besteht aus einem quadratischen Raster mit insgesamt 64 Feldern, die abwechselnd in dunklen (meist Schwarz) und hellen (meist Weiß) Farben gehalten sind. Im Kapitel „Testfall“ ist ein Schachfeld abgebildet, das dir als visuelle Referenz dienen kann.

Aufgabenstellung

Programmiere ein Schachbrett. Benutze dabei Auswahlanweisungen und Wiederholungsanweisungen.

Testfall

Algorithmische Tipps

Wenn du stockst und nicht weiterweißt, dann versuch mal Folgendes:

- Gehe jede Zeile und Spalte durch und male dabei jeweils erst ein weißes und dann ein schwarzes Viereck. Die Farbe könntest du zum Beispiel als `boolean`-Variable speichern, die mit jedem Schritt zwischen `true` und `false` wechselt.
- Wie schon in den vorherigen Aufgaben bietet sich das Verschieben des Koordinatenursprungs zum Zeichnen an.
- Achte darauf, dass jede Zeile des Schachbretts nicht mit der gleichen Farbe der vorherigen Zeile beginnt.

W.4.10 Ebbe und Flut berechnen

Schwierigkeit Zeitaufwand Kreativität

Auch ohne Processing lösbar

Themen

Mit dieser Aufgabe wollen wir folgende Dinge trainieren:

- Kontrollstrukturen
- Bedingte Anweisungen

Beschreibung

Für den nächsten Urlaub an der Nordsee wollen wir sichergehen, dass wir an einer Wattwanderung am Tag teilnehmen können. Daher wollen wir die Ebbe- und Flutzeiten der kommenden Tage berechnen. Eine Uhrzeit, zu der Ebbe ist, kennen wir bereits.

Grob geschätzt wiederholt sich eine Ebbe oder Flut alle zwölf Stunden und 25 Minuten. Diese Zeit wird auch Tide genannt. In der Mitte der Tide folgt auf eine Ebbe eine Flut und umgekehrt.

Aufgabenstellung

Schreibe ein Programm, das basierend auf einer Ebbe-Uhrzeit die fünf nächsten Ebbe- und Flut-Uhrzeiten berechnet. Das Programm soll außerdem den Tag, von der ersten Ebbe aus gesehen, zu den Uhrzeiten anzeigen. Verwende bei der Umsetzung des Programms Schleifen und Operatoren.

Testfälle

Testfall 1, erste Ebbe um 4:47 Uhr:

```
Tag 0 - Ebbe: 4 Uhr und 47 Minuten
Tag 0 - Flut: 10 Uhr und 59 Minuten
Tag 0 - Ebbe: 17 Uhr und 12 Minuten
Tag 0 - Flut: 23 Uhr und 24 Minuten
Tag 1 - Ebbe: 5 Uhr und 37 Minuten
Tag 1 - Flut: 11 Uhr und 49 Minuten
Tag 1 - Ebbe: 18 Uhr und 2 Minuten
Tag 2 - Flut: 0 Uhr und 14 Minuten
Tag 2 - Ebbe: 6 Uhr und 27 Minuten
Tag 2 - Flut: 12 Uhr und 39 Minuten
Tag 2 - Ebbe: 18 Uhr und 52 Minuten
```

Testfall 2, erste Ebbe um 16:12 Uhr:

```
Tag 0 - Ebbe: 16 Uhr und 12 Minuten
Tag 0 - Flut: 22 Uhr und 24 Minuten
Tag 1 - Ebbe: 4 Uhr und 37 Minuten
Tag 1 - Flut: 10 Uhr und 49 Minuten
Tag 1 - Ebbe: 17 Uhr und 2 Minuten
Tag 1 - Flut: 23 Uhr und 14 Minuten
Tag 2 - Ebbe: 5 Uhr und 27 Minuten
Tag 2 - Flut: 11 Uhr und 39 Minuten
Tag 2 - Ebbe: 17 Uhr und 52 Minuten
Tag 3 - Flut: 0 Uhr und 4 Minuten
Tag 3 - Ebbe: 6 Uhr und 16 Minuten
```

Testfall 3, erste Ebbe um 23:59 Uhr:

```
Tag 0 - Ebbe: 23 Uhr und 59 Minuten
Tag 1 - Flut: 6 Uhr und 11 Minuten
Tag 1 - Ebbe: 12 Uhr und 24 Minuten
Tag 1 - Flut: 18 Uhr und 36 Minuten
Tag 2 - Ebbe: 0 Uhr und 49 Minuten
Tag 2 - Flut: 7 Uhr und 1 Minuten
Tag 2 - Ebbe: 13 Uhr und 14 Minuten
Tag 2 - Flut: 19 Uhr und 26 Minuten
Tag 3 - Ebbe: 1 Uhr und 39 Minuten
Tag 3 - Flut: 7 Uhr und 51 Minuten
Tag 3 - Ebbe: 14 Uhr und 3 Minuten
```

(Hinweis: Die Minutenzahl kann je nach Präzision des Zahlendatentyps zwischen den Programmiersprachen ganz leicht variieren.)

Algorithmische Tipps

Wenn du stockst und nicht weiterweißt, dann versuch mal Folgendes:

- Rechne die Stunden und Minuten von Uhrzeiten in Kommazahlen um. Dann kannst du die Rechnungen leichter durchführen.
- Achte bei den Rechnungen besonders auf die Integer- und Float-Datentypen. Hier können schnell schon einmal Kommastellen abgeschnitten werden.
- Mit dem Modulo bekommst du schnell Tage, Stunden und Minuten heraus.

W.4.11 Dominosteine

Schwierigkeit Zeitaufwand Kreativität

Auch ohne Processing lösbar

Themen

Mit dieser Aufgabe wollen wir folgende Dinge trainieren:

- Kontrollstrukturen
- Verschachtelte Wiederholungsanweisungen

Beschreibung

In der Konsole wollen wir alle Spielsteine des bekannten Legespiels Domino ausgeben. Dies können wir mit Schleifen automatisiert erledigen.

Aufgabenstellung

Gebe die `for`-Schleifen an, mit denen wir alle Dominosteine ohne Dopplungen in der Konsole ausgeben können. Zur Erinnerung sind im Testfälle-Abschnitt alle Dominosteine angegeben, und dein Programm soll genau diese Ausgabe in der Konsole erzeugen.

Testfälle

```
(0|0)(0|1)(0|2)(0|3)(0|4)(0|5)(0|6)
     (1|1)(1|2)(1|3)(1|4)(1|5)(1|6)
          (2|2)(2|3)(2|4)(2|5)(2|6)
               (3|3)(3|4)(3|5)(3|6)
                    (4|4)(4|5)(4|6)
                         (5|5)(5|6)
                              (6|6)
```

Algorithmische Tipps

Wenn du stockst und nicht weiterweißt, dann versuch mal Folgendes:

- Mit jeder Zeile verringert sich die Anzahl der ausgegebenen Dominosteine um eins. Auch die Startzahl wird um eins erhöht.
- Zur Umsetzung könntest du zwei Schleifen ineinander verschachteln. Die Start- und Endzahlen kannst du von den Ziffern auf den Dominosteinen ableiten.
- Erzeuge zunächst die Leerzeichen und gebe dann die Dominosteine in der Zeile aus. Ist die Zeile fertig, kannst du einen Zeilenumbruch erzeugen.

W.4.12 Radialer Farbverlauf

Schwierigkeit Zeitaufwand Kreativität

Themen

Mit dieser Aufgabe wollen wir folgende Dinge trainieren:

- Kontrollstrukturen
- Wiederholungsanweisungen

Beschreibung

Radiale Farbverläufe kennen wir vielleicht von Bildbearbeitungssoftware. Meist lassen sich dort „weiche“ Freihandpinsel nutzen, welche einen solchen Farbverlauf umsetzen.

In dieser Aufgabe wollen wir einen solchen radialen Farbverlauf selber programmieren.

Aufgabenstellung

Schreibe ein Programm, das einen radialen Farbverlauf erzeugt. Die Form soll der im Abschnitt Testfall beschriebenen Form entsprechen.

Testfall

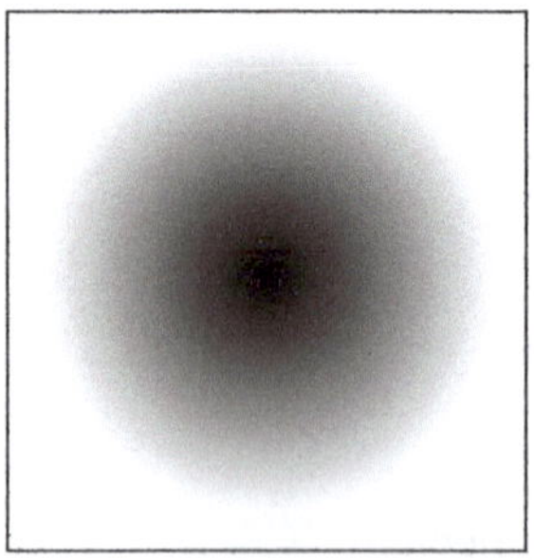

Algorithmische Tipps

Wenn du stockst und nicht weiterweißt, dann versuch mal Folgendes:

- Prinzipiell beginnen wir mit einem großen Kreis mit weißer Farbe. Dieser Kreis wird durchgehend kleiner, und gleichzeitig wird die Farbe immer dunkler. Als Resultat haben wir dann einen solchen Farbverlauf.
- Achte darauf, dass der Kreisradius nicht negativ wird; denn dann wird der Kreis wieder größer in das Bildschirmfenster gemalt.
- Den Programmablauf kannst du mit einer Schleife realisieren.

W.4.13 Sinuskurve

Schwierigkeit Zeitaufwand Kreativität

Themen

Mit dieser Aufgabe wollen wir folgende Dinge trainieren:

- Kontrollstrukturen
- Wiederholungsanweisungen

Beschreibung

Der Sinus ist eine wichtige mathematische Funktion und wird zur Berechnung von Winkeln verwendet. Die Funktion geht von den Kreiswinkeln `0` bis `360` Grad. Im Bogenmaß wäre dies von `0` bis `2 * PI`.

Die wellenartige Darstellung der Sinuskurve ergibt sich durch folgendes Koordinatensystem:

- x-Achse: Winkel in Grad/Bogenmaß
- y-Achse: Berechneter Sinus für den entsprechenden Winkel bzw. das entsprechende Bogenmaß. Der Sinus kann dabei Werte von `-1` bis `1` annehmen.

Aufgabenstellung

Schreibe ein Programm, das die Sinuskurve zeichnet. Verwende dabei die Processing-Funktionen `sin()` und `radians()`.

Testfall

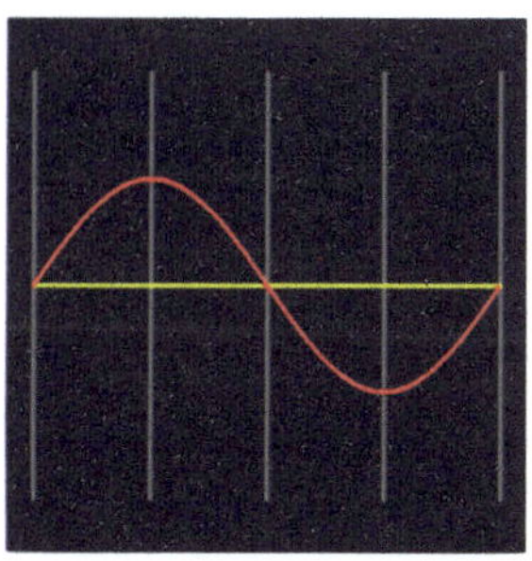

Algorithmische Tipps

Wenn du stockst und nicht weiterweißt, dann versuch mal Folgendes:

- Es bietet sich an, wenn du zunächst das Koordinatensystem verschiebst.
- Gehe alle Winkel durch und zeichne den entsprechenden Sinuswert als Punkt in das Ausgabefenster. Als Ergebnis wirst du den Graph sehen können. Achte allerdings darauf, dass der Sinus nur Werte von `-1` bis `1` annehmen kann. Was kannst du dann tun, um diese Werte größer zu machen (skalieren)? Schließlich willst du sie auch im Fenster sehen können.
- Da das Koordinatensystem im Ausgabefenster „umgekehrt“ ist, musst du eventuell den y-Wert spiegeln.

Neu

W.4.14 Sternzeichen bestimmen

Schwierigkeit Zeitaufwand Kreativität

Auch ohne Processing lösbar

Themen

Mit dieser Aufgabe wollen wir folgende Dinge trainieren:

- Kontrollstrukturen
- Bedingte Anweisungen

Beschreibung

Geburtsdaten, bestehend aus Tag, Monat und Jahr, können wir einem Sternzeichen, auch Tierkreiszeichen genannt, zuordnen. Die Zuordnung sieht dabei wie folgt aus:

Sternzeichen	von	bis
Wassermann	20. Januar	18. Februar
Fische	19. Februar	20. März
Widder	21. März	20. April
Stier	21. April	21. Mai
Zwillinge	22. Mai	21. Juni
Krebs	22. Juni	22. Juli
Löwe	23. Juli	22. August
Jungfrau	23. August	22. September
Waage	23. September	22. Oktober
Skorpion	23. Oktober	22. November
Schütze	23. November	20. Dezember
Steinbock	21. Dezember	19. Januar

Aufgabenstellung

Schreibe ein Programm, welches bei einem mit drei Integer-Variablen übergebenen Geburtsdatum (Tag, Monat, Jahr) das Sternzeichen bestimmt.

Testfälle

- 11.03.1980 → Fische
- 21.06.1970 → Zwillinge
- 11.12.1913 → Schütze
- 12.13.1400 → Ungültig

Ansonsten jedes beliebige Geburtsdatum eingeben und prüfen, ob es die erwartete Ausgabe wie in der oberen Tabelle liefert.

Algorithmische Tipps

Wenn du stockst und nicht weiterweißt, dann versuch mal Folgendes:

- Eventuell machen geschachtelte Kontrollstrukturen Sinn.
- Es könnte helfen, das Jahr mit einem Zeitstrahl auf Papier zu malen, dann zu schauen, wo die einzelnen Zeitpunkte liegen und wie du mit hintereinander folgenden Schleifen herausfinden könntest, in welchem Zeitpunkt wir uns befinden.
- Erst nur den Monat prüfen und dann schauen, in welchem Bereich der Tag liegt.

W.4.15 Zahlen-Palindrom

Schwierigkeit Zeitaufwand Kreativität

Auch ohne Processing lösbar

Themen

Mit dieser Aufgabe wollen wir folgende Dinge trainieren:

- Kontrollstrukturen
- Bedingte Anweisungen
- Wiederholungsanweisungen

Beschreibung

Ein Palindrom ist eine Zeichenkette, die von vorne und hinten gelesen dasselbe ergibt. Diese Eigenschaft wollen wir in dieser Aufgabe mit ganzen Zahlen testen.

Aufgabenstellung

Schreibe ein Programm, das testet, ob eine **ganze Zahl** ein Palindrom ist. Die zu testende Zahl darf dabei nicht in ein String-Objekt umgewandelt werden. Gib das Ergebnis in der Konsole aus.

Testfälle

- 12321 ist ein Palindrom.
- 12345 ist kein Palindrom.
- 2123212 ist ein Palindrom.
- 2123213 ist kein Palindrom.

Algorithmische Tipps

Wenn du stockst und nicht weiterweißt, dann versuch mal Folgendes:

- Schreibe dir zunächst einen der Testfälle auf Papier und überlege, wie du an die entsprechenden Ziffern kommst. Kleiner Tipp: Per Division „schneidest" du Stellen am Zahlenende weg. Mit dem Modulo-Operator „schneidest" du Stellen am Zahlenanfang weg.
- Bestimme zunächst die Anzahl der Dezimalstellen. Dafür kannst du die Palindrom-Zahl so lange mit der Zahl 10 dividieren (entferne die letzte Dezimalstelle), bis die Zahl 0 erreicht ist.
- Anschließend kannst du die Zahl Schritt für Schritt durchgehen, die vordere und hintere Dezimalstelle bestimmen und miteinander vergleichen. Je nachdem, welche Zahl du überprüfen willst, musst du dann zunächst vorne und hinten entsprechend Dezimalstellen abschneiden, bis nur noch die gewünschte Ziffer übrig bleibt. Zur Bestimmung der dafür passenden Zehnerpotenz kannst du die Funktion **pow(Zahl, Exponent)** verwenden. Diese Funktion berechnet die Potenz einer Zahl. Zum Testen solltest du am besten eine Nicht-Palindrom-Zahl verwenden. Damit kannst du überprüfen, welche Zahlen miteinander verglichen werden.

W.4.16 Titschender Ball

Schwierigkeit Zeitaufwand Kreativität

Themen

Mit dieser Aufgabe wollen wir folgende Dinge trainieren:

- Kontrollstrukturen
- Bedingte Anweisungen

Beschreibung

In einer Animation wollen wir einen titschenden Ball simulieren. Dafür berechnen wir in kontinuierlichen Schritten die aktuelle Position des Balles und zeichnen den Ball in das Bildschirmfenster, was unsere Einzelbilder der Animation sind. Damit wir die Animation umsetzen können, ist Folgendes wichtig:

- Die Gravitationskraft ist $g = 9.81$. Für die Animation können wir sie aber auch um den Faktor 10 herunterskalieren.
- Die Geschwindigkeit des Balles ist $v = v + g$ in jedem Einzelbild.

Wenn unser Ball den Boden berührt, verändern sich Richtung und Geschwindigkeit des Balles zu $v = v * -\text{COR}$. COR ist dabei eine Konstante (Coefficient Of Restitution), welche je nach Material des Balles unterschiedlich ist. In unserem Fall liegt der Wert bei 0,7.

Würden wir die Formel so ausführen, würde unser Ball nie mit dem Titschen aufhören. Daher brauchen wir noch eine Abbruchbedingung, ab welchem Einzelbild die Geschwindigkeit des Balles den Wert 0 haben soll. Der Zeitpunkt, ab dem abgebrochen werden soll ist:

$$t = \frac{1}{g} * \left(v + v1 * \frac{1 + \text{COR}}{1 - \text{COR}}\right)$$

mit $v1 = \sqrt{v^2 + 2 * g * (y_{Start} - y_{Boden})}$, wobei y_{Start} die Startposition des Balles und y_{Boden} die Position des Bodens ist.

Aufgabenstellung

Schreibe ein Programm, welches die Animation des titschenden Balles realisiert. Verwende zur Umsetzung Kontrollstrukturen sowie die `setup()`- und `draw()`-Funktion in Processing.

Testfälle

Die folgenden Screenshots zeigen einzelne Abschnitte der Animation, wie sie aussehen könnte:

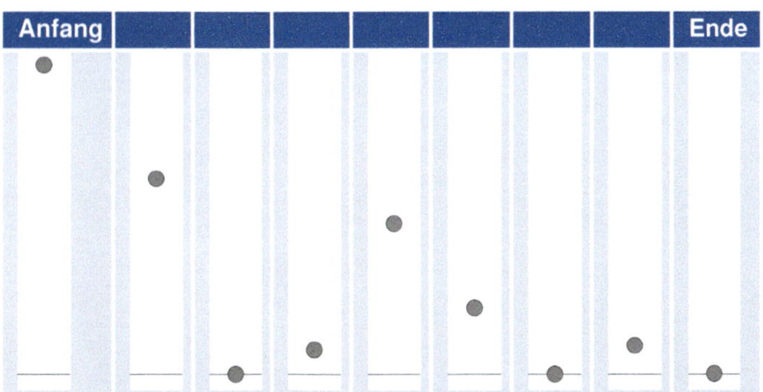

Algorithmische Tipps

Wenn du stockst und nicht weiterweißt, dann versuch mal Folgendes:

- Die Y-Position wird zum Boden hin immer größer. Hier könntest du eventuell herausfinden, ob der Ball den Boden berührt.
- Pass beim Berühren des Bodens darauf auf, dass sich die Richtung des Balles wirklich nur einmal ändern kann.
- Damit du den Ball stoppen kannst, solltest du nach jedem gezeichneten Einzelbild eine Zählvariable erhöhen. In Python musst du globale Variablen mit einem `global` -Kommando in der `setup()`- oder `draw()`-Funktion schreibbar machen. Andernfalls werden sich die Variablenwerte nicht ändern.

W.4.17 Interaktiver Button

Schwierigkeit Zeitaufwand Kreativität

Themen

Mit dieser Aufgabe wollen wir folgende Dinge trainieren:

- Kontrollstrukturen
- Bedingte Anweisungen

Beschreibung

Wir wollen ein Programm schreiben, das ein blaues Rechteck in das Programmfenster zeichnet. Dieses Rechteck soll sich immer dann grün verfärben, wenn sich der Mauszeiger über dem Rechteck befindet.

Die x- und y-Koordinaten der Mausposition können wir mit den Variablen `mouseX` bzw. `mouseY` herausfinden.

Aufgabenstellung

Schreibe das oben beschriebene Programm.

Nutze zur Umsetzung folgendes Grundgerüst, welches ein 800 x 800 Pixel großes Fenster erzeugt:

- Java:

```
public void setup() {
    size(800, 800);
}

public void draw() {
    // Hier kommt das geforderte Programm hinein
    // Dieser Bereich wird durchgehend aufgerufen
}
```

- Python:

```
def setup():
    size(800, 800)

def draw():
    # Hier kommt das geforderte Programm hinein
    # Dieser Bereich wird durchgehend aufgerufen
```

Testfälle

- Mauszeigerposition außerhalb des Rechtecks

- Mauszeigerposition innerhalb des Rechtecks

Algorithmische Tipps

Wenn du stockst und nicht weiterweißt, dann versuch mal Folgendes:

- Es ist sinnvoll, die Eigenschaften des Rechtecks als Variablen zu speichern. Diese wirst du bei den Kontrollen der Mausposition häufig benötigen.
- Vielleicht hilft dir dieser Hinweis weiter. Die in den Bildern angezeigten Werte stehen für die x- und y-Koordinaten der oberen linken Ecke des Rechtecks sowie für die Breite (`w`) und die Höhe (`h`) des Rechtecks:

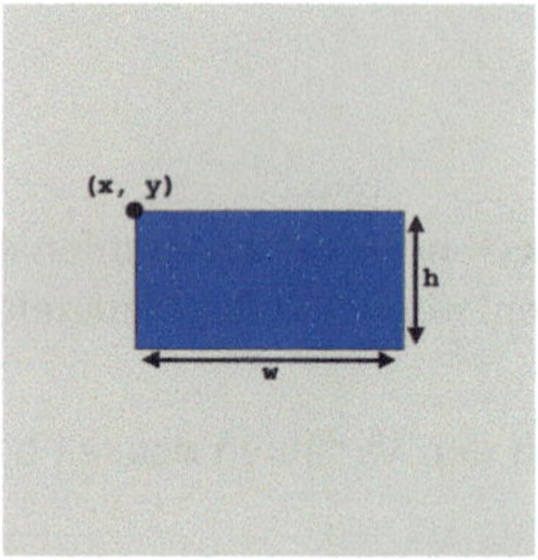

- Hilft der vorherige Hinweis immer noch nicht weiter, zeigen wir dir hier die möglichen Mauspositionen, für die die angegebene Vergleichsanweisung wahr ist.
  - `mouseX > x`

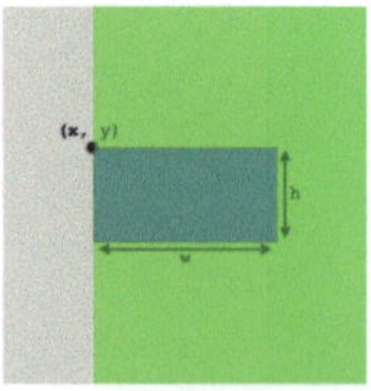

  - `mouseX < x + w`

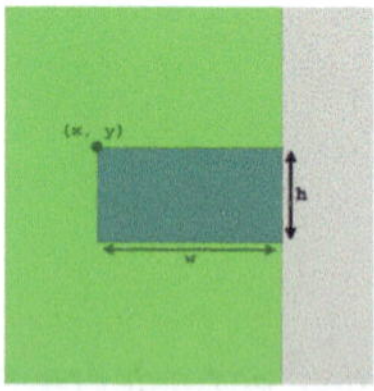

  - Kombination beider vorherigen Vergleiche (`mouseX > x` UND `mouseX < x + w`)

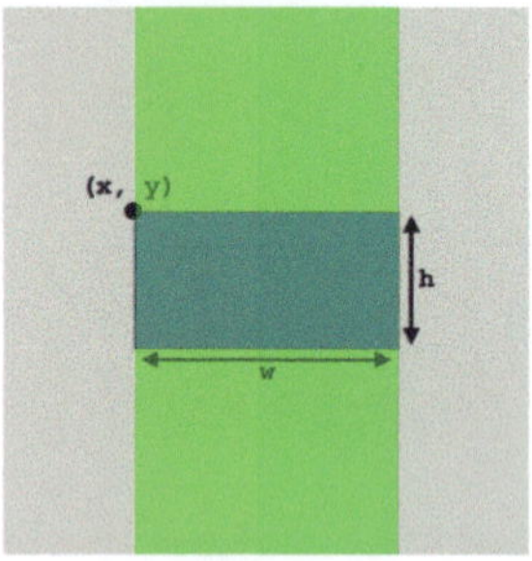

W.4.18 CAPTCHA

Neu

Schwierigkeit Zeitaufwand Kreativität

Themen

Mit dieser Aufgabe wollen wir folgende Dinge trainieren:

- Kontrollstrukturen
- Bedingte Anweisungen

Beschreibung

Bei der Nutzung von Internetseiten wird häufig überprüft, ob die Person vor dem Computer ein Mensch ist. In unserem Beispiel werden dabei mehrere gleiche Bilder der Größe 200 x 200 Pixel nebeneinander angezeigt. Von den Bildern ist eines in richtiger Anordnung und die anderen sind in unterschiedlichen 90-Grad-Winkeln rotiert. Die Anordnung der Bilder wird zufällig durch das Programm festgelegt. Die Person soll nun das Bild identifizieren, welches in der richtigen Richtung angezeigt wird.

Bei einem Klick auf das richtige Bild wird das Fenster blau angemalt. Bei Klick auf die anderen, falschen Bilder wird das Fenster rot angemalt.

Aufgabenstellung

Schreibe ein Programm, welches den oben beschriebenen Test umsetzt.

Nutze zur Umsetzung folgendes Grundgerüst, welches ein 600 x 200 Pixel großes Fenster erzeugt:

- Java:

```java
public void setup() {
    size(600, 200);
    // Hier kommen Befehle rein, welche nur einmalig
    // aufgerufen werden sollen
}

public void draw() {
    // Hier kommt das geforderte Programm hinein
    // Dieser Bereich wird durchgehend aufgerufen
}

public void mouseClicked() {
  // Dieser Bereich wird ausgeführt, sobald eine
  // Maustaste gedrückt wird
}
```

- Python:

```python
def setup():
    size(600, 200)
    # Hier kommen Befehle rein, welche nur einmalig
    # aufgerufen werden sollen
```

```
def draw():
    # Hier kommt das geforderte Programm hinein
    # Dieser Bereich wird durchgehend aufgerufen

def mouseClicked():
    # Dieser Bereich wird ausgeführt, sobald eine
    # Maustaste gedrückt wird
```

Testfälle

- Darstellung einer möglichen, zufällig generierten Bildanordnung. Das richtige Bild befindet sich in der Mitte:

- Bei Klick auf das richtige Bild, hier das mittlere:

- Bei Klick auf ein falsches Bild, hier das linke oder rechte:

Algorithmische Tipps

Wenn du stockst und nicht weiterweißt, dann versuch mal Folgendes:

- Es macht Sinn, wenn du zunächst die vorherige Aufgabe zur Mausposition richtig gelöst hast. Damit solltest du einige Zusammenhänge besser verstehen können.
- In Processing kannst du Bilder mit `loadImage(...)` einlesen und anschließend auf weitere Funktionen wie z. B. `width` und `height` für die Abmessungen des Bildes zugreifen. Dies könnte hilfreich sein, um den richtigen Klickbereich festzustellen. Die rotierten Versionen des Bildes kannst du selbst in einem Bildbearbeitungsprogramm generieren und musst sie nicht in Codeform in der Aufgabe erzeugen.
- Du kannst zum Testen probieren, die Koordinaten der Mausposition bei einem Klick in der Kommandozeile auszugeben.
- Erst zufällig bestimmen, welches Bild das richtige ist, und anschließend die richtigen Bilddateien zum Anzeigen darstellen. Zum Testen könnte es helfen, zunächst mit fest definierten Variablen zu arbeiten und danach erst den Zufallsgenerator einzubeziehen. Zum Generieren von Zufallszahlen kannst du die `int(random(...))`-Funktionen in Processing verwenden.
- Du musst lediglich prüfen, ob der Klick beim *richtigen* Bild erfolgt.

5 Funktionen

5.1 Warm-up

Wir haben nun schon erfolgreich mehrere Programme erstellt und dabei sicherlich auch festgestellt, dass sich manche Codezeilen wiederholen. Aber dies muss nicht – nein, es sollte auch nicht so sein. Wenn wir also einen Block von Anweisungen immer wieder, aber an unterschiedlichen Stellen benötigen, dann sollten wir *Funktionen* einsetzen.

Funktionen sind Ansammlungen von Code-Blöcken, also eine Menge von Anweisungen. Sie ermöglichen uns auf einfache Art und Weise, den Code, der häufiger genutzt wird, zu separieren, um ihn dann an unterschiedlichen Stellen im Programm aufzurufen. Das hat mehrere Vorteile. Zum einen bleibt der Code schön übersichtlich. Und zum anderen minimieren wir durch den Einsatz von *Funktionen* sowohl unseren Aufwand für das Schreiben von sich häufig wiederholenden Anweisungen wie auch die Fehleranfälligkeit. Ein weiterer Vorteil ergibt sich aus der Wartungsfähigkeit beim Einsatz von Funktionen. Egal ob wir Fehler beheben müssen, der Algorithmus sich ändert oder gegebenenfalls neue Anforderungen umgesetzt werden müssen: Wir haben nur eine Stelle, an der wir die Code-Änderungen vornehmen müssen.

Natürlich haben Funktionen auch eine eigene Syntax. Die Syntax der Programmiersprache Java sieht vor, dass eine Funktion aus dem *Modifizierer, Rückgabetyp, Funktionsnamen,* der zu übergebenden *Parameterliste* (Variablen und Werte) sowie dem *Anweisungsblock* besteht. Um Funktionen zu üben, fokussieren wir uns hier auf das Notwendigste: den Rückgabetyp, den Funktionsnamen und die Parameterliste. Dies sind auch die drei Elemente, die eine Funktion eindeutig identifizierbar machen. In diesem Zusammenhang spricht man auch von der **Signatur der Funktion**. Wie die Unterschrift eine Person identifiziert, so identifiziert der genannte Dreiklang eine Funktion.

```
int BerechneSumme(int a, int b) {
    // Anweisungen zur Berechnung
    return ergebnis;
}
```

Soll die Funktion kein Ergebnis zurückmelden, verwenden wir als Rückgabetyp **void**.

Um in Python eine Funktion zu deklarieren, wird das Schlüsselwort **def** verwendet:

```
def berechne_summe(a, b):
    # Anweisungen zur Berechnung
    return ergebnis
```

Da Python grundsätzlich auf die Deklaration von Variablen verzichtet, können wir anhand der Signatur nicht erkennen, ob die Funktion ein Ergebnis hat. Nur das Schlüsselwort **`return`** im Ausführungsteil gibt preis, ob sie einen Wert zurückliefert oder nicht.

Der Name einer Funktion kann frei gewählt werden. Dabei sollten wir uns an die Regeln für Bezeichner halten, die wir schon in Kapitel 3 diskutiert haben. Wir möchten an dieser Stelle noch mal an die Wichtigkeit der Namensgebung erinnern. Eine Funktion sollte einen prägnanten, sinnbeschreibenden Namen haben und auch nur einen Anwendungsbereich. Wenn wir also beispielsweise eine Funktion mit dem Namen *BerechneGehalt* vorfinden, dann sollte diese auch nur das Gehalt berechnen und z. B. nicht den Datensatz aus der Datenbank laden und nach der Berechnung speichern. Das wären also dann drei verschiedene Funktionen, da es drei verschiedene Tätigkeiten sind!

Im Anschluss an den Namen folgt die Parameterliste. Wir müssen einer Funktion keine Parameter übergeben. Aber wenn wir es tun, dann trennen wir die verschiedenen Werte durch ein Komma. In der Anzahl der zu übergebenden Parameter sind wir nicht beschränkt. Der Übersichtlichkeit halber sollten wir aber das Minimalprinzip einhalten und so wenige Parameter wie nötig übergeben.

Wenn wir mit Funktionen arbeiten, ist ein Verständnis für den Gültigkeitsbereich von Variablen essenziell. Eine Variable ist immer nur in dem sie umgebenden Block gültig. Wir können also innerhalb einer Funktion **nicht** auf eine Variable zugreifen, die außerhalb der Funktion deklariert wurde. Ist es nötig, auf den Wert der Variablen zuzugreifen, sollte diese in der Parameterliste an die Funktion übergeben werden.

Und nun – ran an die Workouts, und viel Erfolg beim Training!

5.2 Workout

W.5.1 Endliches Produkt

Schwierigkeit Zeitaufwand Kreativität

Auch ohne Processing lösbar

Themen

Mit dieser Aufgabe wollen wir folgende Dinge trainieren:

- Funktionen

Beschreibung

Das endliche Produkt ist eine mathematische Funktion und multipliziert natürliche Zahlen von einem Startwert s bis zu einem Endwert e.

Außerdem gelten folgende Sonderfälle:

- Ist e oder s kleiner als 0, soll das Ergebnis `0` sein.
- Ist e oder s gleich 0, ist das Ergebnis `0`.
- Ist e kleiner als s, sollen die Werte von e und s miteinander vertauscht werden.

Aufgabenstellung

Schreibe eine Funktion, die das endliche Produkt berechnet.

Testfälle

- `s = 3, e = 4: 12`
- `s = 5, e = 2: 120`
- `s = -3, e = 5: 0`
- `s = 33, e = 0: 0`
- `s = 0, e = 33: 0`

Algorithmische Tipps

Wenn du stockst und nicht weiterweißt, dann versuch mal Folgendes:

- Überlege dir, wie die Parameterliste für die Funktion aussehen muss. Dazu musst du bedenken, welche Parameter diese enthalten muss und welchen Datentyp diese jeweils haben.
- Überlege dir, ob die Funktion einen Wert zurückliefert. Anders gefragt, berechnet die Funktion ein Ergebnis, das zurückgeliefert werden soll?
- Wiederholungsanweisungen und bedingte Anweisungen wirst du im Funktionsblock benötigen.

W.5.2 Fakultät

Schwierigkeit Zeitaufwand Kreativität

Auch ohne Processing lösbar

Themen

Mit dieser Aufgabe wollen wir Folgendes trainieren:

- Funktionen

Beschreibung

Die Fakultät ist eine mathematische Funktion und multipliziert alle natürlichen Zahlen vom Startwert 1 bis zum Endwert `n`.

Aufgabenstellung

Schreibe eine Funktion, die die Fakultät für eine natürliche Zahl `n` berechnet.

Testfälle

- `n=6`: `720`
- `n=2`: `2`
- `n=1`: `1`
- `n=9`: `362880`

Algorithmische Tipps

Wenn du stockst und nicht weiterweißt, dann versuch mal Folgendes:

- Schau dir doch noch einmal die Aufgabe zum endlichen Produkt an.

W.5.3 Konfektionsgröße

Schwierigkeit Zeitaufwand Kreativität

Auch ohne Processing lösbar

Themen

Mit dieser Aufgabe wollen wir Folgendes trainieren:

- Funktionen

Beschreibung

Die Konfektionsgröße für Frauen und Männer können wir anhand des Brustumfangs und der Körpergröße nach folgender Formel berechnen:

$$Konfektionsgröße = \frac{Brustumfang}{2}$$

Für *Frauen* müssen wir zusätzlich noch folgende Besonderheiten berücksichtigen:

- Die Konfektionsgröße für Frauen wird um den Wert 6 verringert, um andere Größenangaben als bei Männern zu erreichen.
- Die Normalgröße (32–44) gilt für Frauen, die zwischen 164 und 170 cm groß sind.
- Die Langgröße (64–88) gilt für Frauen, die größer als 170 cm sind. Sie ergibt sich aus der verdoppelten Normalgröße.
- Die Kurzgröße (16–22) gilt für Frauen, die kleiner als 164 cm sind. Sie ergibt sich aus der halben Normalgröße.

Aufgabenstellung

Gib eine Funktion mit Namen `computeGarmentSize` an, die die Konfektionsgröße für Frauen und Männer nach den oben definierten Kriterien berechnet.

Testfälle

- Mann
  - 192 cm groß, mit 92 cm Brustumfang: 46
  - 172 cm groß, mit 80 cm Brustumfang: 40
- Frau
  - 167 cm groß, 92 cm Brustumfang: 40
  - 150 cm groß, 103 cm Brustumfang: 22
  - 180 cm groß, 86 cm Brustumfang: 74

Algorithmische Tipps

Wenn du stockst und nicht weiterweißt, dann versuch mal Folgendes:

- Schau dir die Testfälle an und versuche, daraus die Parameterliste und ggf. den Rückgabetyp zu bestimmen.
- Gibt es Berechnungsschritte, die für alle Geschlechter gleich sind?

W.5.4 Schaltjahr Prüfung

Schwierigkeit Zeitaufwand Kreativität

Auch ohne Processing lösbar

Themen

Mit dieser Aufgabe wollen wir folgende Dinge trainieren:

- Funktionen

Beschreibung

Bei Schaltjahren hat der Februar 29 Tage anstatt der üblichen 28 Tage.

Schaltjahre können wir dadurch bestimmen, dass die **Jahreszahl durch 4 teilbar** ist. Allerdings darf die Jahreszahl **zusätzlich nicht durch 100 teilbar** sein. Wenn die Jahreszahl wiederum **durch 400 teilbar** ist, ist es doch ein Schaltjahr.

Aufgabenstellung

Schreibe eine Funktion, die überprüft, ob es sich bei einer übergebenen Jahreszahl um ein Schaltjahr handelt. Sollte das Jahr ein Schaltjahr sein, wird `true` zurückgegeben. Sollte dies nicht der Fall sein, wird `false` zurückgegeben.

Testfälle

- Schaltjahre:
  - 2012
  - 2000
  - 1916
  - 1896
- keine Schaltjahre:
  - 2013
  - 2003
  - 1900
  - 1881

Algorithmische Tipps

Wenn du stockst und nicht weiterweißt, dann versuch mal Folgendes:

- Probiere, die Abläufe in der Funktion testweise auszugeben. Wird zum Beispiel bei einer entsprechenden Jahreszahl die erwartete Stelle im Quellcode ausgeführt? Sollte dies nicht der Fall sein, scheint es einen (Denk-)Fehler im Quellcode zu geben.
- Teilbarkeit in Zahlen lässt sich mit dem Modulo-Operator (`%`) prüfen, welcher den Rest einer Division zurückgibt.

W.5.5 Literzahlen umwandeln

Schwierigkeit Zeitaufwand Kreativität

Auch ohne Processing lösbar

Themen

Mit dieser Aufgabe wollen wir folgende Dinge trainieren:

- Funktionen

Beschreibung

Wie viel Milliliter sind noch einmal 0,004 Liter? Genau für solche Fragen wollen wir uns selbst eine Lösung schreiben. Die Funktion soll einen **float**-Wert wie folgt in einen String umwandeln:

float-Wert	Erzeugter String
1.0 und größer	<vol> l
0.1 und größer	<vol> cl
0.001 und größer	<vol> ml
Kleiner als 0.001	Number too small!

Aufgabenstellung

Schreibe eine Funktion mit Namen **volumeConverter**, die eine als **float**-Wert übergebene Literzahl nach den oben beschriebenen Kriterien umwandelt und als String zurückgibt.

Verwende dabei für die Umwandlung in die entsprechenden Einheiten **nur mathematische Operatoren und Typumwandlungen**.

Testfälle

- vol = 3.0 → 3.0 l
- vol = 0.3 → 30 cl
- vol = 0.003 → 3 ml

Algorithmische Tipps

Wenn du stockst und nicht weiterweißt, dann versuch mal Folgendes:

- Wenn du die Kommazahlen entfernt haben möchtest, probiere doch eine Umwandlung zu Integer-Werten.
- Natürlich musst du bei Divisionen auch aufpassen, dass nicht der Kommawert zu früh abgeschnitten wird.
- Float-Werte müssen in Java immer mit einem nachstehenden **f** definiert werden. Beispiel: `0.01f`.

W.5.6 Analoger Uhrzeiger

Schwierigkeit Zeitaufwand Kreativität

Auch ohne Processing lösbar

Themen

Mit dieser Aufgabe wollen wir folgende Dinge trainieren:

- Funktionen

Beschreibung

Wenn wir eine digitale Uhrzeit wie eine Analoguhr darstellen wollen, müssen wir wissen, wo die Uhrzeiger zu welcher Uhrzeit entsprechend stehen.

Den Winkel des Stundenzeigers einer analogen Zwölf-Stunden-Uhr können wir nach der folgenden Formel berechnen:

$$\theta_{hr} = \frac{1}{2}(60H + M)$$

H ist dabei der ganzzahlige Stundenwert und M der ganzzahlige Minutenwert. Für die weitere Verarbeitung der berechneten Winkel θ_{hr} spielen die Nachkommastellen keine Rolle.

Den Winkel des Minutenzeigers können wir mit der folgenden Formel berechnen:

$$\theta_{min} = 6M$$

Aufgabenstellung

Schreibe eine Funktion mit Namen `computeHourHandAngle`, die den Winkel des Stundenzeigers berechnet. Das reicht nicht für ein vollständiges Zifferblatt einer analogen Uhr. Es fehlt noch der Minutenzeiger. Schreibe deshalb noch eine zweite Funktion mit Namen `computeMinuteHandAngle`, die den Winkel des Minutenzeigers berechnet.

Testfälle

11:15 Uhr:

- Stundenzeiger bei 337°
- Minutenzeiger bei 90°

3:33 Uhr:

- Stundenzeiger bei 106°
- Minutenzeiger bei 198°

Mit dem Wissen aus den ersten Kapiteln kannst du diese Winkel auch zur Darstellung einer analogen Uhranzeige verwenden. Probier es doch einfach mal aus! Hier siehst du, wie du die Koordinaten des Minutenzeigers für 11:15 Uhr berechnen kannst.

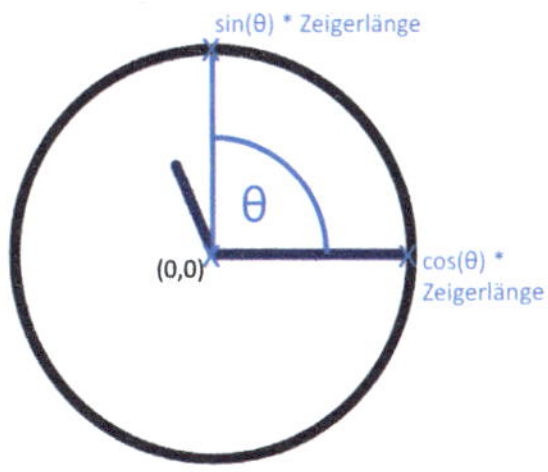

Algorithmische Tipps

Wenn du stockst und nicht weiterweißt, dann versuch mal Folgendes:

- Prinzipiell sollten alle benötigten Informationen in der Beschreibung stehen.

W.5.7 Körperoberfläche 2.0

Schwierigkeit Zeitaufwand Kreativität

Auch ohne Processing lösbar

Themen

Mit dieser Aufgabe wollen wir folgende Dinge trainieren:

- Funktionen

Beschreibung

Die Körperoberfläche eines Menschen wird nach der Formel von Mosteller wie folgt errechnet:

$$KOF = \sqrt{\frac{h * w}{3600}}$$

In der angegebenen Formel bezeichnet h die Körpergröße in cm und w das Körpergewicht in kg. Das Ergebnis ist die Körperoberfläche in m^2.

Aufgabenstellung

Schreibe eine Funktion mit Namen `kof`, die die Körperoberfläche in m^2 berechnet.

Testfall

- 1,80 m und 58 kg → 1.7029387 m^2

Algorithmische Tipps

Wenn du stockst und nicht weiterweißt, dann versuch mal Folgendes:

- Zum Wurzelziehen kannst du die Processing-Funktion `sqrt(float n)` nutzen.
- Achte bei Divisionen immer darauf, dass die Nenner aus Kommazahlen bestehen.
- Bei Divisionen von Integer-Werten folgt ein Integer-Ergebnis.

W.5.8 Sportwetten

Schwierigkeit Zeitaufwand Kreativität

Auch ohne Processing lösbar

Themen

Mit dieser Aufgabe wollen wir folgende Dinge trainieren:

- Funktionen

Beschreibung

Bei Fußballwettspielen werden die erzielten Wettpunkte nach folgenden Regeln ermittelt:

Exakter Tipp (3 Punkte):

- Sieg (z. B. Ergebnis: 3:2, Tipp: 3:2)
- Niederlage (z. B. Ergebnis: 0:1, Tipp: 0:1)
- Unentschieden (z. B. Ergebnis: 2:2, Tipp: 2:2)

Richtige Tendenz (1 Punkt):

- Sieg (z. B. Ergebnis: 3:2, Tipp: 2:1)
- Niederlage (z. B. Ergebnis: 0:1, Tipp: 1:2)
- Unentschieden (z. B. Ergebnis: 2:2, Tipp: 1:1)

Sonst 0 Punkte

Aufgabenstellung

Schreibe eine Funktion mit Namen `computeBetScore`, die für ein Fußballwettspiel die erzielten Punkte berechnet. Die Funktion soll das getippte Ergebnis und das tatsächlich erzielte Ergebnis des Fußballspiels übergeben bekommen.

Schreibe anschließend eine Funktion mit Namen **computeCompleteBetScore**, die die vorherige Funktion verwendet, um die Gesamtpunktzahl aller Wettergebnisse für eine Person zu berechnen. Alle Tipps werden in tabellarischer Form, entsprechend dem nachfolgenden Beispiel, bereitgestellt:

Ergebnis Heim	Ergebnis Gast	Tipp Heim	Tipp Gast
3	2	3	2
1	1	1	0
2	2	1	1
...	...	...	...

Testfälle

Ergebnisse zum Testen findest du in der Beschreibung.

Für die Beispieltabelle in der Aufgabenbeschreibung sollte das Ergebnis **4** sein (3+0+1 Punkte).

Algorithmische Tipps

Wenn du stockst und nicht weiterweißt, dann versuch mal Folgendes:

- Vergleiche die entsprechenden Ergebnisse mittels `if`-Abfragen.
- Gib die entsprechende Punktzahl mit `return` zurück.
- Die Ergebnisse könntest du in ein zweidimensionales Array schreiben und dann zur Berechnung jeweils Zeile für Zeile durchgehen.

W.5.9 Lkw-Maut

Schwierigkeit Zeitaufwand Kreativität

Auch ohne Processing lösbar

Themen

Mit dieser Aufgabe wollen wir folgende Dinge trainieren:

- Funktionen

Beschreibung

Für ein Unternehmen sollen wir ein Programm entwickeln, welches für erfasste Lkw automatisch die entsprechende Lkw-Mautgebühr berechnet.

Folgende Mautgebühren wurden uns dafür vorgegeben:

Schadstoffklasse	A	B	C	D	E	F
bis 3 Achsen	12,50 ct/km	14,60 ct/km	15,70 ct/km	18,80 ct/km	19,80 ct/km	20,80 ct/km
ab 4 Achsen	13,10 ct/km	15,20 ct/km	16,30 ct/km	19,40 ct/km	20,40 ct/km	21,40 ct/km

Aufgabenstellung

Schreibe eine Funktion, die nach der oben beschriebenen Regelung die Lkw-Maut für eine Fahrt berechnet.

Testfälle

- Schadstoffklasse A, 2 Achsen, 13 Kilometer → 162,5 Eurocent
- Schadstoffklasse D, 5 Achsen, 13 Kilometer → 252,2 Eurocent

Algorithmische Tipps

Wenn du stockst und nicht weiterweißt, dann versuch mal Folgendes:

- Du könntest die Schadstoffklasse als `char`-Element abfragen und für die anderen Eingaben jeweils Zahlenwerte (mit oder ohne Komma) entgegennehmen.
- Zur Bestimmung des Kilometerpreises könntest du mit `switch` und `if`-Abfragen arbeiten, die du ineinander verschachtelst.
- Die Mautgebühr ergibt sich dann aus dem Kilometerpreis mal der Anzahl der gefahrenen Kilometer.

W.5.10 Wurfparabel

Schwierigkeit Zeitaufwand Kreativität

Themen

Mit dieser Aufgabe wollen wir folgende Dinge trainieren:

- Funktionen
- Wiederholungsanweisungen

Beschreibung

Viele Computerspiele basieren auf physikalischen Gesetzmäßigkeiten. Häufig verwendet wird dabei das physikalische Gesetz der Wurfparabel. Dieses beschreibt die Flugkoordinaten eines geworfenen oder geschossenen Gegenstandes zu einem bestimmten Zeitpunkt.

- Konstanten:
  - Fallbeschleunigung: $g = 9{,}81$
- Startwerte:
  - Geschwindigkeit: v_0
  - Winkel: β
- Berechnung:
  - $x(t) = v_0 * t * \cos(\beta)$
  - $y(t) = v_0 * t * \sin(\beta) - \frac{g}{2} * t^2$

Aufgabenstellung

Schreibe eine Funktion, die die Wurfparabel für eine bestimmte Anfangsgeschwindigkeit v_0 und einen bestimmten Anfangswinkel β im Ausgabefenster darstellt.

Testfälle

$v_0 = 60, \beta = 30°$:

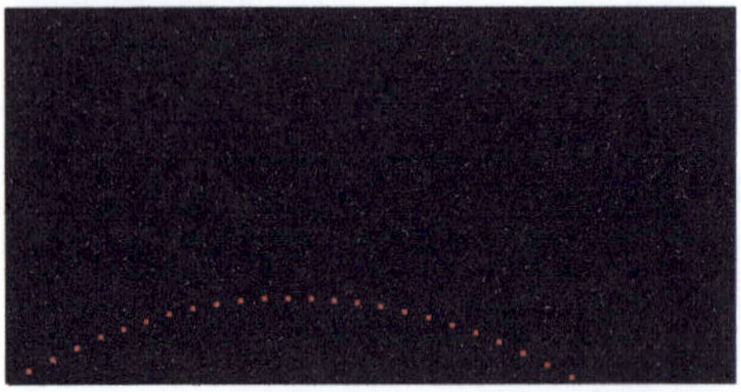

$v_0 = 60$, $\beta = 45°$:

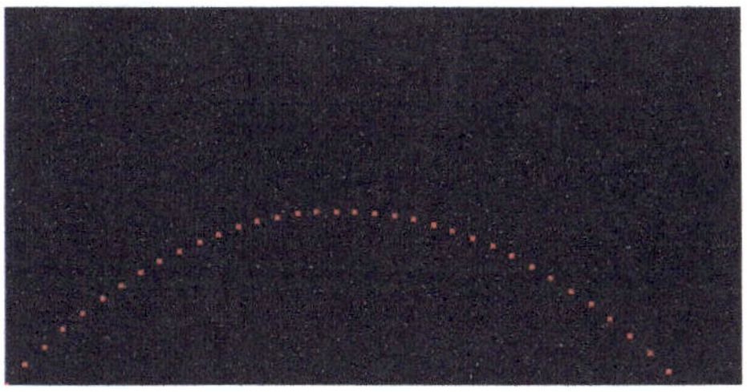

$v_0 = 65$, $\beta = 70°$:

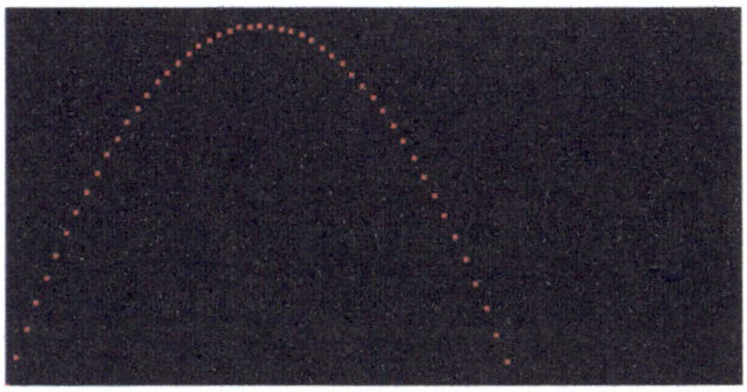

Algorithmische Tipps

Wenn du stockst und nicht weiterweißt, dann versuch mal Folgendes:

- Winkel ausgeben (Wird Cosinus/Sinus in Radians oder Grad berechnet?)
- Erst einmal mit Werten t testen. Wann bleibt y oberhalb von 0?
- Speziell für Python: Funktion `range` geht nicht für `float`-Werte. Dafür muss eine neue Iterator-Funktion geschrieben werden.
- Die Position *oben links* liegt im Processing-Zeichenbereich bei `x=0` und `y=0`.

W.5.11 Tortendiagramm

Schwierigkeit Zeitaufwand Kreativität

Themen

Mit dieser Aufgabe wollen wir folgende Dinge trainieren:

- Funktionen

Beschreibung

Besonders bei Umfragen und Wahlen sind Tortendiagramme sehr beliebt. Wir wollen zur Visualisierung selber so ein Diagramm realisieren.

Als Eingabe wollen wir ein Array beliebiger Länge nehmen, das die absoluten Stimmabgaben für eine Antwortmöglichkeit beinhaltet. Optional können noch die zu zeichnenden Farben für die entsprechende Antwortmöglichkeit als Array übergeben werden. Werden die Farben nicht übergeben, sollen diese zufällig generiert werden.

Aufgabenstellung

Schreibe die Funktion `drawPieChart`, welche ein Tortendiagramm zeichnet.

Testfälle

Eingabe:

- 900 Stimmen, Farbe: 32 (Rot), 39 (Grün), 56 (Blau)
- 1200 Stimmen, Farbe: 75 (Rot), 101 (Grün), 0 (Blau)
- 122 Stimmen, Farbe: 185 (Rot), 104 (Grün), 47 (Blau)
- 567 Stimmen, Farbe: 172 (Rot), 58 (Grün), 82 (Blau)

Ausgabe:

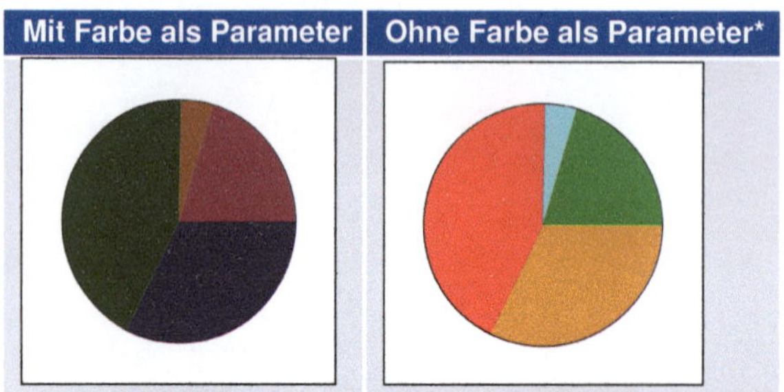

- Das ist natürlich nur ein Beispiel. Die Farben könnten wegen der zufälligen Farbwahl jedes Mal anders aussehen.

Algorithmische Tipps

Wenn du stockst und nicht weiterweißt, dann versuch mal Folgendes:

- Schau dir die `arc`-Funktion an, welche einen Kreisbogen zeichnen kann.
- Berechne zunächst aus den Stimmen die Prozentzahlen. Damit kannst du dann den Umfang der entsprechenden Kreisbögen berechnen. Der Gesamtkreisumfang ist $2 * PI$.
- Male den ersten Kreisbogen. Danach malst du beim Ende des ersten Kreisbogens den zweiten Kreisbogen weiter usw.

W.5.12 Pixelart-Generator

Neu

Schwierigkeit Zeitaufwand Kreativität

Themen

Mit dieser Aufgabe wollen wir folgende Dinge trainieren:

- Funktionen

Beschreibung

Wir wollen ein Bild in Pixelart umwandeln. Dafür müssen wir das Eingangsbild gröber malen. Also gehen wir nur jeden x-ten Pixel eines Bildes durch (den Abstand nennen wir hier *Schrittweite*). Von dem Pixel nehmen wir anschließend die Farbe und malen in dieser Farbe an die Stelle ein Rechteck mit der Größe der Schrittweite.

Aufgabenstellung

Schreibe eine Funktion, welche ein Bild in Pixelart umwandelt. Die Funktion soll dabei den Dateinamen des Bildes und die Schrittweite entgegennehmen.

Testfälle

Algorithmische Tipps

Wenn du stockst und nicht weiterweißt, dann versuch mal Folgendes:

- Zuerst das Bild in das Fenster zeichnen und danach die Bildinformationen auslesen.
- Die Farbe eines Pixels an einer Stelle im Bild kannst du in Processing mit `get(x, y)` auslesen.
- In Processing ist `stroke(0)` standardmäßig gesetzt, daher solltest du die Linienfarbe im Code nicht adressieren. Gegebenenfalls kannst du die Linienfarbe mit `noStroke()` deaktivieren.

W.5.13 GPS-Luftlinie

Schwierigkeit Zeitaufwand Kreativität

Auch ohne Processing lösbar

Themen

Mit dieser Aufgabe wollen wir folgende Dinge trainieren:

- Funktionen

Beschreibung

Wie weit liegen zwei Orte voneinander entfernt? Für solche Fragen können wir das Global Positioning System (GPS) zu Hilfe nehmen. Mit den Daten des Systems wollen wir die Distanz zwischen zwei GPS-Koordinaten berechnen.

Zunächst aber müssen wir Zahlen vom Gradmaß (engl. degree) ins Bogenmaß (engl. radian) umrechnen.

Das Bogenmaß berechnet sich wie folgt aus dem Gradmaß:

$$radian = \frac{degree}{180} * \pi$$

Die Kreiszahl π steht als globale `double`-Variable unter dem Namen `PI` bereit.

Eine GPS-Koordinate wird in Breitengrad (engl. *latitude*) und Längengrad (engl. *longitude*) angegeben, wobei beide Gradzahlen vom Typ `float` sind.

Die Entfernung d berechnet sich nach der folgenden Formel:

$$c = \mathrm{acos}(\sin(\mathrm{lat1}) * \sin(\mathrm{lat2}) + \cos(\mathrm{lat1}) * \cos(\mathrm{lat2}) * \cos(\mathrm{lon2} - \mathrm{lon1}))$$

$$d = c * 6378{,}137$$

Die Variablen `lat1` und `lon1` bezeichnen den Breiten- und Längengrad der ersten GPS-Koordinate. Entsprechendes gilt für die zweite GPS-Koordinate und die Variablen `lat2` und `lon2`. Diese Zahlen sind im Gradmaß angegeben. Die in der Berechnung verwendeten trigonometrischen Funktionen sin(), cos() und acos() benötigen im Argument Angaben im Bogenmaß.

Aufgabenstellung

Schreibe eine Funktion mit dem Namen `toRadians`, die eine Zahl vom Gradmaß ins Bogenmaß umrechnet.

Gib dann eine zweite Funktion mit dem Namen `gpsDistanz` an, die die Entfernung `d` zwischen zwei GPS-Koordinaten berechnet. Verwende zur Umrechnung zwischen Gradmaß und Bogenmaß die vorher implementierte `toRadians`-Funktion.

Testfälle

- Die Entfernung zwischen dem Kölner Dom *(Breitengrad: 50.94157, Längengrad: 6.95821)* und dem Düsseldorfer Fernsehturm *(Breitengrad: 51.21795, Längengrad: 6.76165)* beträgt 33,687 km Luftlinie.
- Zwischen der Hamburger Elbphilharmonie *(Breitengrad: 53.54125, Längengrad: 9.9841)* und der Münchener Frauenkirche *(Breitengrad: 48.13663, Längengrad: 11.57715)* sind es 611,928 km Luftlinie.

Algorithmische Tipps

Wenn du stockst und nicht weiterweißt, dann versuch mal Folgendes:

- Für die trigonometrischen Funktionen acos(), sin() und cos() stehen uns gleichnamige Funktionen bereit, die auf dem Bogenmaß definiert sind.
- Bei Division immer darauf achten, welche Variablentypen miteinander dividiert werden.

W.5.14 IBAN-Generator

Schwierigkeit Zeitaufwand Kreativität

Auch ohne Processing lösbar

Themen

Mit dieser Aufgabe wollen wir folgende Dinge trainieren:

- Funktionen

Beschreibung

Seit Februar 2016 müssen wir bei Banküberweisung die sogenannte IBAN (International Bank Account Number) angeben. Eine deutsche IBAN ist wie folgt aufgebaut:

1	2	3	4	5	6	7	8	9	10	11	12	13	14	15	16	17	18	19	20	21	22
D	E	Prüfsumme		Bankleitzahl								Kontonummer									

Die Prüfsumme der deutschen IBAN wird dabei nach folgendem Schema berechnet:

- Bilde einen 24-stelligen Ziffern-String, indem du die Bankleitzahl, die Kontonummer und die Konstante `131400` in genau dieser Reihenfolge konkatenierst.
- Berechne die Prüfsumme, indem du den ganzzahligen Rest der Division der 24-stelligen Zahl mit 97 berechnest.
- Subtrahiere dann den berechneten ganzzahligen Rest von 98.
- Ist das Resultat der Subtraktion kleiner als 10, stelle eine Null (`0`) vorne an.
- Das Ergebnis ist die zweistellige Prüfsumme.

Aufgabenstellung

Schreibe eine Funktion `generateIBANChecksum`, die die IBAN-Prüfziffer berechnet.

Gib anschließend eine Funktion mit dem Namen `generateGermanIBAN` an, die die deutsche IBAN aus der Kontonummer und der Bankleitzahl generiert.

Testfälle

- Kontonummer: 1234567890, Bankleitzahl: 70090100
  - Generierte IBAN: DE08700901001234567890
- Ansonsten kannst du probieren, ob dein Programm für die eigene Bankleitzahl und Kontonummer die korrekte IBAN als Ergebnis berechnet.

Algorithmische Tipps

Wenn du stockst und nicht weiterweißt, dann versuch mal Folgendes:

- Sowohl `int` als auch `long` können keine 24-stelligen Zahlen verarbeiten. Daher musst du auf einen anderen Datentyp zurückgreifen, der große Zahlen verarbeiten kann. In Java wäre das zum Beispiel der Referenzdatentyp `BigInteger` aus dem Paket `java.math.BigInteger`. In Python wird die Zahl automatisch in den dafür passenden Datentyp gewandelt.
- Nach dem Modulo mit der großen Zahl kannst du den Datentyp des Ergebnisses wieder in Integer wandeln.
- In Python musst du beim Zusammenfügen von Strings alle betreffenden Variablen vorher zu String-Variablen umwandeln.

W.5.15 Sanduhr

Schwierigkeit Zeitaufwand Kreativität

Auch ohne Processing lösbar

Themen

Mit dieser Aufgabe wollen wir folgende Dinge trainieren:

- Funktionen

Beschreibung

In dieser Aufgabe wollen wir eine Sanduhr in der Konsole ausgeben. Die Größe der Sanduhr soll über den Parameter `width` festgelegt werden können. Dieser legt die Breite in Anzahl der Zeichen an. Die kleinste Sanduhr hat die Breite `width = 3`.

Aufgabenstellung

Schreibe eine statische Funktion `printSandglass`, die eine Sanduhr in der Konsole ausgibt.

Testfälle

- 3:

```
###
 #
###
```

- 4:

```
####
 ##
####
```

- 5:

```
#####
 ###
  #
 ###
#####
```

- 6:

```
######
 ####
  ##
 ####
######
```

- 7:

```
#######
 #####
  ###
   #
  ###
 #####
#######
```

- 8:

```
########
 ######
  ####
   ##
  ####
 ######
########
```

Algorithmische Tipps

Wenn du stockst und nicht weiterweißt, dann versuch mal Folgendes:

- Überlege dir am besten vorher auf einem Blatt Papier, wie die angegebene Breite über die finale Ausgabe bestimmt wird. Vielleicht siehst du auch, dass der Mittelteil zwischen einer und zwei Rauten wechselt.
- Zur Darstellung werden mehrere `for`-Schleifen benötigt. Teilweise sind diese sogar in sich verschachtelt. Du kannst dir auch überlegen, wie diese wohl zählen müssen.
- Auch Leerzeichen müssen in das Terminalfenster gezeichnet werden.

W.5.16 Der faire Würfel

Schwierigkeit Zeitaufwand Kreativität

Themen

Mit dieser Aufgabe wollen wir folgende Dinge trainieren:

- Funktionen

Beschreibung

Damit es beim nächsten Brettspielabend mit Lieblingsmenschen möglichst fair abläuft, wollen wir ein digitales Würfelprogramm bauen.

Dieses soll bei einem beliebigen Tastendruck

- eine Zufallszahl zwischen 1 und 6 ziehen und
- diese dann in Form eines 6-seitigen Würfels visualisieren.

Aufgabenstellung

Schreibe ein digitales Würfelprogramm gemäß der oben angegebenen Beschreibung. Sowohl die Zufallszahlgenerierung als auch die Visualisierung sollen dabei in Form von einzelnen Funktionen implementiert werden. Die Visualisierungsfunktion soll einen Parameter annehmen und die „Würfelwurf"-Funktion soll einen Wert zurückgeben.

Testfälle

- Kontrolliere die Zufallszahlen in der Konsole. Kommen wirklich alle Werte von 1 bis 6 vor?
- Sieht die Würfelvisualisierung auch nach mehrmaligen Würfen noch plausibel aus?
  - So sollte sie zum Beispiel dann nicht aussehen:

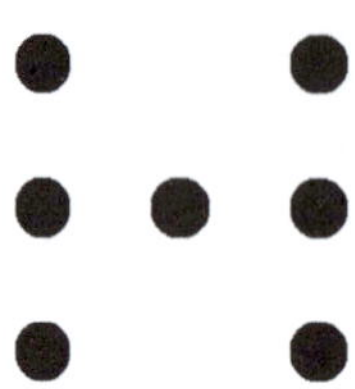

Algorithmische Tipps

Wenn du stockst und nicht weiterweißt, dann versuch mal Folgendes:

- Es könnte für den Ablauf sinnvoll sein, zunächst die Visualisierungsfunktion mit festen Werten zu überprüfen.
- Vielleicht wäre es ratsam, zur Kontrolle die Zufallszahlen auszugeben.

W.5.17 Quadrat mit Kreisausschnitten

Schwierigkeit Zeitaufwand Kreativität

Themen

Mit dieser Aufgabe wollen wir folgende Dinge trainieren:

- Funktionen

Beschreibung

Wir wollen ein Quadrat aus Kreisausschnitten erstellen und dafür eine Funktion schreiben. Diese soll mit der **Breite** und der **Höhe** des Ausgabebereichs arbeiten und als Parameter die **Anzahl der Kreisausschnitte pro Zeile** (und somit auch Spalte) entgegennehmen.

Aus diesen Parametern können wir die Größe der Kreise berechnen. Dabei wollen wir zusätzlich den gegebenen Platz bestmöglich ausnutzen, auch wenn das Ausgabefenster rechteckig sein sollte.

Der Kreisausschnitt soll mit jedem gezeichneten Kreis durchgehend anwachsen. Der Winkel, den der Kreisausschnitt mit jedem Schritt anwächst, hängt dabei von der Anzahl der zu zeichnenden Kreisausschnitte ab.

Aufgabenstellung

Schreibe eine Funktion, die ein Quadrat aus Kreisausschnitten bildet und im Ausgabebereich darstellt.

Testfälle

Breite: 400, Höhe: 200, Kreisausschnitte pro Zeile: 8

Breite: 400, Höhe: 400, Kreisausschnitte pro Zeile: 4

Breite: 300, Höhe: 400, Kreisausschnitte pro Zeile: 16

Algorithmische Tipps

Wenn du stockst und nicht weiterweißt, dann versuch mal Folgendes:

- Erst eindimensional, dann zweidimensional.
- Schrittweite muss nur einmalig bestimmt werden.
- Was bedeutet die Kreiszahl `PI`?

W.5.18 Meme-Generator

Neu

Schwierigkeit Zeitaufwand Kreativität

Themen

Mit dieser Aufgabe wollen wir folgende Dinge trainieren:

- Funktionen

Beschreibung

Sogenannte Internet Memes sind auf Social Media und generell im Internet nicht mehr wegzudenken. Oft werden dabei Bilder genommen und anschließend Text oben und unten zentriert im Bild gezeichnet. Die Textfüllung ist dabei weiß. Die Schriftart ist meistens Impact, welche standardmäßig in Windows-Betriebssystemen installiert ist. Aus rechtlichen Gründen werden wir allerdings die Schriftart Anton verwenden, welche relativ ähnlich ist und auf jedem Betriebssystem installiert werden kann.

Basierend auf dem eingegebenen Text und der Bildgröße soll die Schriftgröße in 5-Pixel-Schritten angepasst werden. Der Text soll dabei immer so groß sein, dass er das Bild möglichst maximal ausfüllt. Damit die Schrift aber nicht zu groß wird, wie bei ganz kurzen Texten, soll eine maximale Schriftgröße definiert werden. Vom Boden soll der Text 10 Pixel Abstand haben.

Aufgabenstellung

Schreibe die Funktion `generateMeme(imagePath, textTop, textBottom)`, welche ein Meme bestehend aus einem Bild und den angegebenen Textbausteinen oben und unten generiert und als JPG-Datei speichert. Verwende dabei die Processingfunktionen zum Zeichnen und zur Verarbeitung von Bildern. Setze 80 als maximale Schriftgröße.

Testfälle

- `generateMeme("./bild.jpg", "MY REACTION", "WHEN I SEE GOOD JAVA CODE")`

- `generateMeme("./bild.jpg", "WHEN I SEE YOU", "I GO NUTS")`

Algorithmische Tipps

Wenn du stockst und nicht weiterweißt, dann versuch mal Folgendes:

- Die Processing-Funktion `textWidth(text)` berechnet, wie viele Pixel der eingegebene Text auf dem Bildschirm einnehmen wird.
- Mit der `PImage`-Klasse in Processing kannst du Bilder ein- und auslesen und weitere Informationen zum Bild herausfinden, wie die Bildergröße. Schriftarten kannst du mit der `PFont`-Klasse einlesen.
- Wie bei Bildern fängt das Koordinatensystem bei Schriftarten oben links an. Du kannst das Koordinatensystem allerdings in die Mitte des Textes verschieben, wenn du mit `textAlign(CENTER)` den Text zentrieren möchtest. Dann würdest du den Text zentriert schreiben, wenn du den Startpunkt der x-Achse auf die Mitte der Bildbreite setzt.
- Um die Schriftgröße zu bestimmen, könntest du mittels einer Schleife so lange die Schriftgröße reduzieren, bis der Text in das Bild passt.

W.5.19 Mondphase berechnen

Schwierigkeit Zeitaufwand Kreativität

Auch ohne Processing lösbar

Themen

Mit dieser Aufgabe wollen wir folgende Dinge trainieren:

- Funktionen

Beschreibung

Wo steht der Mond gerade? Solche Fragen können wir mithilfe der Mondphase beantworten. Haben wir sie berechnet, können wir z. B. bestimmen, ob wir einen abnehmenden oder zunehmenden Mond an einem bestimmten Tag haben.

Für die Berechnungen müssen wir zunächst unser Kalenderdatum in das julianische Datum umwandeln. Dieses Datum bringt uns den Vorteil, dass wir Schaltjahre oder unterschiedlich lange Monate für die Berechnung nicht weiter beachten müssen.

Berechnet wird das julianische Datum nach folgendem Schema, wenn wir Tag, Monat und Jahr nach unserem gregorianischen Kalender als Eingabe bekommen:

1. Sofern der Monat Januar ist:
   - Reduziere die Jahreszahl um 1
   - Erhöhe die Monatszahl um 12
2. Berechne $B = 2 - \left(\frac{Jahr}{100}\right) + \left(\frac{Jahr}{400}\right)$
3. Berechne das julianische Datum
   $JD = (365{,}25 * (Jahr + 4716) + (30{,}6001 * (Monat + 1)) + Tag + B - 1524{,}5)$

Wenn wir einen Tag kennen, an dem Neumond war (z. B. der 28.09.2019), können wir die Mondphase in vereinfachter Form wie folgt berechnen:

1. Berechne die Anzahl der Tage seit dem letzten bekannten Neumond. Wir subtrahieren dafür das julianische Datum des bekannten Neumond-Tages von dem julianischen Datum des Tages, für den wir die Mondphase berechnen wollen.
2. Von dieser Differenz schneiden wir die Nachkommastellen ab, um die ganzen Tage zu bekommen.
3. Dann berechnen wir die Neumonde seit dem letzten Neumond-Datum:
   $Anzahl\ der\ Neumonde = \frac{Tage\ seit\ dem\ letzten\ Neumond}{Mondzyklus\ in\ Tagen} = \frac{Tage\ seit\ dem\ letzten\ Neumond}{29{,}53}$
4. Von dieser Anzahl nehmen wir die Nachkommastellen, womit wir nun wissen, wo sich der Mond momentan in der Mondphase befindet (Mondposition). Ist die Mondposition kleiner als 0.5, haben wir einen zunehmenden Mond, im anderen Fall haben wir einen abnehmenden Mond.

Aufgabenstellung

Schreibe eine Funktion, die ein Kalenderdatum in das julianische Datum umwandelt.

Schreibe anschließend eine Funktion, die für ein Kalenderdatum zurückgibt, ob der Mond an dem Tag zunehmend oder abnehmend ist.

Testfälle

- 11.11.2019: zunehmender Mond
- *(am 12.11.2019 ist Vollmond)*
- 13.11.2019: abnehmender Mond
- 25.11.2019: abnehmender Mond
- *(am 26.11.2019 ist Neumond)*
- 27.11.2019: zunehmender Mond

Algorithmische Tipps

Wenn du stockst und nicht weiterweißt, dann versuch mal Folgendes:

- Um die Stellen nach dem Komma zu bekommen, schau dir doch mal den Modulo-Operator genauer an.
- Für Python hilfreich: Die Stellen nach dem Komma kannst du z. B. mit einer Umwandlung in den Integer-Datentyp abschneiden.
- In Java könnte es hilfreich sein, die für die Berechnungen benötigten Variablen als `float` zu deklarieren. Wenn ein `int`-Datentyp in der Berechnung ist, werden die Kommastellen sonst abgeschnitten.

W.5.20 Pendelanimation

Schwierigkeit Zeitaufwand Kreativität

Themen

Mit dieser Aufgabe wollen wir folgende Dinge trainieren:

- Funktionen

Beschreibung

Für eine Meditationsapp wollen wir eine Pendelanimation entwickeln. Diese wollen wir in vereinfachter Form mit physikalischen Gesetzen umsetzen.

Für unser Pendel gelten die folgenden Regeln:

- Länge des Pendelfadens: $l = 1.0$
- Gravitationskonstante: $g = 9.80665$
- Rücktreibende Kraft: $k = \frac{-g}{l}$
- Schrittweite bei jedem Zeichenvorgang in Sekunden: $t = 0.01$

Um ein Pendel zum Schwingen zu bringen, müssen wir dieses erst einmal aus der Ruhelage bringen, also den Pendelkörper von der Mitte wegziehen. Dabei gilt dann als Startbedingung:

- Startgeschwindigkeit: $v = 0$
- Startwinkel: $winkel = \frac{\pi}{3}$ (kann aber auch ein beliebig anderer Wert zwischen 0 und $\frac{\pi}{2}$ sein)

Animationen werden mit einer Art Endlosschleife realisiert, bei der in jedem Schleifendurchlauf ein neues Bild in das Ausgabefenster gezeichnet wird. Um die Pendelanimation flüssig darstellen zu können, müssen wir daher in jedem Schleifendurchlauf den aktuellen Winkel des Pendels berechnen. Dies können wir nach folgendem Ablauf realisieren:

1. Berechne die Beschleunigung: $a = k * \sin(winkel)$
2. Berechne die neue Geschwindigkeit: $v = v + a * t$
3. Berechne den neuen Winkel: $winkel = v * t$

Da wir nun den Winkel berechnet haben, können wir das Pendel in das Bildschirmfenster zeichnen. Die Abmaße des Pendels können wir mit folgenden Formeln berechnen:

- Länge/Radius des Pendelfadens: $r_{Pendel} = min(fensterbreite, fensterhöhe) * 0.47$
- Radius der Pendelkugel: $r_{Kugel} = min(fensterbreite, fensterhöhe) * 0.05$

Aufgabenstellung

Schreibe die Funktion `drawSwing(winkel)`, welche die Schwingung des Pendels im angegebenen Winkel zeichnet. Verwende dabei die Processingfunktionen zum Zeichnen und Transformieren.

Schreibe anschließend ein Programm, welches diese Funktion einsetzt und die Pendelanimation realisiert. Die Länge des Pendelfadens soll dabei angepasst werden können und eine Veränderung entsprechend sichtbar sein.

Testfälle

l	Links	Mitte	Rechts
1.0	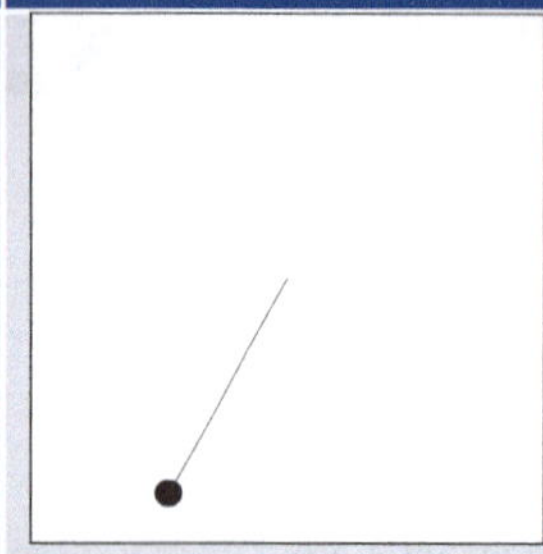	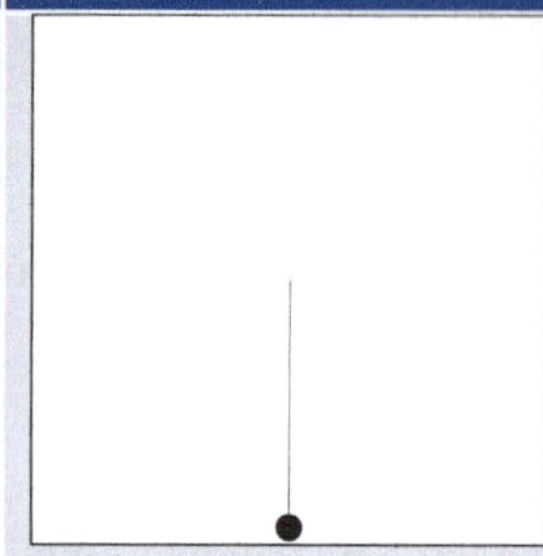	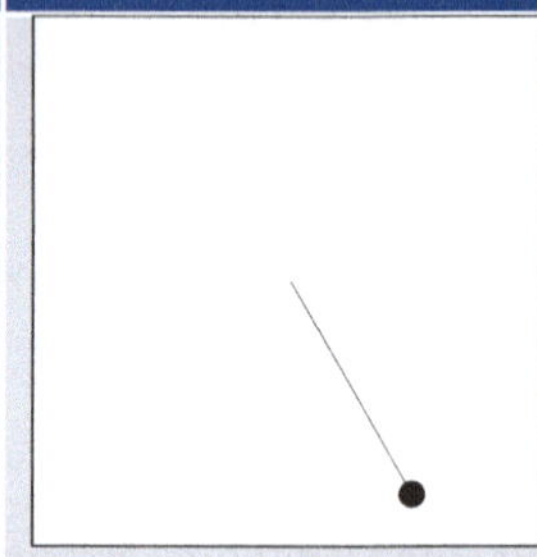
0.3	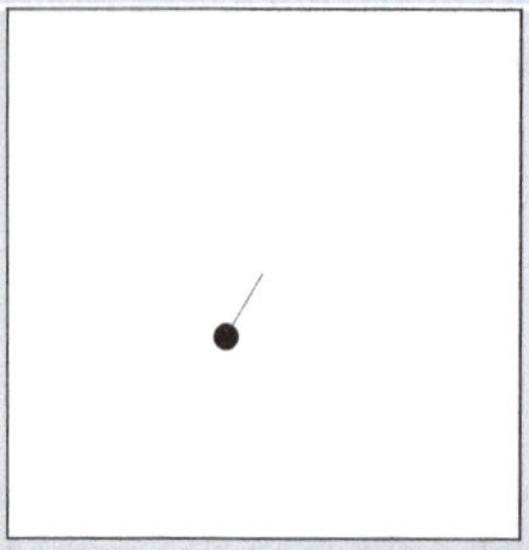	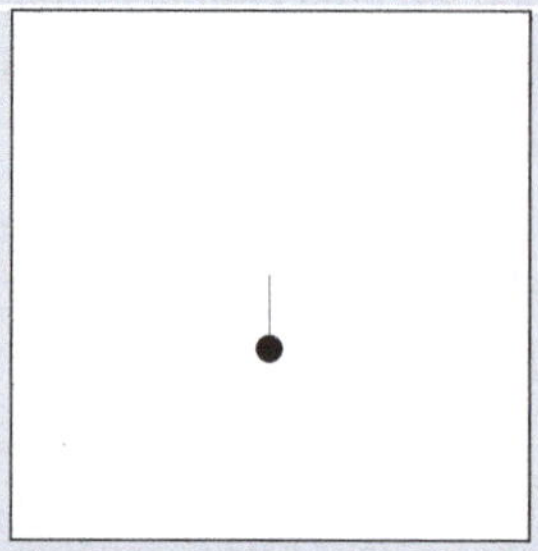	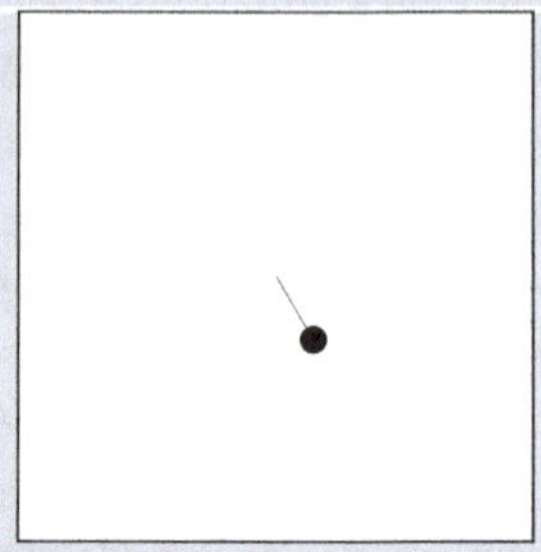

- Pendel schwingt schneller und weiter, wenn du den Startwinkel auf PI/2 setzt.
- Pendel schwingt schneller, wenn du die Länge des Pendelfadens reduzierst.
- Pendel schwingt langsamer, wenn du die Länge des Pendelfadens erhöhst.
- Das Pendel bewegt sich nicht, wenn der Startwinkel bei 0 liegt, sich das Pendel also in der Ruhelage befindet.

Algorithmische Tipps

Wenn du stockst und nicht weiterweißt, dann versuch mal Folgendes:

- Die Startbedigungen definierst du in der `setup()`-Funktion und die Zeichenfunktionen in der `draw()`-Funktion.
- Wenn du das Koordinatensystem verschiebst und rotierst, wirst du es wesentlich einfacher beim Programmieren der Lösung haben.
- Die Länge des Pendelfadens kannst du mit $r_{Pendel} * l$ berechnen.

W.5.21 Bogenschießen-Spiel

Schwierigkeit Zeitaufwand Kreativität

Themen

Mit dieser Aufgabe wollen wir folgende Dinge trainieren:

- Funktionen

Beschreibung

Wie schon in der Aufgabe zur Wurfparabel erwähnt, basieren so gut wie alle Computerspiele auf physikalischen Gesetzen. Mit der Wurfparabel wollen wir nun ein eigenes Computerspiel programmieren: das Bogenschießspiel.

Bogenschießen ist seit langer Zeit eine olympische Disziplin. Hierbei wird mit einem Bogen ein Pfeil auf eine Zielscheibe geschossen, die in einiger Distanz von der schießenden Person entfernt steht. Ziel dabei ist, möglichst die Mitte der Zielscheibe zu treffen.

Um den generellen Ablauf eines Computerspiels zu verstehen, hier ein paar Anmerkungen:

Computerspiele werden mit einer Art Endlosschleife (Game-Loop) realisiert, bei der in jedem Schleifendurchlauf jeweils ein neues Bild in das Ausgabefenster gezeichnet wird. Bevor in das Ausgabefenster gezeichnet wird, werden jeweils die Positionen aller Gegenstände in der Schleife gegebenenfalls aktualisiert. Dort kann zum Beispiel eine Positionsänderung passieren, wenn der Spieler eine Taste drückt oder physikalische Gesetze in einem Zeitrahmen greifen.

Beispiel-Pseudocode:

```
Für jeden Schleifendurchlauf:
    reagiere auf Tastaturanfragen
    aktualisiere Variablen/Positionen der Gegenstände
    zeichne Bild in Abhängigkeit der Variablen
```

Aufgabenstellung

Programmiere ein Bogenschießspiel.

Der Pfeil bzw. der Bogen soll dabei auf der Tastatur in Geschwindigkeit und Winkel angepasst werden können. Die Platzierung der Zielscheibe soll bei jedem Spieldurchlauf zufällig gewählt werden. Die bogenschießende Person soll immer an der gleichen Stelle stehen.

Testfälle

Für diese größere Programmieraufgabe haben wir keine Testfälle für dich. Das Spiel setzt sich allerdings aus mehreren Komponenten zusammen, die du schon programmiert hast. Wenn das Programm nicht so will wie du (und das wird es bestimmt), dann teste die einzelnen Komponenten durch. Hierzu sind die früheren Aufgaben mit ihren Testfällen hilfreich.

Algorithmische Tipps

Wenn du stockst und nicht weiterweißt, dann versuch mal Folgendes:

- Sieh dir noch einmal die Aufgabe zur Wurfparabel an.
- Keycodes testweise ausgeben lassen bei Tastendruck.
- Viele Koordinaten und Höhen-/Breitenbezeichnungen könnten helfen, um Kollisionen mit der Zielscheibe zu testen. Kollisionstest mit der Maus überprüfen.
- Winkelberechnung für Pfeil mit 1. Ableitung und Arctan.

6 Arrays

6.1 Warm-up

In unseren bisherigen Aufgaben kamen wir mit einfachen Datentypen zurecht. In jeder Variablen können wir zu jeder Zeit *einen* Wert abspeichern. So weit, so gut. Wie aber können wir vorgehen, wenn wir es mit Mengen von Daten zu tun haben? Stellen wir uns vor, wir sollen die Farbcodes der Bildpunkte eines Fensters verwalten. Bei einem kleinen Fenster von `800*600` Punkten wären das schon `480.000` einzelne Variablen, die wir deklarieren müssten. Hinzu kommt, dass wir auf jede Variable einzeln zugreifen müssen, um einen neuen Wert zu setzen oder den ursprünglichen abzurufen. Schleifen können wir bei einem solchen Problem nicht anwenden.

Es gibt aber ein Konstrukt, welches uns hierbei helfen kann: **Arrays**. Mit dem Array-Datentyp können wir angeben, dass wir eine Menge von Werten über *einen Variablennamen* ansprechen. Dabei sind alle Werte, die wir in dem Array ablegen, zwingend vom selben Datentyp. Über einen Index greifen wir dann auf die einzelnen Felder (manchmal auch Elemente genannt) des Arrays zu, um die Werte zu verändern oder abzurufen:

```
koordinatenFarbwert[3] = farbWert;

farbWert = koordinatenFarbwert[5];
```

Der Index, der im obigen Beispiel statisch mit 3 angegeben ist, kann problemlos durch eine Variable eines ganzzahligen Datentyps ersetzt werden. Wir können also folgende Zeilen schreiben, um die Farbwerte aller `480.000` Bildpunkte mit dem Wert 1 zu initialisieren:

```
for(int i=0; i<anzahlBildpunkte; i++) {
    koordinatenFarbwert[i] = initialerFarbWert;
}
```

In der Programmiersprache Python führen folgende Zeilen zu demselben Resultat:

```
for i in range(0, anzahlBildpunkte):
    koordinatenFarbwert[i] = initialerFarbWert
```

Die Sprache Java verlangt die **Deklaration** einer Variablen, wodurch der Datentyp für diese Variable vorgeschrieben wird. Dies gilt auch im Zusammenspiel mit Arrays. Ein Array wird hier durch **ein eckiges Klammernpaar** direkt nach der Angabe des Variablentyps ausgedrückt. Damit ist es aber nicht getan, denn vor dem ersten Zugriff auf ein Element aus diesem Array müssen wir den Speicher anfordern. Hierbei spricht man auch von **Speicher allokieren**. Ob man dies nun in einem separaten Schritt macht oder alles in einer Zeile, bleibt uns überlassen. Hier ein Beispiel für die Deklaration mit Initialisierung. Im Anschluss hat jedes Element automatisch den Wert 0.

```
int[] koordinatenFarbwert = new int[anzahlBildpunkte];
```

Da man in Python keine Deklaration und Initialisierung kennt, müssen wir zunächst lediglich bekannt machen, dass es sich bei einer Variablen um ein Array handeln soll. In Python wird das eckige Klammernpaar zur Angabe eines Arrays auf der rechten Seite vom Zuweisungsoperator (=) notiert. Allerdings kennt das Array noch nicht seine Größe. Um die Anzahl an Feldern bekannt zu machen, müssen folgende Zeilen geschrieben werden, wobei jedes Element innerhalb des Arrays den Wert `0` verpasst bekommt. Wir erinnern uns: Nur durch die Zuweisung eines Werts wird der Datentyp bestimmt!

```
koordinatenFarbwert = []

for i in range(1, 50):
    koordinatenFarbwert = koordinatenFarbwert + [0]
```

In Python ist es zusätzlich möglich, Elemente mit `append()` an ein Array anzufügen. Mit dem Befehl `koordinatenFarbwert.append(0)` wird beispielsweise dem Array ein weiteres Element mit dem Wert `0` hinzugefügt.

Beide Programmiersprachen unterstützen das Anlegen eines Arrays mit direkter Wertzuweisung. Dabei wird im Falle von Java ein Array zunächst deklariert und anschließend die Liste der Werte übergeben.

```
String[] farben = {"rot", "gelb", "grün"};
```

Die Vorgehensweise ist in Python ähnlich. Lediglich die Angabe des Array-Typs wird weggelassen.

```
farben = ["rot", "gelb", "grün"]
```

Arrays können nicht nur eindimensional sein. Sowohl in Java als auch in Python ist es möglich, mit **mehrdimensionalen Arrays** zu arbeiten. Denken wir noch an das Beispiel von oben, so können wir die Bildpunkte auch in Form von Koordinaten `(x, y)` in einem Array speichern. Dazu wird die zweite Dimension durch ein weiteres Klammernpaar angegeben.

```
int[][] koordinatenFarbwert = new int[anzahlBildpunkteX][anzahlBildpunkteY];
```

Python verfolgt eine andere Herangehensweise: Zunächst erzeugen wir ein eindimensionales Array für die Zeilen und fügen in jeder Zeile ein weiteres eindimensionales Array für die Spalten hinzu. In dem folgenden Beispiel wird nicht mithilfe der Funktion *append(...)* dem Array ein weiterer Wert hinzugefügt. Stattdessen wird der Operator + verwendet, der zwei Mengen miteinander verbindet:

```
koordinatenFarbwert = []

    for y in range(0, anzahlBildpunkteY):
        spalte = []
        for x in range(0, anzahlBildpunkteX):
            spalte = spalte + [0]
        koordinatenFarbwert = koordinatenFarbwert + [spalte]
```

Zuletzt folgt noch der Hinweis auf die Möglichkeit, die Anzahl an Elementen in einem Array zu ermitteln. Wollen wir z. B. für die Iteration durch ein Array wissen, wie viele Elemente in einem Feld vorhanden sind, können wir das in den beiden Programmiersystemen wie folgt realisieren.

In Java hat ein Array automatisch die Eigenschaft **`length`**.

```
int anzahlElemente = koordinatenFarbwert.length;
```

Python unterscheidet sich wieder: Eine allgemeine Funktion **`len()`** liefert die Anzahl an Elementen in einem Array zurück.

```
anzahlElemente = len(koordinatenFarbwert)
```

Damit sollten wir uns die wichtigsten Eigenschaften von Arrays noch mal in Erinnerung gerufen haben und können nun mit den nächsten Aufgaben starten.

Und nun – ran an die Workouts und viel Erfolg beim Training!

6.2 Workout

W.6.1 Tankladung

Schwierigkeit Zeitaufwand Kreativität

Auch ohne Processing lösbar

Themen

Mit dieser Aufgabe wollen wir folgende Dinge trainieren:

- Arrays
- Eindimensionale Arrays

Beschreibung

Um für Reisen mit dem Auto besser planen zu können, wollen wir herausfinden, wie viele Kilometer wir im Durchschnitt mit einer vollen Tankladung gefahren sind.

Dafür bekommen wir ein Array mit `int`-Werten übergeben, welche die Gesamtzahl an Kilometern angeben, die wir mit einer Tankladung gefahren sind. Als Ergebnis wollen wir einen `float`-Wert mit der Anzahl an Kilometern berechnen, die wir im Mittel mit einer Tankladung fahren können.

Aufgabenstellung

Schreibe eine Funktion, die ein Array mit verschiedenen `int`-Werten übergeben bekommt und daraus die durchschnittliche Anzahl an Kilometern zurückgibt, die wir mit einer Tankladung fahren können.

Testfall

- [123, 134, 120, 122] → **124.75**

Algorithmische Tipps

Wenn du stockst und nicht weiterweißt, dann versuch mal Folgendes:

- Summiere alle Kilometer.
- Berechne den Mittelwert:

$$\frac{Gesamtkilometer}{Anzahl\ der\ Eingabewerte}$$

- Sollte kein Kommawert als Ergebnis kommen, musst du vor der Division eine Variable in einen anderen Datentyp umwandeln.

W.6.2 Rückwärtsausgabe

Schwierigkeit Zeitaufwand Kreativität

Auch ohne Processing lösbar

Themen

Mit dieser Aufgabe wollen wir folgende Dinge trainieren:

- Arrays
- Eindimensionale Arrays

Beschreibung

Wir wollen eine Funktion schreiben, mit der wir Wörter rückwärts schreiben können. Nützlich könnte so etwas zum Beispiel zum Testen von Palindromen sein, also Wörtern und Sätzen, die vorwärts und rückwärts gelesen gleich sind.

Da diese Funktion logischerweise mit Palindromen schwer zu testen ist, sollte diese Funktion zur Überprüfung auch mit anderen Testdaten geprüft werden.

Aufgabenstellung

Schreibe eine Funktion, die ein `char`-Array übergeben bekommt und dieses rückwärts in der Konsole ausgibt.

Testfälle

Beispielpalindrome:

- Anna
- Reib nie ein Bier
- Eine Horde bedrohe nie

Weitere Testdaten:

- Hallo → ollaH
- Informatik → kitmarofnI

Algorithmische Tipps

Wenn du stockst und nicht weiterweißt, dann versuch mal Folgendes:

- Gehe das Array rückwärts durch oder gehe es vorwärts durch. Bei letzter Möglichkeit müsstest du wahrscheinlich eine Hilfsvariable benutzen.
- In Python ist der `print`-Befehl nur mit Zeilenumbruch möglich.

W.6.3 Minimale Distanz

Schwierigkeit Zeitaufwand Kreativität

Auch ohne Processing lösbar

Themen

Mit dieser Aufgabe wollen wir folgende Dinge trainieren:

- Arrays
- Eindimensionale Arrays

Beschreibung

Als minimale Distanz ist in dieser Aufgabe Folgendes zu verstehen:

- Es wird ein Array mit Zahlen übergeben.
- Nun sollen die zwei benachbarten Zahlen bestimmt werden, die die kleinste Distanz zueinander haben.

Aufgabenstellung

Schreibe eine Funktion, die die minimale Distanz in einem Array berechnet.

Die Funktion soll den Index der ersten Zahl des gefundenen Zahlenpaars zurückgeben.

Testfälle

- Array [4, 8, 6, 1, 2, 9, 4]:
  - minimale Distanz: 1 *(=2-1)*
  - Index: 3
  - **Rückgabe: 3**
- Array [33, 8, 1, 6, 43, 54]:
  - minimale Distanz: 5 *(=6-1)*
  - Index: 2
  - **Rückgabe: 2**

Algorithmische Tipps

Wenn du stockst und nicht weiterweißt, dann versuch mal Folgendes:

- Verwende die Processing-Funktion `abs()`, um die Distanz zweier Zahlen zu berechnen.

W.6.4 Endlose Animation

Schwierigkeit Zeitaufwand Kreativität

Themen

Mit dieser Aufgabe wollen wir folgende Dinge trainieren:

- Arrays
- Eindimensionale Arrays

Beschreibung

Mit bewegten Bildern kommen wir täglich in Berührung. In diesem Fall wollen wir die Animation einer gehenden Person realisieren.

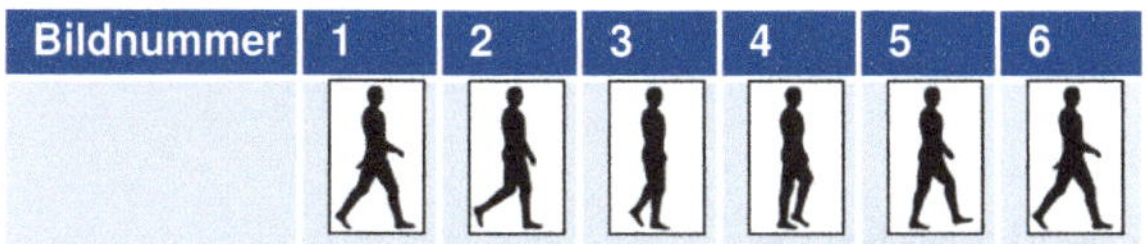

Dazu lesen wir sechs Bilddateien ein, die alle einen Teil einer Gehbewegung darstellen. Spielen wir diese mit einer Bildrate von 12 Bildern pro Sekunde ab, bekommen wir in diesem Fall eine quasi-realistische Bewegung auf dem Bildschirm ausgegeben.

Aufgabenstellung

Schreibe ein Programm, dass die sechs Bilddateien einliest und diese kontinuierlich der Reihe nach und immer an der gleichen Position im Ausgabefenster darstellt.

Testfälle

- Animation ist ruckelfrei.
- Animation läuft realistisch und nicht zu schnell ab (12 Bilder pro Sekunde).

Algorithmische Tipps

Wenn du stockst und nicht weiterweißt, dann versuch mal Folgendes:

- Es macht Sinn, alle Bilder nur einmal einzulesen und danach diese zum passenden Zeitpunkt abzurufen.
- Processing stellt einen eigenen Datentyp für Bilder zur Verfügung: `PImage`.
- Arrays können über beliebige Datentypen definiert werden, insbesondere auch mit `PImage`.
- Zum Einlesen und Anzeigen von Bilddaten existieren spezielle Funktionen in Processing.

W.6.5 Wochentag

Schwierigkeit Zeitaufwand Kreativität

Auch ohne Processing lösbar

Themen

Mit dieser Aufgabe wollen wir folgende Dinge trainieren:

- Arrays
- Eindimensionale Arrays

Beschreibung

Den Wochentag eines Datums können wir mit folgender Vorschrift berechnen (Beispiel für den 13.11.2013):

1. Nehme die letzten zwei Ziffern der Jahreszahl und addiere den ganzzahligen Anteil eines Viertels davon hinzu.

   Beispiel: 2013 → 13 + 13/4 = 13 + 3 = 16

2. Addiere folgende Werte entsprechend des Monats:

   - Januar: 1
   - Februar: 4
   - März: 4
   - April: 0
   - Mai: 2
   - Juni: 5
   - Juli: 0
   - August: 3
   - September: 6
   - Oktober: 1
   - November: 4
   - Dezember: 6

   Beispiel: November → 4 + 16 = 20

3. Addiere den Tag:

   Beispiel: 13 → 13 + 20 = 33

4. Addiere folgende Zahl für das Jahrzehnt:

   - 18xx: 2
   - 19xx: 0
   - 20xx: 6
   - 21xx: 4

   Beispiel: 2013 → 6 + 33 = 39

5. Wenn das Jahr ein Schaltjahr ist, subtrahiere für Januar oder Februar den Wert mit 1.

   Beispiel: 2013 ist kein Schaltjahr.

6. Reduziere den Wert mit Modulo 7. Damit kann auf den Wochentag im folgenden Array zurückgegriffen werden: `{ Sa, So, Mo, Di, Mi, Do, Fr }`.

   Beispiel: 39 % 7 = 4 → **Mittwoch**

Aufgabenstellung

Schreibe eine Funktion, die ein Datum übergeben bekommt (Tag, Monat, Jahr) und den zugehörigen Wochentag in der Konsole ausgibt.

Testfälle

- 3.2.2016 → Mittwoch
- 3.11.2016 → Donnerstag
- 1.11.2017 → Mittwoch
- 1.1.1917 → Montag

Algorithmische Tipps

Wenn du stockst und nicht weiterweißt, dann versuch mal Folgendes:

- Die Aufgabe zur Schaltjahrberechnung wird in Teilen des Algorithmus weiterhelfen.
- Probiere doch mal, die Additionswerte oder die Namen der Wochentage in einem Array zu speichern.
- Das übergebene Datum sollte nur aus Zahlen bestehen. Probiere doch mal, drei Variablen für Tag, Monat und Jahr in der Funktion entgegenzunehmen.

W.6.6 Onlinedating

Auch ohne Processing lösbar

Schwierigkeit Zeitaufwand Kreativität

Themen

Mit dieser Aufgabe wollen wir folgende Dinge trainieren:

- Funktionen

Beschreibung

Viele Onlinedatingdienste gleichen zum Matching potenzieller Partnerinnen und Partner Interessensprofile ab. Dazu werden im Vorfeld die Interessen über einen Fragebogen abgefragt. Ein Interessensprofil wird im Kontext dieser Aufgabe als `boolean`-Array repräsentiert. Die Elemente des Arrays stellen die nachgefragten Interessen dar. Die Wahrheitswerte im Array besagen, ob ein Interesse besteht (`true`) oder nicht (`false`).

Aufgabenstellung

Schreibe eine Funktion mit dem Namen `interestsMatch`, die zwei Interessensprofile abgleicht und die prozentuale Übereinstimmung als Ganzzahl zurückliefert. Die Funktion soll prüfen, ob beide Interessensprofile gleich groß sind. Wenn dem nicht so ist, soll als prozentuale Übereinstimmung `0` zurückgegeben werden.

Testfälle

Person A:

- `true, true, false, false, false, true`

Person B:

- `true, false, false, false, false, true`

Person C:

- `false, false, true, true, true, false`

Person D:

- `true, true, false, false, false`

Ergebnisse:

- interestsMatch(personA, personA) → 100 %
- interestsMatch(personA, personB) → 83 %
- interestsMatch(personA, personC) → 0 %
- interestsMatch(personA, personD) → 0 %

Algorithmische Tipps

Wenn du stockst und nicht weiterweißt, dann versuch mal Folgendes:

- Prüfe die Größen der Arrays.
- Gehe alle Fragen nacheinander durch und erhöhe den Zähler, wenn beide Personen die gleiche Antwort angekreuzt haben.
- Berechne die Prozentzahl: $\frac{Übereinstimmungen}{Gesamtzahl} * 100$.

W.6.7 Sitzplatzreservierung

Auch ohne Processing lösbar

Schwierigkeit Zeitaufwand Kreativität

Themen

Mit dieser Aufgabe wollen wir folgende Dinge trainieren:

- Arrays
- Zweidimensionale Arrays

Beschreibung

Für einen Konzertsaal wollen wir eine Software schreiben, mit der Sitzplätze im Saal reserviert werden können.

Der Konzertsaal kann dabei zum Beispiel so aussehen:

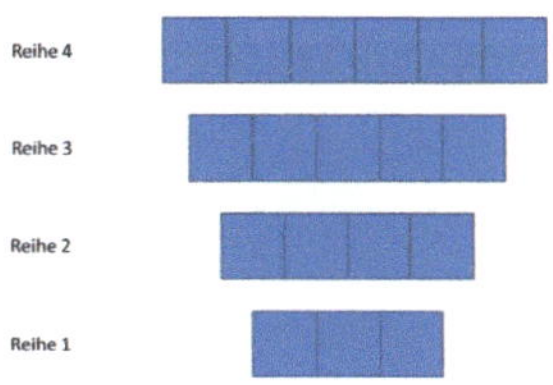

Aufgabenstellung

Schreibe eine Funktion mit dem Namen `createArena`, welche anhand des Parameters *Anzahl der Reihen* eine Repräsentation einer Zuschauerfläche als `char`-Array (Liste mit Zeichen in Python) erzeugt und zurückgibt.

Zur Array-Konstruktion soll eine `for`-Schleife verwendet werden. Das erzeugte Array soll zufällig mit den beiden Zeichen `'_'` für *frei* und `'#'` für *besetzt* befüllt werden.

Zur Kontrolle soll die Sitzplatzbelegung in der Konsole ausgegeben werden.

Testfälle

- createArena(5):

```
_______
______
_____
____
___
```

- createArena(1):

```
___
```

Algorithmische Tipps

Wenn du stockst und nicht weiterweißt, dann versuch mal Folgendes:

- Zunächst eindimensional beginnen und danach zweidimensional weitermachen.
- Generierung und Visualisierung in zwei separate Funktionen auslagern.
- Einzelne Sitzplatzbuchung realisieren und diese in einer zweiten Funktion dann für den gesamten Saal verwenden.

W.6.8 Platztausch

Schwierigkeit Zeitaufwand Kreativität

Auch ohne Processing lösbar

Themen

Mit dieser Aufgabe wollen wir folgende Dinge trainieren:

- Arrays
- Eindimensionale Arrays

Beschreibung

Wir wollen eine Funktion schreiben, die die Reihenfolge der Array-Einträge umdreht. Die Elemente „lesen“ sich dann also von rechts nach links, verglichen mit den ursprünglichen Positionen.

Die Funktion soll dabei so implementiert werden, **ohne dass ein zweites Array erzeugt wird**, in dem das Ergebnis abgelegt wird.

Aufgabenstellung

Schreibe die oben beschriebene Platztauschfunktion.

Testfälle

- [0, 1, 2, 3, 4, 5, 6] → [6, 5, 4, 3, 2, 1, 0]
- [0, 1, 2, 3, 4, 5] → [5, 4, 3, 2, 1, 0]

Algorithmische Tipps

Wenn du stockst und nicht weiterweißt, dann versuch mal Folgendes:

- Beispielfälle aufzeichnen.
- Welcher Platz muss mit welchem getauscht werden?
- Testausgaben zu den getauschten Plätzen könnten hilfreich sein.

W.6.9 Spiegeln

Auch ohne Processing lösbar

Schwierigkeit Zeitaufwand Kreativität

Themen

Mit dieser Aufgabe wollen wir folgende Dinge trainieren:

- Arrays
- Zweidimensionale Arrays

Beschreibung

Wir wollen ein zweidimensionales Array spiegeln. Bei dem zu spiegelnden Array handelt es sich um ein rechteckiges Array. Höhe und Breite des Arrays können also jeweils unterschiedlich sein. Das Array wird mit `boolean`-Werten gefüllt.

In dieser Form könnte beispielsweise ein Schwarz-Weiß-Bild gespiegelt werden.

Aufgabenstellung

Schreibe eine Funktion mit Namen `mirror`, welche ein zweidimensionales Array spiegelt.

Optional kann eine Kontrollfunktion geschrieben werden, welche das Array grafisch in einem Bildschirmfenster darstellt.

Testfälle

- Eingabe:

  [[False, False, False, False],

  [False, True, False, False],

  [False, True, False, True]]

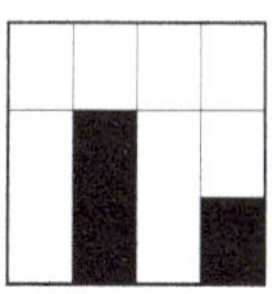

- Ausgabe:

  [[False, False, False, False],

  [False, False, True, False],

  [True, False, True, False]]

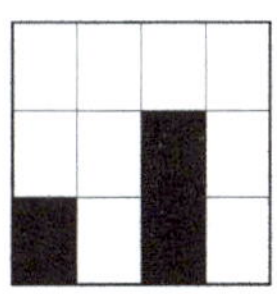

Algorithmische Tipps

Wenn du stockst und nicht weiterweißt, dann versuch mal Folgendes:

- Die Aufgabe zum Platztausch könnte dir hier weiterhelfen.
- Kontrollausgaben sind hier sehr nützlich.
- In Python könnte der Algorithmus sogar einfacher umgesetzt werden (`for...in`).

W.6.10 Reflexion

Schwierigkeit Zeitaufwand Kreativität

Themen

Mit dieser Aufgabe wollen wir folgende Dinge trainieren:

- Arrays
- Zweidimensionale Arrays

Beschreibung

Von gängigen Bildbearbeitungsprogrammen kennen wir Funktionen wie das Einfügen eines Reflexionseffekts, womit der Inhalt des Bildes am unteren Rand teilweise gespiegelt wird. Wir werden diese Funktion vereinfacht mittels eines zweidimensionalen `boolean`-Arrays realisieren (Schwarz: `false`, Weiß: `true`).

Zunächst soll die Höhe des Arrays um ein Drittel vergrößert werden. Die Inhalte des Eingabe-Arrays sollen dabei eins zu eins in das Ausgabe-Array übernommen werden. Die verbleibenden Zeilen im Ausgabe-Array sollen mit den letzten Zeilen des Eingabe-Arrays in umgekehrter Reihenfolge aufgefüllt werden, beginnend mit der letzten Zeile.

Aufgabenstellung

Schreibe eine Funktion `reflection`, welche die oben beschriebene Reflexion realisiert.

Optional kann eine Testfunktion geschrieben werden, welche den Inhalt des Arrays grafisch im Ausgabefenster darstellt.

Testfälle

- Testfall 1:

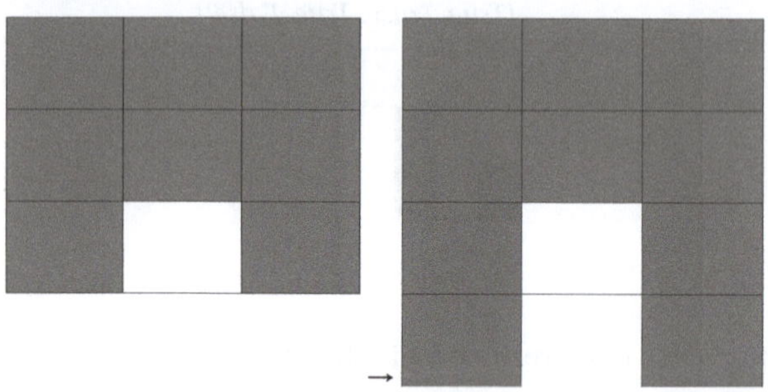

- Testfall 2:

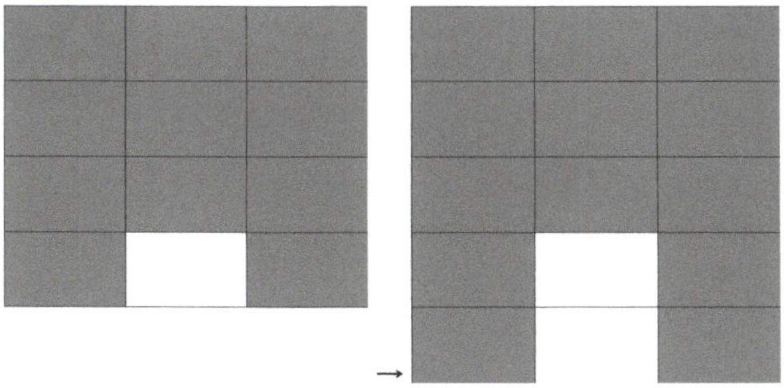

- Testfall 3:

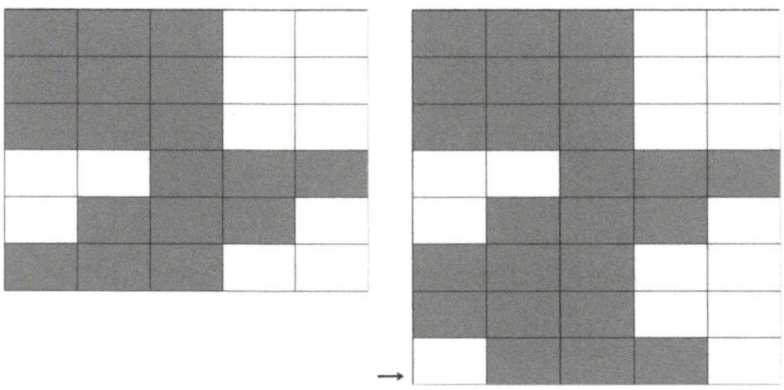

Algorithmische Tipps

Wenn du stockst und nicht weiterweißt, dann versuch mal Folgendes:

- Die Aufgabe zum Spiegeln könnte weiterhelfen.
- Das Test-Array können wir manuell erzeugen. Hierzu soll kein Bild eingelesen werden.
- Wie können wir die Elemente eines Arrays rückwärts durchlaufen?

W.6.11 Greenscreen

Schwierigkeit Zeitaufwand Kreativität

Themen

Mit dieser Aufgabe wollen wir folgende Dinge trainieren:

- Arrays
- Zweidimensionale Arrays

Beschreibung

In Film, Fernsehen und Videostreaming ist seit langer Zeit der sogenannte Greenscreen etabliert. Hierbei steht beispielsweise die Moderation einer Fernsehsendung vor einem grünen Vorhang und wird mit diesem von einer Kamera gefilmt. Dieser grüne Bildhintergrund wird anschließend durch ein anderes Hintergrundbild ersetzt. Technisch gesehen wird jeder grüne Bildpunkt (Pixel) mit dem zugehörigen Pixel aus dem Hintergrundbild ersetzt.

Aufgabenstellung

Schreibe eine Funktion, die eine farbbasierte Bildfreistellung realisiert. Beide Bilder sind exakt gleich groß.

Testfälle

Algorithmische Tipps

Wenn du stockst und nicht weiterweißt, dann versuch mal Folgendes:

- Erzeuge ein neues Bild, das die Synthese beider Bilder enthält.
- Gehe jedes einzelne Pixel im Vordergrundbild durch und prüfe seine Farbe.
- Übernehme das Pixel aus dem Hintergrundbild in das neue Bild, wenn die Pixelfarbe im Vordergrundbild mit dem Grünton des Greenscreens übereinstimmt. Anderenfalls übernimmst Du das Pixel aus dem Vordergrundbild.

W.6.12 Bild umdrehen und invertieren

Schwierigkeit Zeitaufwand Kreativität

Themen

Mit dieser Aufgabe wollen wir folgende Dinge trainieren:

- Arrays
- Zweidimensionale Arrays

Beschreibung

Wir wollen diesmal ein zweidimensionales `boolean`-Array auf den Kopf stellen und die Werte invertieren.

Auf den Kopf stellen heißt hierbei, dass die erste Zeile zur letzten Zeile im Ziel-Array wird, die zweite Zeile zur vorletzten Zeile im Ziel-Array usw., bis die letzte Zeile schließlich zur ersten Zeile im Ziel-Array geworden ist. Zudem sollen die Werte invertiert werden, d. h. `true` wird zu `false` und `false` wird zu `true`.

Aufgabenstellung

Schreibe eine Funktion mit dem Namen `flipAndInvert`, die die geforderte Funktion umsetzt.

Stelle zur Überprüfung deiner Funktion das umgewandelte Array im Ausgabefenster dar.

Testfälle

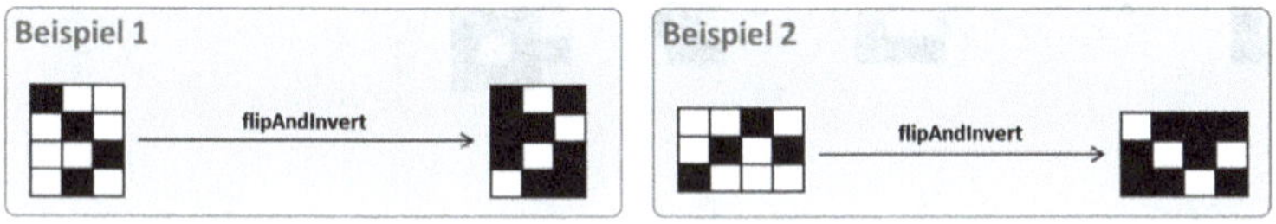

Algorithmische Tipps

Wenn du stockst und nicht weiterweißt, dann versuch mal Folgendes:

- Überlege dir zunächst, wo die Elemente des Eingabe-Arrays im Ausgabe-Array landen. Dann ist die Lösung nur noch wenige Codezeilen entfernt.
- Die Funktion zur Darstellung kennst du bereits aus vorherigen Aufgaben. Die könntest du hier übernehmen.

W.6.13 Bild mit Schatten

Schwierigkeit Zeitaufwand Kreativität

Themen

Mit dieser Aufgabe wollen wir folgende Dinge trainieren:

- Arrays
- Zweidimensionale Arrays

Beschreibung

Ähnlich wie bei Bildbearbeitungsprogrammen wollen wir hier einen Bildeffekt schreiben, mit dem wir ein zweidimensionales `boolean`-Array mit einem Schlagschatten versehen können. Der Schatten ist um ein Array-Feld nach rechts unten versetzt sowie eine Spalte und eine Zeile stark.

Aufgabenstellung

Schreibe die beschriebene Funktion mit Namen `addShadow()`.

Überprüfe die Funktion mit entsprechenden Testausgaben.

Testfälle

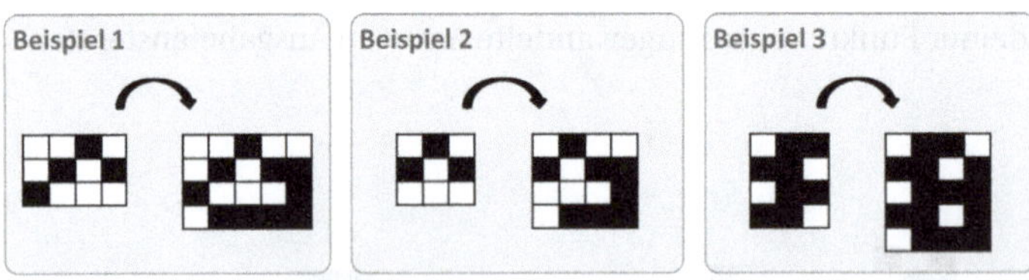

...

Algorithmische Tipps

Wenn du stockst und nicht weiterweißt, dann versuch mal Folgendes:

- Kopiere zunächst die Elemente des Eingabe-Arrays in das Ausgabe-Array.
- Setze die untere Zeile auf Schwarz, mit Ausnahme des Elements unten links.
- Setze die letzte Spalte auf Schwarz, mit Ausnahme des Elements oben rechts.

W.6.14 Bild rotieren

Schwierigkeit Zeitaufwand Kreativität

Themen

Mit dieser Aufgabe wollen wir folgende Dinge trainieren:

- Arrays
- Zweidimensionale Arrays

Beschreibung

Beim Bearbeiten von Fotos werden wir diese Funktion mit Sicherheit schon häufig benutzt haben: das Rotieren eines Bildes um 90 Grad. Diese wollen wir in dieser Aufgabe selber umsetzen.

Aufgabenstellung

Schreibe eine Funktion mit dem Namen `negativeRotation`, die ein zweidimensionales rechteckiges `boolean`-Array um 90 Grad nach links dreht (gegen den Uhrzeigersinn).

Testfälle

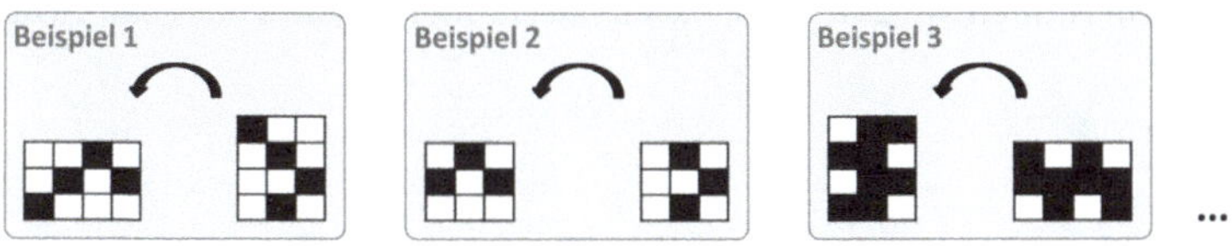

Legende: ☐ `true`
■ `false`

Algorithmische Tipps

Wenn du stockst und nicht weiterweißt, dann versuch mal Folgendes:

- Lege ein neues Array an und vertausche dabei die Werte von Höhe und Breite des Eingabe-Arrays.
- Gehe anschließend jedes Element im Eingabe-Array durch und schreibe dieses an die passende Stelle im Ausgabe-Array.
- Die Lese- und Schreibpositionen kannst du dir am besten auf einem Blatt Papier überlegen.

W.6.15 Bildverkleinerung

Schwierigkeit Zeitaufwand Kreativität

Themen

Mit dieser Aufgabe wollen wir folgende Dinge trainieren:

- Arrays
- Zweidimensionale Arrays

Beschreibung

Wir wollen in dieser Aufgabe eine Bildverkleinerung realisieren.

Folgende Rahmenbedingungen sind dabei zu berücksichtigen:

- Nur quadratische Arrays der Größe `nxn`, wobei n eine gerade Zahl ist, werden verarbeitet.
- Jedes benachbarte, 2x2 große Teil-Array wird zu einem Array-Element wie folgt zusammengefasst: Befinden sich 2 und mehr schwarze Elemente im 2x2-Teil-Array, ist das zusammengefasste Element schwarz, sonst weiß zu setzen.

Aufgabenstellung

Gib eine Funktion mit dem Namen `shrink()` an, die ein zweidimensionales `boolean`-Array schrumpft.

Testfall

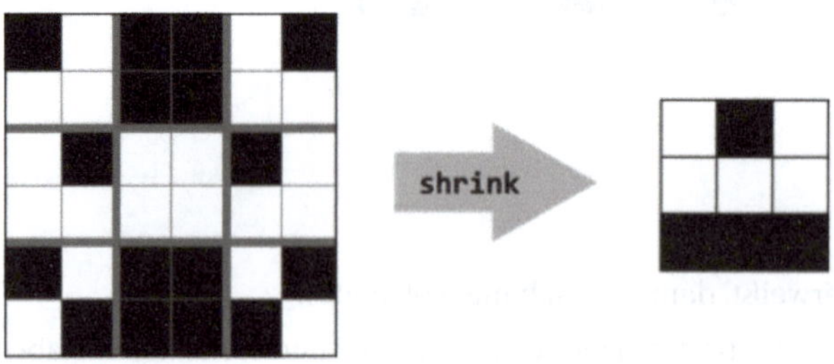

Algorithmische Tipps

Wenn du stockst und nicht weiterweißt, dann versuch mal Folgendes:

- Gehe zunächst Höhe und Breite wie beim Ausgabe-Array durch und schließe daraus auf die 2x2 großen Teil-Arrays im Eingabe-Array. Dies könntest du mit vier ineinander geschachtelten `for`-Schleifen realisieren.
- Ob eine Zahl durch 2 teilbar ist, könntest du mit dem Modulo-Operator überprüfen. Wenn kein Rest herauskommt, ist sie durch 2 teilbar.
- Nicht vergessen, eventuelle Zählervariablen an den entsprechenden Stellen zu resetten.

W.6.16 Bildvergrößerung

Schwierigkeit Zeitaufwand Kreativität

Themen

Mit dieser Aufgabe wollen wir folgende Dinge trainieren:

- Arrays
- Zweidimensionale Arrays

Beschreibung

Digitale Bilder werden in der Regel durch Bildelemente, sogenannte Pixel, unterteilt und dargestellt. Jedes Pixel beschreibt dabei einen Farbton an einer festgelegten Stelle. Vereinfacht können wir uns das also wie ein großes Array vorstellen, in denen verschiedene Zahlen (die Farbwerte) gespeichert sind. Pixel werden meist quadratisch dargestellt.

In dieser Aufgabe werden wir zwei Farben im Bild-Array speichern: Schwarz und Weiß. Eine typische Anwendung in Bildbearbeitungssoftware ist die Bildvergrößerung, welche wir hier programmieren wollen.

Aufgabenstellung

Schreibe eine Funktion mit Namen `magnify`, die ein zweidimensionales Array um den ganzzahligen Faktor `f` vergrößert. Die Werte für `f` sind dabei größer als 1. Das zweidimensionale Array ist quadratisch und besteht aus `boolean`-Werten.

Schreibe eine zusätzliche Funktion, welche das vergrößerte Schwarz-Weiß-Bild im Ausgabefenster grafisch darstellt.

Testfall

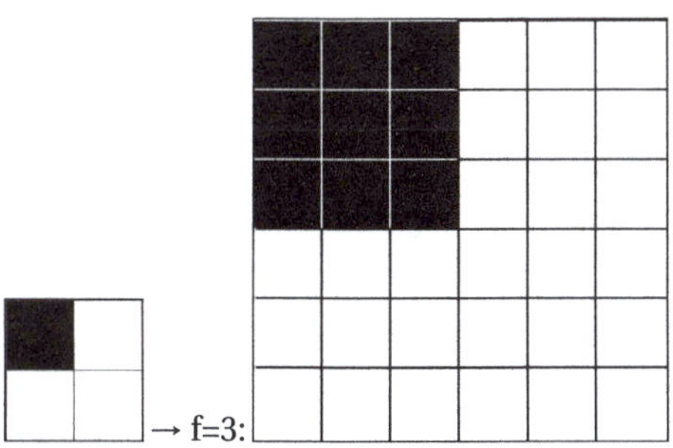

Algorithmische Tipps

Wenn du stockst und nicht weiterweißt, dann versuch mal Folgendes:

- Es könnte hilfreich sein, eine Array-Vergrößerung beispielhaft auf einem Papier aufzuzeichnen und durchzugehen. Dann könnte ersichtlich sein, welche Werte vom Eingangsbild an welcher Stelle im Ausgangsbild landen.
- In Python muss ggf. eine zusätzliche Funktion geschrieben werden, die eine Liste fester Größe erzeugt und gleichzeitig dabei mit Standardwerten befüllt.

Neu

W.6.17 Durchschnittstemperatur

Schwierigkeit Zeitaufwand Kreativität

Themen

Mit dieser Aufgabe wollen wir folgende Dinge trainieren:

- Arrays
- Eindimensionale Arrays

Beschreibung

Wir möchten für eine Statistik die monatliche Durchschnittstemperatur berechnen. Von der Wetterstation bekommen wir die täglichen Wetterdaten als zwei Arrays gleicher Länge angeliefert.

- Der erste Array beinhaltet die Tage des Monats als Integer. Es kann vorkommen, dass an manchen Tagen keine Daten übermittelt werden, daher können mehrere Tage fehlen. Wir sollten aber davon ausgehen, dass eine solche Pause nur wenige Tage, maximal eine Woche, betragen wird.
- Der zweite Array beinhaltet die Durchschnittstemperatur des Tages von der gleichen Position im ersten Array. Die Temperatur wird als Float übergeben.

Beispiel:

Array1	1	4	5	...	30	1	2
Array2	11.3	12.1	11.8	...	5.0	5.3	5.4

Für die monatliche Durchschnittstemperatur addieren wir alle Temperaturen eines Monats und teilen diese durch die Anzahl der Elemente. Das Ergebnis schreiben wir in einen `float`-Array. Für jeden Monat wird dabei ein Element weiter im Array gegangen. Das Array kann maximal zwölf Elemente groß sein.

Aufgabenstellung

Schreibe ein Funktion, welche die Wetterdaten in der oben genannten Form entgegennimmt, daraus die Durchschnittstemperatur berechnet und die berechneten Temperaturen als Array zurückgibt.

Testfälle

Testfall 1:

Eingabe:

Array1	1	2	7	13	14	15	21	28	31	1	2	3	4	5
Array2	11.1	11.2	13.3	15.1	15.2	15.3	16.7	17.1	18.9	17.1	17	16.9	17	16.9

Ausgabe: 14.877777, 16.98

Testfall 2:

Eingabe:

Array1	1	2	7	14	21	28	1	2	5
Array2	11	11	11	11	11	11	5	11	11

Ausgabe: 11.0, 9.0

Algorithmische Tipps

Wenn du stockst und nicht weiterweißt, dann versuch mal Folgendes:

- Es macht Sinn, beide Arrays gleichzeitig durchzugehen.
- Am Übergang der Tageszahlen könntest du eventuell erkennen, ob wir es mit einem neuen Monat zu tun haben. Wie sieht es denn da mit der Differenz der beiden Zahlen aus?
- Auch der letzte Monat im Array muss berechnet werden.

W.6.18 Morsecode

Schwierigkeit Zeitaufwand Kreativität

Auch ohne Processing lösbar

Themen

Mit dieser Aufgabe wollen wir folgende Dinge trainieren:

- Arrays
- Eindimensionale Arrays

Beschreibung

Der internationale Morsecode codiert folgende Zeichen

- a: . -
- b: - . . .
- c: - . - .
- d: - . .
- e: .
- f: . . - .
- g: - - .
- h: . . . .
- i: . .
- j: . - - -
- k: - . -
- l: . - . .
- m: - -
- n: - .
- o: - - -
- p: . - - .
- q: - - . -
- r: . - .
- s: . . .
- t: -
- u: . . -
- v: . . . -
- w: . - -
- x: - . . -
- y: - . - -
- z: - - . .
- 1: . - - - -
- 2: . . - - -
- 3: . . . - -
- 4: . . . . -
- 5: . . . . .
- 6: - . . . .
- 7: - - . . .
- 8: - - - . .
- 9: - - - - .
- 0: - - - - -

Aufgabenstellung

Schreibe eine Funktion, die eine Zeichenkette in Morsecode überführt und als Morsezeichen in der Konsole ausgibt.

Testfälle

Wozu Worte drucken, es gibt doch Schreiber

→ wozuwortedruckenesgibtdochschreiber

→ Ergebnis:

```
.-- --- --.. ..- .-- --- .-. - . -.. .-. ..- -.-. -.- . -. . ... --. .. -...
    - -.. --- -.-. .... ... -.-. .... .-. . .. -... . .-.
```

Algorithmische Tipps

Wenn du stockst und nicht weiterweißt, dann versuch mal Folgendes:

- Ein selbst angelegtes „Nachschlagewerk" von Morsecodes würde die Programmierung erleichtern. Dies ist besonders in Python einfach umsetzbar.
- Probiere, im Eingabestring zunächst alle Leerzeichen zu entfernen und anschließend alle Großbuchstaben in Kleinbuchstaben umzuwandeln. Hierfür existieren sowohl in Java als auch in Python spezielle Funktionen, die dies übernehmen.
- Gehe jedes Zeichen einzeln durch und ersetze es mit dem zugehörigen Morsezeichen.

W.6.19 Minimale Punktdistanz

Schwierigkeit Zeitaufwand Kreativität

Themen

Mit dieser Aufgabe wollen wir folgende Dinge trainieren:

- Arrays
- Zweidimensionale Arrays

Beschreibung

Wir wollen aus einem zweidimensionalen Array mit Punktkoordinaten die zwei Punkte ermitteln, die die kleinste Distanz zueinander haben. Die Koordinaten sind als ganzzahliges Zahlenpaar gegeben, wobei die erste Zahl die x-Koordinate und die zweite Zahl die y-Koordinate repräsentiert.

Um die Distanz d zweier Punkte $P_i = (x_i, y_i)$ und $P_j = (x_j, y_j)$ zu bestimmen, muss Folgendes berechnet werden:

$$d = \sqrt{(x_i - x_j)^2 + (y_i - y_j)^2}$$

Die Indexe der beiden Punkte mit dem kleinsten Abstand sollen zurückgegeben werden.

Aufgabenstellung

Schreibe eine Funktion mit dem Namen `minDistance`, die aus einem zweidimensionalen Array mit Punktkoordinaten zwei Punkte ermittelt, die die kleinste Distanz zueinander haben.

Testfall

In diesem Beispiel-Array haben die Punkte mit den Indexen 2 und 4 die kleinste Distanz zueinander:

	x	y
P_0	3	7
P_1	30	80
P_2	80	320
P_3	15	276
P_4	84	298
P_5	19	29
P_6	200	200
P_7	191	919

Algorithmische Tipps

Wenn du stockst und nicht weiterweißt, dann versuch mal Folgendes:

- Referenz- und Vergleichspunkt dürfen nie der gleiche Punkt sein, denn sonst wäre dort die Distanz gleich `0`.
- Zur Berechnung der Distanz `d` kannst du die Funktionen `sqrt(float n)` (Wurzel ziehen) und `pow(int base, int exponent)` (Potenzieren) verwenden.
- Du kannst die aktuell berechnete Distanz mit der aktuell „minimalsten" Distanz vergleichen und so beim Ende des Durchlaufs die entsprechenden Punkte ermitteln.

W.6.20 Glatte Kurven

Schwierigkeit Zeitaufwand Kreativität

Themen

Mit dieser Aufgabe wollen wir folgende Dinge trainieren:

- Arrays
- Eindimensionale Arrays

Beschreibung

Audiodateien können wir uns als eine Art Array vorstellen, in der jeder einzelne Wert die jeweilige Signalintensität zu einem bestimmten Zeitpunkt darstellt. Diese abgetasteten Signalwerte werden häufig als Array von `double`-Werten gespeichert.

Meist ist in Audiosignalen ein kleiner Anteil an Rauschen enthalten. Dieser kommt durch lokale Veränderungen in der Signalintensität zustande. Wenn wir solch ein Signal glätten, erhöhen wir damit meist auch die empfundene Signalqualität.

Das Signal glätten wir in diesem Fall wie folgt:

- Jeder geglättete Wert `smooth[n]` wird aus dem Durchschnitt der drei Signalwerte `signal[n-1]`, `signal[n]` und `signal[n+1]` berechnet.
- Das erste geglättete Element wird aus dem Durchschnitt der ersten beiden Signalwerte berechnet.
- Das letzte geglättete Element wird aus dem Durchschnitt der letzten beiden Signalwerte berechnet.

Aufgabenstellung

Schreibe eine Funktion `smoothAudio`, die ein Audiosignal in Form eines `double`-Arrays glättet.

Optional kann auch eine Testfunktion geschrieben werden, welche die Signale im Ausgabefenster darstellt und so die Glättung des Signals grafisch sichtbar macht.

Testfälle

- [2, 2, 4, 6, 10, 6, 4, 2] → [2, 2, 4, 6, 7, 6, 4, 3]
- Generiere ein Array mit einem Sinus-Signal und baue Störungen ein. Nach Anwendung des Filters sollte sich dieses Signal wieder einem Sinus annähern.

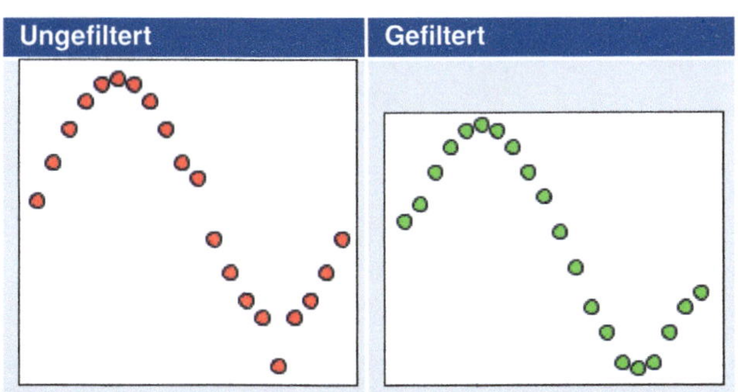

Algorithmische Tipps

Wenn du stockst und nicht weiterweißt, dann versuch mal Folgendes:

- Die Rechenvorschrift steht in der Beschreibung.
- Probiere zunächst, alle Elemente des Audiosignals einzeln durchzugehen. Anschließend kannst du schauen, wie du das erste und das letzte Element einzeln behandeln könntest.
- Das erste geglättete Element wird aus den beiden ersten Werten im Array `signal[0]` und `signal[1]` berechnet.
- Das letzte geglättete Element wird aus den beiden letzten Werten im Array `signal[signal.length-2]` und `signal[signal.length-1]` berechnet.

W.6.21 Bildausschnitt

Schwierigkeit Zeitaufwand Kreativität

Themen

Mit dieser Aufgabe wollen wir folgende Dinge trainieren:

- Arrays
- Zweidimensionale Arrays

Beschreibung

Ähnlich wie in Bildbearbeitungsprogrammen wollen wir uns eine eigene Funktion schreiben, mit der wir Bildinhalte ausschneiden können. Wie in den vorherigen Bildaufgaben werden wir vereinfacht ein `boolean`-Array als Schwarz-Weiß-Bild verwenden.

Aufgabenstellung

Schreibe eine Funktion mit Namen `extractCenter`, die einen bestimmten Bereich in der Mitte eines zweidimensionalen `boolean`-Arrays heraustrennt.

Die Größe des Bereichs, der herausgetrennt werden soll, wird anhand von entsprechenden Parametern angegeben.

Stelle zur Kontrolle den ausgeschnittenen Bereich im Ausgabefenster dar.

Testfälle

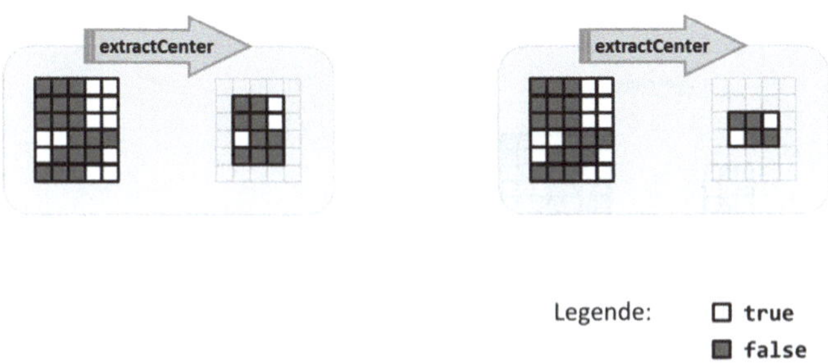

Algorithmische Tipps

Wenn du stockst und nicht weiterweißt, dann versuch mal Folgendes:

- Schau dir die anderen Bildverarbeitungsaufgaben an. Einige Funktionen, die du dort geschrieben hast, wirst du hier weiterverwenden können.
- Die Mitte des Bildes entspricht der Division der Bildhöhe und der Bildbreite durch zwei. Willst du den Ausschnittbereich berechnen, musst du lediglich um die Schrittweite Ausschnitthöhe/2 bzw. Ausschnittbreite/2 zurückgehen.
- Zeichne dir am besten ein Beispiel-Array auf Papier auf und gehe die Schritte einzeln durch.

W.6.22 Bild mit Rahmen

Schwierigkeit Zeitaufwand Kreativität

Themen

Mit dieser Aufgabe wollen wir folgende Dinge trainieren:

- Arrays
- Zweidimensionale Arrays

Beschreibung

Wir wollen uns eine Funktion schreiben, mit der wir ein Bild mit einer schwarzen Umrandung versehen können. Als Bilddaten verwenden wir ein zweidimensionales und rechteckiges `boolean`-Array.

Die Breite des Rahmens wird mit einem entsprechenden Parameter in Anzahl von Elementen angegeben.

Aufgabenstellung

Schreibe eine Funktion mit Namen `addFrame` mit der oben beschriebenen Funktionalität und teste diese entsprechend.

Beachte dabei, dass wir nicht davon ausgehen können, dass neu erzeugte Arrays automatisch mit sinnvollen Werten initialisiert worden sind.

Testfälle

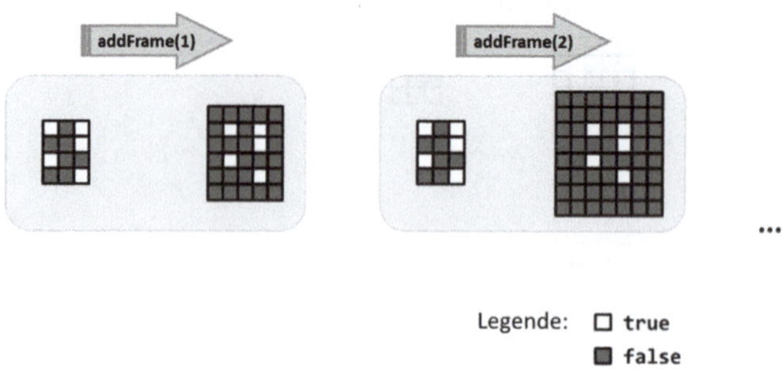

Algorithmische Tipps

Wenn du stockst und nicht weiterweißt, dann versuch mal Folgendes:

- Schau dir die anderen Bildverarbeitungsaufgaben an. Einige Funktionen, die du dort geschrieben hast, wirst du hier weiterverwenden können.
- Es könnte Sinn machen, das neue Array zunächst komplett schwarz zu färben und danach mit den Werten des Eingabebildes aufzufüllen.
- Das neue Array muss natürlich größer als das Eingabe-Array sein, damit der Rahmen gezeichnet werden kann.

W.6.23 Memory-Spielfeldgenerator

Schwierigkeit Zeitaufwand Kreativität

Themen

Mit dieser Aufgabe wollen wir folgende Dinge trainieren:

- Arrays
- Zweidimensionale Arrays

Beschreibung

Memory kennen wir als eine von Ravensburger eingetragene Marke für ein bekanntes Gesellschaftsspiel. In diesem Spiel sollen Paare gleicher Kärtchen durch Aufdecken erkannt werden.

Darüber hinaus gilt für das Memory-Spielfeld:

- Das Spielfeld enthält ganze Zahlen
- Beginnend mit Zahl 1
- Die Platzierung der Zahlenpaare auf dem Spielfeld erfolgt zufällig
- Die Größe des zu erzeugenden Spielfeldes erfolgt durch Parameter
- Nur gültige Spielfeldgrößen werden erzeugt
- Ungültige Spielfeldgrößen erzeugen ein leeres Spielfeld der Größe `0x0`

Aufgabenstellung

Implementiere eine Funktion mit Namen `generateMemoryField`, die ein Memory-Spielfeld erzeugt.

Schreibe eine Visualisierungsfunktion, welche das erzeugte Memory-Spielfeld in einem Bildschirmfenster grafisch darstellt.

Testfälle

generateMemoryField(4)

5	2	8	3
6	6	7	1
4	3	1	2
5	4	8	7

generateMemoryField(3)

(leeres Feld)

generateMemoryField(6)

17	13	7	3	15	14
1	2	17	13	5	12
9	10	12	4	16	18
6	9	16	8	8	10
7	6	11	1	14	11
4	18	2	15	5	3

Hinweis: Das Feld bei `generateMemoryField(3)` ist leer.

Algorithmische Tipps

Wenn du stockst und nicht weiterweißt, dann versuch mal Folgendes:

- Testen gültiger Spielfeldgrößen.
- Zufallszahlen können mit der Funktion random() erzeugt werden.
- In Python muss eine Zusatzfunktion zur Generierung eines leeren Arrays geschrieben werden: siehe Aufgabe Bildvergrößerung.
- ACHTUNG vor Endlosschleifen. Besser Ausgaben in der Kommandozeile zur Kontrolle der Schritte durchführen.

W.6.24 Geldautomat

Schwierigkeit Zeitaufwand Kreativität

Auch ohne Processing lösbar

Themen

Mit dieser Aufgabe wollen wir folgende Dinge trainieren:

- Kontrollstrukturen
- Bedingte Anweisungen

Beschreibung

An Geldautomaten können wir meist eine Geldmenge eingeben, die wir ausgegeben haben möchten. Sofern wir die entsprechende Geldmenge auf dem Konto haben, wird uns das Geld in Scheinen ausgegeben. Für einen solchen Geldautomaten wollen wir nun ein Programm schreiben, das die entsprechenden Geldscheine bestimmt, die der Automat für die angegebene Geldmenge ausgeben soll.

Grundsätzlich müssen wir dabei sicherstellen, dass die Geldsumme größer als 0 ist (sonst würden wir Geld auf unserem Konto gewinnen). Eine Summe von 0 Euro zahlt unser Geldautomat logischerweise nicht aus. Außerdem müssen wir sicherstellen, dass die Geldsumme durch die kleinste Scheinart teilbar ist, damit wir auch die Geldsumme ausgeben können.

In unserem Geldautomaten haben wir Geldscheine für 500, 200, 100, 50, 20, 10 und 5 Euro (ja, bei uns gibt es noch 500-Euro-Scheine).

Aufgabenstellung

Schreibe ein Programm, das für eine angegebene Geldmenge die Anzahl und Art der Geldscheine bestimmt, die dafür ausgegeben werden soll.

Testfälle

2305 Euro:

```
4x500
1x200
1x100
1x5
```

Algorithmische Tipps

Wenn du stockst und nicht weiterweißt, dann versuch mal Folgendes:

- Du kannst die Scheinarten von groß nach klein nacheinander durchgehen.
- Die Anzahl der Scheine für eine Geldsumme kannst du durch eine Division bestimmen (z. B. 2305/500 = 4 Scheine a 500 Euro sind möglich).
- Mit dem Rest aus der Division kannst du dann für die nächstkleineren Scheinarten weiterrechnen.

W.6.25 Sudoku-Check

Schwierigkeit Zeitaufwand Kreativität

Themen

Mit dieser Aufgabe wollen wir folgende Dinge trainieren:

- Arrays
- Zweidimensionale Arrays

Beschreibung

Sudoku ist ein populäres Knobelspiel, wie wir es häufig in Rätselzeitschriften finden. Im Spiel soll ein teilweise mit Zahlen von 1 bis 9 gefülltes Spielfeld vollständig mit Zahlen ausgefüllt werden. Das Spielfeld ist 9×9 Felder groß und dabei zusätzlich in 3×3 Felder unterteilt.

Das Spiel ist erfüllt, wenn jede Zeile und Spalte des Spielfeldes sowie die hervorgehobenen 3×3-Blöcke jede Zahl zwischen 1 und 9 genau einmal enthalten.

In dieser Aufgabe wollen wir uns selber eine Prüffunktion schreiben, mit der wir überprüfen können, ob eine gültige Sudoku-Lösung vorliegt.

Aufgabenstellung

Schreibe eine Funktion, die ein 9×9-Array aus `int`-Zahlen zwischen 1 und 9 übergeben bekommt und dieses daraufhin prüft, ob es sich dabei um eine gültige Lösung des Knobelspiels Sudoku handelt.

Testfälle

- Beispiel für ein korrektes Sudoku:

8	3	5	4	1	6	9	2	7
2	9	6	8	5	7	4	3	1
4	1	7	2	9	3	6	5	8
5	6	9	1	3	4	7	8	2
1	2	3	6	7	8	5	4	9
7	4	8	5	2	9	1	6	3
6	5	2	7	8	1	3	9	4
9	8	1	3	4	5	2	7	6
3	7	4	9	6	2	8	1	5

- Für ein falsches Sudoku einfach eine Zahl im Beispiel aus- oder vertauschen.

Algorithmische Tipps

Wenn du stockst und nicht weiterweißt, dann versuch mal Folgendes:

- Jeden Prüfschritt nach Programmierung einzeln checken.
- Absichtlich eine Zahl falsch einsetzen. Ist das Ergebnis dann auch False?
- 3×3 Blöcke aufzeichnen. Welche Positionen sind pro Block vorhanden und wie kann man an diese Stellen springen?
- Ausgabe, welche Positionen durchgegangen wurden.

W.6.26 Postleitzahlen visualisieren

Schwierigkeit Zeitaufwand Kreativität

Themen

Mit dieser Aufgabe wollen wir folgende Dinge trainieren:

- Arrays
- Zweidimensionale Arrays

Beschreibung

Mit Daten lassen sich spannende Bilder erzeugen. Das wollen wir anhand der Postleitzahlen testen. Hierzu haben wir eine Liste mit allen Postleitzahlen in Deutschland inklusive ihrer Position auf der Landkarte aufbereitet.

Den Datensatz kannst du dir als CSV-Datei unter der URL https://github.com/protrain/daten herunterladen.

In der CSV-Datei sind die Werte in jeder Zeile durch Tabulatorzeichen getrennt. Aufgebaut ist jede Zeile nach diesem Schema:

```
Postleitzahl    X-Koordinate    Y-Koordinate
```

Die Koordinaten liegen dabei als Kommazahlen zwischen -1.0 und 1.0 vor. Diese müssen wir in Pixelwerte für unser Ausgabefenster umwandeln. Kennen wir die Minimal- und Maximalwerte von Eingabe und Ausgabe, können wir die Koordinaten mit der Processing-Funktion `map(Koordinatenwert, EingabeMin, EingabeMax, AusgabeMin, AusgabeMax)` in die entsprechenden Werte umwandeln.

Für unseren Datensatz gilt dabei:

- X-Koordinaten:
  - Minimum: -0.056436524
  - Maximum: 0.044636916
- Y-Koordinaten:
  - Minimum: 0.7982389
  - Maximum: 0.9287888

Für die Ausgabe könnten wir z. B. folgende Werte verwenden:

- X-Koordinaten:
  - Minimum: 30 Pixel
  - Maximum: $\mathit{Fensterbreite} - \mathit{Minimum}$
- Y-Koordinaten:
  - Minimum: 20 Pixel
  - Maximum: $\mathit{Fensterhöhe} - \mathit{Minimum}$

Haben wir alle Werte eingelesen und umgewandelt, können wir die Pixelwerte einzeln auf das Ausgabefenster zeichnen. Dies könnte dann so aussehen:

Aufgabenstellung

Schreibe ein Programm, welches die Postleitzahlen inklusive ihrer Koordinaten einliest und diese im Ausgabefenster visualisiert.

Zum Umwandeln der CSV-Zeile in ein Array kannst du die Processing-Funktion `split([CSV-Zeile], TAB)` verwenden. Diese unterteilt die Zeile nach jedem Tabulatorzeichen und teilt die Einzelteile in ein Array auf.

Testfälle

Siehe Beschreibung.

Mit deinem fertigen Programm kannst auch andere Länder visualisieren, wenn du Lust hast. Im Daten-Repository haben wir zusätzlich einen Datensatz für Italien hinzugefügt. Daten für andere Länder kannst du mithilfe des im Repository verlinkten Originaldatensatzes generieren. Achte hierbei darauf, dass die CSV-Datei die Werte genau in der Reihenfolge enthält, wie sie in der Beschreibung oben steht.

Algorithmische Tipps

Wenn du stockst und nicht weiterweißt, dann versuch mal Folgendes:

- Bei Python solltest du aufpassen, dass du globale Variablen in Funktionen mit der `global`-Deklarierung beschreibbar machst.
- Nach der Splitfunktion ist es ratsam, dass du prüfst, ob im erzeugten Array auch Werte vorhanden sind. Damit vermeidest du Fehler beim Einlesen einer leeren Zeile.
- Lies die Werte in der `setup()`-Funktion und visualisiere die Postleitzahlen in der `draw()`-Funktion. Beim Zeichnen nicht vergessen, dass du den Hintergrund immer neu malst.

W.6.27 Medianfilter

Schwierigkeit Zeitaufwand Kreativität

Themen

Mit dieser Aufgabe wollen wir folgende Dinge trainieren:

- Arrays
- Zweidimensionale Arrays

Beschreibung

In der Bildverarbeitung werden Medianfilter häufig zur Entfernung von weißen Störpixeln verwendet.

Beim Medianfilter werden die Grauwerte der Pixel in einer definierten Umgebung eines Pixels aufgesammelt und der Größe nach sortiert. Nun wählen wir den mittleren Grauwert (Median) dieser sortierten Liste; dieser ersetzt den Grauwert des aktuellen Pixels.

Ein Bild wird in einem zweidimensionalen int-Array gespeichert, mit Grauwerten von 0 bis 255 für jedes Pixel. Der Grauwert 0 steht für Schwarz, der Grauwert 255 steht für Weiß, die Grauwerte von 1 bis 254 stehen für die heller werdenden Grautöne dazwischen. Ein Medianfilter berechnet aus einem ursprünglichen Bild ein gefiltertes Bild gleicher Größe. Dazu werden für jedes Pixel aus dem ursprünglichen Bild

- sein Grauwert und die acht Grauwerte seiner acht Nachbar-Pixel aufsteigend sortiert in einer Reihe aufgeschrieben
- und der mittlere, also fünfte Wert von neun, als Grauwert des gleichen Pixels im gefilterten Bild genommen.

Das nachfolgende Beispiel zeigt schematisch, wie der Medianfilter aus dem Grauwert 255 eines Pixels im ursprünglichen Bild den Grauwert 192 für das gleiche Pixel im gefilterten Bild berechnet.

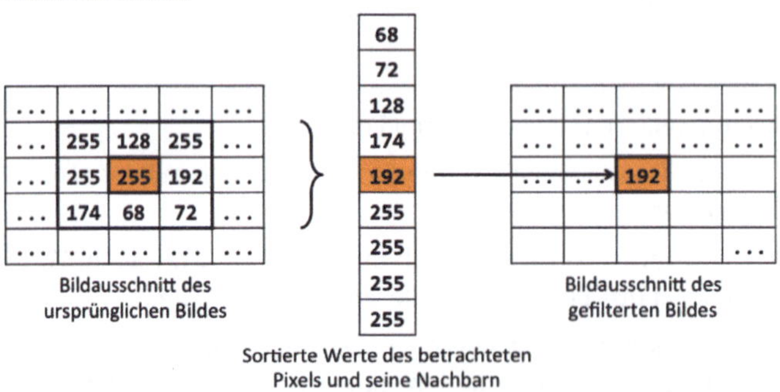

Den Grauwert eines Pixels in einem RGB-Bild können wir nach dieser Formel berechnen:

$$Grau = 0.299 * Rot + 0.581 * Grün + 0.114 * Blau$$

Aufgabenstellung

Schreibe eine Funktion mit dem Namen `medianFilter`, die den beschriebenen Bildfilter implementiert. Nutze dabei die Funktionen von Processing, um ein RGB-Bild einzulesen und auf diesen den Medianfilter anzuwenden.

Die Farbwerte (0–255) für Rot, Grün und Blau können mit den Funktionen `red()`, `green()` und `blue()` aus den in Processing verwendeten `Color`-Elementen (RGB-Wert in einem `int`-Wert kombiniert) ausgelesen werden. Zur Sortierung eines `int`-Arrays steht die Processing-Funktion `sort()` zur Verfügung.

Testfälle

Vorher	Nachher

Algorithmische Tipps

Wenn du stockst und nicht weiterweißt, dann versuch mal Folgendes:

- Nutze zwei Arrays der Größe 9, in denen du die Pixelwerte des 9×9-Bildbereichs speichern kannst. Ein Array enthält die RGB-Farbwerte, das andere die konvertierten Grauwerte.
- Nach Generierung des Ausgabebildes (Datentyp **PImage**) gehst du jeden Pixelwert einzeln durch. Achte dabei auf die Ränder. Für jeden Pixelwert bildest du jetzt einen 3×3-Bildausschnitt, dessen Werte du in das erste Array schreibst. Anschließend berechnest du die Grauwerte aus dem ersten Array und schreibst die Ergebnisse in das zweite Array.
- Nach Sortierung des zweiten Arrays nimmst du den mittleren Wert und schreibst ihn an die selbe Position im Ausgabe-Array. Hierfür musst du ein neues **Color**-Element erzeugen, da Bilder in Processing immer aus RGB-Werten bestehen.

W.6.28 Dreiecksfilter

Schwierigkeit Zeitaufwand Kreativität

Themen

Mit dieser Aufgabe wollen wir folgende Dinge trainieren:

- Arrays
- Eindimensionale Arrays

Beschreibung

Für eine Werbeagentur wollen wir einen Dreiecksfilter bauen, welcher ein Bild mit farbigen Pixeln in Dreiecksform darstellt. Im Prinzip soll der Filter nach folgendem Schema funktionieren:

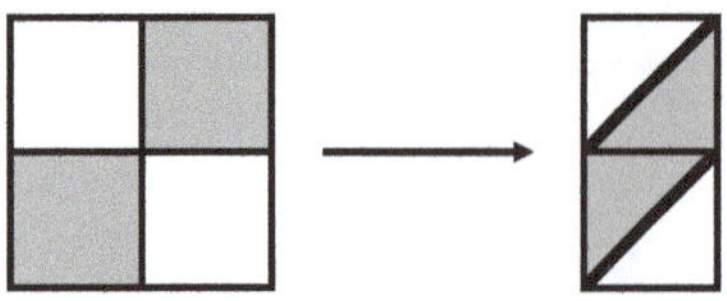

An den Rändern des Bildes soll der Hintergrund mit dem durchschnittlichen Farbwert aller Pixel im Bild aufgefüllt werden.

Aufgabenstellung

Schreibe ein Programm, das ein RGB-Bild einliest und dieses mit dem Dreiecksfilter auf den Bildschirm zeichnet.

Zum Einlesen von Bildern existiert die Processing-Funktion `loadImage(dateiname)`. Die Objektmethode `loadPixels()` kann anschließend die einzelnen Pixelwerte in ein eindimensionales `color`-Array laden, das über die Objektvariable `pixels` abgerufen werden kann. Verwende das Array bei der Bearbeitung der Aufgabe.

Testfälle

Eingabe (20×20 Pixel)

Ausgabe (600×600 Pixel)

Algorithmische Tipps

Wenn du stockst und nicht weiterweißt, dann versuch mal Folgendes:

- Wir müssen die x- und y-Pixel-Positionen vom eindimensionalen Array heraus bestimmen. Sobald du die Breite des Bildes kennst, solltest du das mit den arithmetischen Operatoren bestimmen können. Bei einem 20×20 Pixel großen Bild wären die Werte für die 1D-Position 24 zum Beispiel y=1 und x=4.
- Zeichne dir am besten auf einem Blatt Papier die Pixel als Punkte auf und überlege dir, wie du diese Punkte zu den entsprechenden Dreiecken verbinden kannst.
- Vielleicht macht es Sinn, unterschiedliche Dreiecksformen je nach Reihe (ungerade oder gerade Reihe) zu zeichnen.

Neu

W.6.29 Gesichtserkennung

Schwierigkeit Zeitaufwand Kreativität

Themen

Mit dieser Aufgabe wollen wir folgende Dinge trainieren:

- Arrays
- Zweidimensionale Arrays

Beschreibung

Gesichtserkennung ist heutzutage in quasi jedem Smartphone und Laptop eingebaut. Eine vereinfachte Variante davon wollen wir in dieser Aufgabe umsetzen. Diese macht es sich zunutze, dass bei Menschen die Augenregionen in der Regel dunkler als die Nasenregionen sind.

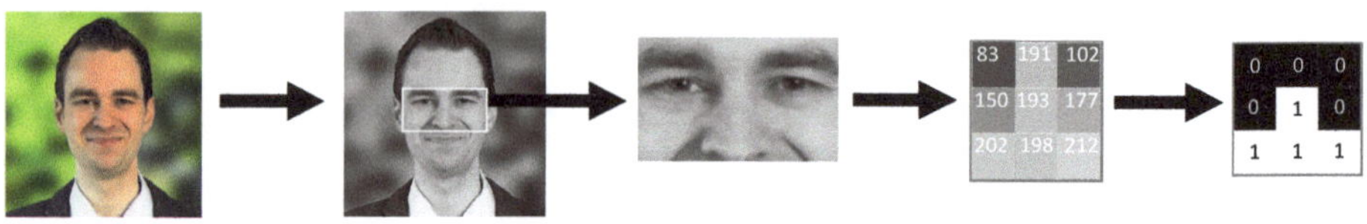

Für dieses Verfahren haben wir das Bild zunächst in Graustufen umgewandelt und gehen dann stufenweise über das Bild. Jeder Pixel im Bild hat einen Wert von 0 bis 255, welcher die Helligkeit definiert (0 = dunkel, 255 = hell). Den Bildausschnitt haben wir dabei gröber gemacht und auf 3 x 3 Pixel reduziert, es sieht also sehr pixelig aus. Das machen wir, um die Augenregion besser von der Nasenregion unterscheiden zu können.

Anschließend wandeln wir den Bildausschnitt in ein Binärbild um. Hierbei vergleichen wir den Wert vom mittleren Pixel mit den umliegenden Pixelwerten. Ist der Pixelwert kleiner als der mittlere Pixel, setzen wir eine 0. Andernfalls setzen wir eine 1.

Das Gesicht erkennen wir anschließend dadurch, dass in der ersten Spalte dreimal die Kombination `[1,1,1]` (also die Stirn) und in der zweiten Spalte die Kombination `[1,0,1]` (also die Augen und Nasenmitte) auftaucht.

Aufgabenstellung

Schreibe ein Programm, welches einen zweidimensionalen Array der Größe 3 x 3 Pixel mit Graustufen-Pixelwerten entgegennimmt und prüft, ob sich darin ein Gesicht befindet.

Das Programm soll das Ergebnis als Boolean-Wert zurückgeben (wahr: Gesicht erkannt, falsch: kein Gesicht erkannt).

Testfälle

Person mit dunkler Haut:

```
[53,174,89]
[93,190,33]
[195,170,213]
```

Ergebnis: `true`

Person mit heller Haut:

```
[83,191,102]
[150,193,177]
[202,198,212]
```

Ergebnis: `true`

Landschaft:

```
[143,82,122]
[167,137,35]
[126,154,151]
```

Ergebnis: `false`

Algorithmische Tipps

Wenn du stockst und nicht weiterweißt, dann versuch mal Folgendes:

- Bei zweidimensionalen Arrays ist der y-Wert an der ersten Stelle. Der x-Wert kommt erst an der zweiten Stelle.
- Führe die Berechnung nur durch, wenn der Array des Bildes eine Größe von 3 x 3 Pixeln hat. Das macht das Programmieren des Algorithmus wesentlich einfacher.
- Wenn das Bild nur 3 x 3 Pixel groß sein darf, an welcher Stelle wird wohl der mittlere Pixel liegen? Dann könntest du auch auf die umliegenden Pixel schließen.

7 Strings und Stringverarbeitung

7.1 Warm-up

Programme verarbeiten nicht nur Zahlen und Zeichen, sondern auch **Zeichenketten**. Eingaben, die von der Person auf der Oberfläche gemacht werden, sind zunächst auch *nur* Zeichenketten und werden gegebenenfalls durch entsprechende Maßnahmen erst zu einem späteren Zeitpunkt in andere Datentypen umgewandelt. Vielfach müssen wir aber mit dieser Folge von Zeichen umgehen, d. h., sie manipulieren.

Eine Zeichenkette ist im Grunde genommen eine aufeinanderfolgende Reihe von Zeichen aus einem definierten Zeichensatz. Sie besteht aus einer festgelegten Menge von Buchstaben, Ziffern sowie Sonderzeichen und Steuerzeichen. Die Reihenfolge dieser *Zeichen* ist definiert und die Länge einer Zeichenkette endlich.

Im Grunde genommen verhält sich eine Zeichenkette hinsichtlich der Adressierbarkeit ihrer Einzelzeichen, als hätten wir es mit einem Array von Zeichen zu tun. Und auch wenn sich die beiden in diesem Buch behandelten Sprachen bei der Unterscheidung einer Zeichenkette und einem Zeichen konträr verhalten (Java unterscheidet eine Zeichenkette und ein einzelnes Zeichen in die Datentypen `String` bzw. `char`, während Python hierfür ausschließlich den Datentyp `String` kennt), können wir uns leicht vorstellen, wie umständlich eine Initialisierung wäre, würden wir mit Strings umgehen müssen wie mit Arrays.

Glücklicherweise gibt es für die Verarbeitung von Zeichenketten viele Funktionen, die die Manipulation und den Umgang mit Strings vereinfachen. Im Großen und Ganzen sprechen wir von der **Stringmanipulation**. Sie ermöglicht es recht elegant, einzelne Zeichen und Zeichenketten (Substrings) aus einem String zu extrahieren, zu kopieren sowie auszutauschen usw.

Eine Zeichenkette kann in beiden Sprachen über den Zuweisungsoperator initialisiert werden, wobei die Zeichenkette selbst in Anführungszeichen bzw. bei Python in Apostrophe eingeschlossen sein muss:

```
String text = "Ich will Kekse!";
```

bzw.

```
text = 'Ich will Kekse!'
```

Die Analogie zu einem Array wird deutlich, wenn wir versuchen, auf einen einzelnen Buchstaben innerhalb der Zeichenkette zuzugreifen. Denn dabei verwenden wir den Index und können über eine *for*-Schleife eine alternative, wenn auch umständliche Ausgabe erzeugen:

```
String text = "Ich will Kekse!";
```

```
for(int i=0; i<text.length; i++)
    System.out.print(text.charAt(i));
```

bzw.

```
text = 'Ich will Kekse!'
for char in text:
    print(char, end='')
```

Dies ist auch notwendig, da wir vielfältige Anforderungen an die Stringverarbeitung haben. Beispielsweise möchten wir Strings in Teilstrings aufsplitten oder mehrere Teile zu einem Ganzen zusammenfügen. Wir möchten überprüfen, ob ein einzelner Buchstabe oder beispielsweise ein Wort in einem String vorkommt. Manchmal müssen wir feststellen, an welcher Stelle ein Wort beginnt. Eventuell suchen wir das letzte Vorkommen eines Zeichens oder einer Zeichenfolge oder möchten diese gegen einen anderen String austauschen. Ebenso denkbar wäre es, Leerzeichen am Anfang oder am Ende eines Strings zu entfernen.

In diesem Punkt unterscheiden sich die Programmiersprachen mehr oder weniger hinsichtlich der angebotenen Funktionen oder Parameter sowie ihrer Arbeitsweise. Aus diesem Grund empfehlen wir, die Dokumentation zum Thema Stringverarbeitung des jeweiligen Programmiersystems genauer unter die Lupe zu nehmen.

Und nun – ran an die Workouts und viel Erfolg beim Training!

7.2 Workout

W.7.1 String-Kompression

Schwierigkeit Zeitaufwand Kreativität

Auch ohne Processing lösbar

Themen

Mit dieser Aufgabe wollen wir folgende Dinge trainieren:

- Strings und Stringverarbeitung

Beschreibung

Datenkompression ist aus unserem Alltag nicht wegzudenken. Wir alle haben mit Sicherheit schon unzählige ZIP-Dateien geöffnet. Einen simplen Kompressionsalgorithmus für Strings wollen wir in dieser Aufgabe programmieren.

Der Aufbau der zu komprimierenden Strings ist dabei sehr besonders, da diese nur aus den Zeichen `'W'` und `'B'` bestehen.

Das Kompressionsverfahren zählt alle aufeinanderfolgenden gleichen Zeichen. Anschließend ersetzt es diese durch die numerische Anzahl, gefolgt vom gezählten Zeichen. Beispiele stehen unten in den Testfällen.

Aufgabenstellung

Schreibe einen Stringkompressionsalgorithmus nach dem oben beschriebenen Schema.

Testfälle

- `"WWWWBBBWBBBBBBWW"` → `"4W3B1W6B2W"`
- `"BBBBWWWWWWWWWB"` → `"4B9W1B"`
- `"WBBBBWWWWWWB"` → `"1W4B6W1B"`

Algorithmische Tipps

Wenn du stockst und nicht weiterweißt, dann versuch mal Folgendes:

- Konstruiere einen leeren String, der die Kompression enthalten soll.
- Bestimme das Zeichen, das als Nächstes gezählt werden soll.
- Zähle die Anzahl der gleichen Zeichen.
- Sollte das vorherige Zeichen anders als das aktuelle Zeichen sein, muss etwas geschehen.
- In Python muss eventuell der Datentyp umgewandelt werden.

Neu

W.7.2 Leetspeak

Schwierigkeit Zeitaufwand Kreativität

Auch ohne Processing lösbar

Themen

Mit dieser Aufgabe wollen wir folgende Dinge trainieren:

- Strings und Stringverarbeitung

Beschreibung

Leetspeak ist eine im Internet weit verbreitete inoffizielle Sprachform. Hierbei werden in einem Wort unterschiedliche Buchstaben mit ähnlich aussehenden Zahlen oder Sonderzeichen ersetzt. In unserem Fall soll die Buchstaben A mit 4, E mit 3, G mit 6, H mit #, I mit 1, S mit $, O mit 0, S mit 5, T mit 7 und Z mit 2 ersetzt werden.

Aufgabenstellung

Schreibe eine Funktion, welche einen Satz in Leetspeak umwandelt und zurückgibt. Der Satz soll dabei als String entgegengenommen werden. Das Programm soll das Ergebnis in Leetspeak ausgeben.

Testfälle

- It's my job to keep punkrock elite → `17'$ my j0b 70 k33p punkr0ck 3l173`
- An apple a day keeps hunger away → `4n 4ppl3 4 d4y k33p$ #un63r 4w4y`
- abcdefghijklmnopqrstuvwxyz → `4bcd3f6#1jklmn0pqr$7uvwxy2`

Algorithmische Tipps

Wenn du stockst und nicht weiterweißt, dann versuch mal Folgendes:

- Es könnte Sinn machen, die Funktion in mehrere Unterfunktionen aufzuteilen. Wenn du mit Zahlen arbeitest, dann solltest du aufpassen, dass du trotzdem immer den gleichen Datentyp zurückgibst.
- Viele Wege führen zum Ziel. Du kannst mit `switch`- oder `if`-Anweisungen arbeiten oder Dictionarys/HashMaps benutzen. Je nach Speicherbedarf und Programmiersprache könnten sich unterschiedliche Lösungen anbieten.
- Du kannst entweder einen neuen String generieren oder den alten String mit einem Schleifendurchlauf anpassen. Beides ist möglich.

W.7.3 Split-Funktion

Auch ohne Processing lösbar

Schwierigkeit Zeitaufwand Kreativität

Themen

Mit dieser Aufgabe wollen wir folgende Dinge trainieren:

- Strings und Stringverarbeitung

Beschreibung

In der Weiterverarbeitung von Strings haben wir es oft mit Zeichenfolgen zu tun, welche mehrere Datenelemente enthalten, die im String mit Komma, Semikolon oder durch einen anderen Trenner voneinander getrennt sind (Beispiel: CSV-Dateien).

Die Funktion nimmt als Eingabe einen String entgegen und liefert die mit Semikolon unterteilten Teilstrings in Form eines Arrays zurück.

Aufgabenstellung

Schreibe eine Funktion mit Namen `split`, welche die oben genannten Anforderungen erfüllt. Als Trenner soll das Semikolon (`;`) verwendet werden.

Zur Lösung der Aufgabe soll nicht die integrierte `split()`-Funktion verwendet werden.

Testfall

"ab;cde;fghi;jklm" -> ['ab', 'cde', 'fghi', 'jklm']

Algorithmische Tipps

Wenn du stockst und nicht weiterweißt, dann versuch mal Folgendes:

- Gehe jedes Zeichen einzeln durch.
- Sofern dieses kein Semikolon ist, kann dieses Zeichen einem String angefügt werden.
- Bei einem Semikolon wird ein neues Element im Array angelegt.

W.7.4 Geldschein-Blütencheck

Schwierigkeit Zeitaufwand Kreativität

Auch ohne Processing lösbar

Themen

Mit dieser Aufgabe wollen wir folgende Dinge trainieren:

- Strings und Stringverarbeitung

Beschreibung

In der ersten Generation von Euro-Banknoten ist die Seriennummer beispielsweise nach folgendem Schema aufgebaut: *S00630387745*.

1. Der Buchstabe am Anfang codiert die nationale Zentralbank (NZB), die den Geldschein in Umlauf gebracht hat.
2. Anschließend folgen zehn Ziffern.
3. Die letzte, elfte Ziffer ist eine Prüfziffer.

Die Prüfziffer wird nach der Vorschrift berechnet:

- Ersetze den Buchstaben durch seine Position im lateinischen Alphabet:
  - `S` -> `19`
- Berechne die Quersumme der Positionszahl mit den folgenden zehn Ziffern:
  - `1 + 9 + 0 + 0 + 6 + 3 + 0 + 3 + 8 + 7 + 7 + 4 = 48`
- Berechne von der Quersumme den ganzzahligen Rest bei Division durch 9:
  - `48 % 9 = 3`
- Subtrahiere den Rest von 8, wodurch sich die Prüfsumme ergibt:
  - `8 - 3 = 5`
  - **Ausnahme**: Sollte `0` herauskommen, ist die Prüfsumme `9`.

Aufgabenstellung

Schreibe eine Funktion `computeCheckDigit`, die aus der Seriennummer eines Euro-Geldscheins der ersten Generation die Prüfsumme berechnet und zurückgibt.

Schreibe eine Funktion `getCheckDigit`, die aus der Seriennummer eines Euro-Geldscheins der ersten Generation die angegebene Prüfziffer zurückgibt.

Schreibe eine Funktion `isCheckDigitValid`, welche die Seriennummer eines Euro-Geldscheins der ersten Generation auf Gültigkeit prüft. Die vorher implementierten Funktionen sollen dabei weitestgehend verwendet werden.

Testfälle

Gültige Seriennummern: S00630387745, S22227803764

Algorithmische Tipps

Wenn du stockst und nicht weiterweißt, dann versuch mal Folgendes:

- Wird tatsächlich Integer auf Integer geprüft? Andernfalls könnten trotz erfolgreicher Programmausführung Fehler auftreten.
- Die Prüfvorschrift steht in der Beschreibung.
- Eine Art Nachschlageverzeichnis zur Bestimmung der Position eines Buchstabens im Alphabet könnte in Python helfen.

W.7.5 E-Mail-Check

Schwierigkeit Zeitaufwand Kreativität

Auch ohne Processing lösbar

Themen

Mit dieser Aufgabe wollen wir folgende Dinge trainieren:

- Strings und Stringverarbeitung

Beschreibung

Wir wollen eine Prüffunktion für E-Mail-Adressen schreiben, wie wir sie von diversen Anmeldeseiten im Internet kennen. Für unsere Trainingsaufgabe reicht es, wenn wir die Aufbauregeln einer E-Mail-Adresse vereinfachen. Ein String mit einer gültigen E-Mail-Adresse ist nach diesem Schema aufgebaut:

```
<1 bis n Zeichen>@<1 bis n Zeichen>.<2 bis 3 Zeichen>
```

In den variablen Bereichen sind alle Zeichen außer `'@'` und `'.'` erlaubt.

Aufgabenstellung

Schreibe eine Funktion mit Namen `isEmail`, die prüft, ob ein String eine gültige E-Mail-Adresse enthält. Als Rückgabewerte sollen `true` für eine gültige und `false` für eine ungültige E-Mail-Adresse erfolgen.

Testfälle

- Gültige E-Mail-Adressen:
  - john@doe.net
  - john@doe.de
- Ungültige E-Mail-Adressen:
  - john@doe.shop
  - john@.net
  - @.net

Algorithmische Tipps

Wenn du stockst und nicht weiterweißt, dann versuch mal Folgendes:

- Den String von links nach rechts durchgehen.
- Wie könnten wir da herausfinden, in welchem Bereich der E-Mail-Adresse wir uns gerade befinden?
- Schau dir doch mal die Aufgabe zum starken Passwort an.

W.7.6 Prüfen auf eine korrekte Klammerung

Schwierigkeit Zeitaufwand Kreativität

Auch ohne Processing lösbar

Themen

Mit dieser Aufgabe wollen wir folgende Dinge trainieren:

- Strings und Stringverarbeitung

Beschreibung

Eine vollständige Klammerung bedeutet: Jeder geöffneten Klammer muss eine schließende Klammer folgen. Darüber hinaus müssen die runden Klammern korrekt verschachtelt sein. Andere Zeichen außer den runden Klammern sollen ignoriert werden.

Aufgabenstellung

Schreibe eine Funktion, die eine Zeichenkette nach den Regeln einer vollständigen Klammerung überprüft.

Testfälle

- Korrekt geklammerte Zeichenketten:
  - `"()"`
  - `""`
  - `"(()(a)(()((c))))"`
- Nicht korrekt geklammerte Zeichenketten:
  - `"(()"`
  - `"a (()())a)"`
  - `")("`

Algorithmische Tipps

Wenn du stockst und nicht weiterweißt, dann versuch mal Folgendes:

- Wenn wir von links nach rechts jedes einzelne Zeichen durchgehen, wie könnten wir die Klammerung prüfen?
- Hilfsvariablen werden dir in dieser Aufgabe sicherlich weiterhelfen.

W.7.7 URL-Encoding

Schwierigkeit Zeitaufwand Kreativität

Auch ohne Processing lösbar

Themen

Mit dieser Aufgabe wollen wir folgende Dinge trainieren:

- Strings und Stringverarbeitung

Beschreibung

Um bei Webseitenaufrufen einen String zur Verwendung in einer URL vorzubereiten, muss ein sogenanntes URL-Encoding durchgeführt werden. Hierbei müssen wir bestimmte Zeichen gemäß der nachfolgenden Tabelle ersetzen:

Zeichen	`Leerzeichen`	`*`	`+`	`,`	`/`	`:`	`;`	`=`	`?`
Ersetzen durch	`%20`	`%2A`	`%2B`	`%2C`	`%2F`	`%3A`	`%3B`	`%3D`	`%3F`

Aufgabenstellung

Schreibe eine Funktion mit Namen **urlEncode()**, die für einen übergebenen String ein URL-Encoding durchführt und zurückgibt.

Testfälle

- http://www.hanser-fachbuch.de/buch/WebSockets/9783446443716
  → http%3A%2F%2Fwww.hanser-fachbuch.de%2Fbuch%2FWebSockets%2F9783446443716

Algorithmische Tipps

Wenn du stockst und nicht weiterweißt, dann versuch mal Folgendes:

- Gehe alle Zeichen im String nacheinander durch.
- Sollte ein bestimmtes Zeichen auftauchen, codiere das Zeichen entsprechend.
- Schreibe das Zeichen in den Ausgabestring.

W.7.8 Webserver-Antwort verarbeiten

Schwierigkeit Zeitaufwand Kreativität

Auch ohne Processing lösbar

Themen

Mit dieser Aufgabe wollen wir folgende Dinge trainieren:

- Strings und Stringverarbeitung

Beschreibung

In dieser Aufgabe wollen wir eine Antwort eines Webservers weiterverarbeiten und damit Informationen über den Inhalt der in der Antwort enthaltenen Daten herausfinden. Webbrowser wie Firefox, Chrome oder Edge machen eine solche Weiterverarbeitung bei jedem Seitenaufruf im Hintergrund.

Bei der Antwort vom Webserver handelt es sich um eine textbasierte Protokollnachricht gemäß der Spezifikationen des HTTP (Hypertext Transfer Protocol), welche typischerweise wie in diesem Beispiel aufgebaut ist:

```
HTTP/1.1 200 OK
Server: Apache
Content-Length: 14188
Connection: close
Content-Type: image/jpg
...
```

Eine solche Protokollnachricht wird in ihrer Funktion als `String`-Array bereitgestellt, wobei jede Zeile ein Eintrag im Array ist. Die erste Zeile ist besonders, da diese Statusinformationen enthält. Die Statuszeile steht daher immer an der ersten Position. Alle weiteren Zeilen, die Header-Einträge genannt werden, können in irgendeiner Reihenfolge stehen. Der Aufbau eines Header-Eintrags ist stets `<Name>: <Wert>`. Die Header-Namen sind im HTTP-Standard vordefiniert.

Aufgabenstellung

Schreibe eine Funktion mit Namen `filterHttpContentHeader`, welche die Antwort eines Webservers analysiert. Die Funktion soll nach den Header-Einträgen mit den Namen `Content-Type` und `Content-Length` suchen und die dafür enthaltenen Werte extrahieren. Sind beide Header-Einträge in der Protokollnachricht enthalten, soll die Funktion dem Beispiel folgend den String `"The response contains: <Content-Type> (<Content-Length>)."` zurückliefern. Andernfalls `"The response does not contain any content."`.

Testfälle

Testfall 1:

- Eingabe:

```
HTTP/1.1 200 OK
Server: Apache
Content-Length: 14188
Connection: close
Content-Type: image/jpg
...
```

- Ausgabe: `The response contains: image/jpg (14188).`

Beispiel 2:

- Eingabe:

```
HTTP/1.1 200 OK
Server: Apache
Connection: close
Content-Type: image/jpg
...
```

- Ausgabe: `The response does not contain any content.`

Algorithmische Tipps

Wenn du stockst und nicht weiterweißt, dann versuch mal Folgendes:

- Die Aufgaben zur Split-Funktion oder zum Telefonbuch könnten dir weiterhelfen.
- Gehe alle Zeilen durch und setze die passenden Variablen, wenn entsprechende Eingangswerte dafür gefunden werden.
- Wenn am Ende mindestens eine der Variablen keinen Inhalt hat, folgt die Ausgabe aus Beispiel 2, sonst Beispiel 1.

W.7.9 IMDB-Einträge verarbeiten

Schwierigkeit Zeitaufwand Kreativität

Auch ohne Processing lösbar

Themen

Mit dieser Aufgabe wollen wir folgende Dinge trainieren:

- Strings und Stringverarbeitung

Beschreibung

Die Internet Movie Database (IMDB) verwaltet eine Liste von Filmen, die von den Besuchern der Website als die besten Filme aller Zeiten eingestuft werden. Jeder Eintrag in der Liste ist durch einen String repräsentiert, der wie folgt aufgebaut ist:

```
<Score> <Filmtitel> (<Erscheinungsjahr>)
```

Die Platzhalter in den spitzen Klammern sind durch entsprechende Werte definiert. Der <Score> ist ein Zahlenwert im Intervall `[0.0, 10.0]`. Danach folgen der selbsterklärende <Filmtitel> und das <Erscheinungsjahr>, wobei Letzteres durch runde Klammern flankiert wird. Hier ein Beispieleintrag aus der Liste:

```
8.7 The Lord of the Rings: The Fellowship of the Ring (2001)
```

Aufgabenstellung

Schreibe eine Funktion mit dem Namen `imdb2Table`, die die String-Liste in eine String-Tabelle umwandelt. In dieser sollen wir jedes der drei Elemente eines Listeneintrags (, und) in jeweils einer eigenen Tabellenzelle abspeichern.

Bitte darauf achten, dass keine überflüssigen Leer- oder Klammerzeichen mit in die Tabellenzellen übernommen werden.

Testfall

```
"8.7 The Lord of the Rings: The Fellowship of the Ring (2001)" → { "8.7",
 "The Lord of the Rings: The Fellowship of the Ring", "2001" }
```

Algorithmische Tipps

Wenn du stockst und nicht weiterweißt, dann versuch mal Folgendes:

- Die Stringfunktion `substring()` wird bei der Java-Umsetzung sehr weiterhelfen.
- Die Zeichen bis zum ersten Leerzeichen gehören zum Score.
- Die letzten sechs Zeichen gehören zur Jahreszahl, wobei du noch die Klammern isolieren müsstest. Somit sollte auch klar sein, wie du den Filmtitel ermitteln könntest.

W.7.10 Sternchenmuster

Schwierigkeit Zeitaufwand Kreativität

Auch ohne Processing lösbar

Themen

Mit dieser Aufgabe wollen wir folgende Dinge trainieren:

- Strings und Stringverarbeitung

Beschreibung

Die Verarbeitung von Strings wollen wir mit einem Beispielprogramm testen, welches Sternchenmuster in der Kommandozeile ausgibt.

Der Parameter `rows` gibt dabei die Anzahl der Zeilen bis zur Mitte der Figur (einschließlich) an.

Aufgabenstellung

Schreibe ein Programm, welches in Abhängigkeit vom Wert in der Variablen `rows` die im Abschnitt Testfälle gezeigten Beispielausgaben erzeugt.

Testfälle

- `rows = 1:`
```
*
```
- `rows = 2:`
```
*
***
  *
```
- `rows = 3:`
```
*
**
*****
   **
   *
```
- `rows = 4:`
```
*
**
***
*******
    ***
    **
    *
```

Algorithmische Tipps

Wenn du stockst und nicht weiterweißt, dann versuch mal Folgendes:

- Zeichne dir auf Papier auf, wie oft welches Zeichen bei welchem Wert von `rows` auf den Bildschirm geschrieben wird.
- Mit wie vielen Schleifen könnte dieses Muster realisiert worden sein?
- In Python ist gegebenenfalls eine Hilfsfunktion von Vorteil, da es dort nur einen einzigen `print()`-Befehl mit Zeilenumbruch gibt.

W.7.11 Geheimsprache

Schwierigkeit Zeitaufwand Kreativität

Auch ohne Processing lösbar

Themen

Mit dieser Aufgabe wollen wir folgende Dinge trainieren:

- Strings und Stringverarbeitung

Beschreibung

Geheimsprachen haben so manche Vorteile. Wir könnten uns im Zug mit Leuten unterhalten, ohne dass andere uns verstehen könnten. Eine solche Geheimsprache wollen wir in dieser Aufgabe realisieren.

Aufgabenstellung

Schreibe eine Funktion mit Namen `pigLatin`, die einen englischen Text in eine Geheimsprache übersetzt. Die Übersetzung erfolgt Wort für Wort. Folgende Regeln sind dabei umzusetzen:

1. Versetze den ersten Buchstaben ans Ende des Wortes.
2. Füge den String `"ay"` am Ende des Wortes an.

Du musst noch darauf achten, dass der in die Geheimsprache übersetzte Text keine unnötigen Leerzeichen am Ende enthält.

Testfälle

- `"top secret"` → `"optay ecretsay"`
- `"this is awesome"` → `"histay siay wesomeaay"`
- `"hello world"` → `"ellohay orldway"`

Algorithmische Tipps

Wenn du stockst und nicht weiterweißt, dann versuch mal Folgendes:

- Teile den String in einzelne Worte auf. Dies kannst du mit einer integrierten Funktion realisieren, die jedes Wort aus einem String in ein Array packt. Welches Zeichen könntest du wohl als Trenner für die Wörter verwenden?
- Nutze zur Weiterverarbeitung einen temporären String. So kannst du auf die einzelnen Wortelemente lesend zugreifen.
- Gehe jedes Wort einzeln durch und setze dann die entsprechenden Regeln um. Um einen Buchstaben ans Ende des Wortes zu versetzen, könntest du zuerst das Wort ohne den Anfangsbuchstaben schreiben und anschließend den ersten Buchstaben anfügen.

W.7.12 Ähnlich klingende Wörter

Auch ohne Processing lösbar

Schwierigkeit Zeitaufwand Kreativität

Themen

Mit dieser Aufgabe wollen wir folgende Dinge trainieren:

- Strings und Stringverarbeitung

Beschreibung

Mit der phonetischen Suche können wir nach ähnlich klingenden Wörtern und Lauten in den menschlichen Sprachen suchen. Dabei werden wir versuchen, eine phonetische („klangliche“) Repräsentation eines Wortes zu finden und nach dieser zu suchen. Zwei Wörter „passen“ dann zueinander, wenn sie die gleiche phonetische Repräsentation aufweisen.

Der Match Rating Approach (MRA) ist ein phonetisches Suchverfahren, welches wir in dieser Aufgabe programmieren wollen.

Zur Umsetzung werden wir zwei Funktionen schreiben:

- `isVovel()` soll prüfen, ob ein Zeichen ein Vokal ist. Vokale sind die Zeichen `'A'`, `'E'`, `'I'`, `'O'` und `'U'`.
- `mra()` setzt den MRA um. Der MRA-Algorithmus
- wandelt alle Buchstaben in Großbuchstaben um,
  - reduziert Doppelkonsonanten auf ein Zeichen (Konsonanten sind alle Zeichen, die keine Vokale sind) und
- entfernt alle Vokale aus dem Wort, außer wenn ein Vokal am Anfang des Wortes steht.

Wenn die Länge des phonetischen MRA-Wortes länger als sechs Zeichen ist, wird es auf die ersten und die letzten drei Zeichen reduziert.

Aufgabenstellung

Programmiere die zwei beschriebenen Funktionen und setze damit den Match Rating Approach (MRA) um.

Testfälle

- `"Basketball"` → `"BSKTBL"`
- `"Armbanduhr"` → `"ARMDHR"`
- `"Programm"` → `"PRGRM"`
- `"Algorithmusschreiber"` → `"ALGRBR"`

Algorithmische Tipps

Wenn du stockst und nicht weiterweißt, dann versuch mal Folgendes:

- Zur Umwandlung von Strings in Großbuchstaben existieren integrierte Funktionen in Java (`toUpperCase()`) und Python (`upper()`).

- Du kannst alle Zeichen in einer Schleife durchgehen und diese auf Vokale und die Position prüfen. Durch die Iterationsvariable weißt du, an welcher Stelle des Strings du dich gerade befindest. Ebenso kannst du das aktuelle Zeichen mit dem zuletzt hinzugefügten Zeichen abgleichen. Nach erfolgter Prüfung kannst du das jeweilige Zeichen dem Ergebnisstring hinzufügen.
- Ein sehr hilfreicher Befehl in dieser Aufgabe ist `continue`. Damit kannst du in Schleifen die Ausführung des aktuellen Iterationsschritts abbrechen und in die nächste Iteration springen. Unter Umständen kann der Einsatz dieses Befehls aufwendig verschachtelte `if`-Anweisungen ersparen.

W.7.13 Textrahmen

Schwierigkeit Zeitaufwand Kreativität

Auch ohne Processing lösbar

Themen

Mit dieser Aufgabe wollen wir folgende Dinge trainieren:

- Strings und Stringverarbeitung

Beschreibung

Besonders in Konsolenprogrammen sehen wir nicht ausschließlich Text. Damit es ein wenig schöner aussieht, ist der Text oft umrahmt. Eine solche Umrahmung können wir uns selber programmieren.

Aufgabenstellung

Schreibe eine Funktion mit dem Namen `frameWordlist()`, die die Strings in einem Array mit einem Rahmen versieht und untereinander in der Konsole ausgibt.

Achte bei der Lösung auf Leerzeichen und Zeilenumbrüche.

Testfälle

- Eingabe: `{ "Rahmen", "sind", "toll!" }`
- Ausgabe:

```
**********
* Rahmen *
* sind   *
* toll!  *
**********
```

- Eingabe: `{ "Dieser Text", "hat", "einen Rahmen", "bekommen" }`
- Ausgabe:

```
****************
* Dieser Text  *
* hat          *
* einen Rahmen *
* bekommen     *
****************
```

Algorithmische Tipps

Wenn du stockst und nicht weiterweißt, dann versuch mal Folgendes:

- Damit wir den Rahmen korrekt ausgeben können, benötigen wir zuerst die Länge des größten Satzes im Array. Mit dieser Länge können wir die Abmaße unseres Rahmens bestimmen.
- Der obere und untere Rahmen sowie der mittlere Teil sind in drei einzelne Schleifen unterteilt.

- Beim mittleren Teil schreiben wir zuerst die linke Umrandung, dann den Text, dann die fehlenden Leerzeichen und schließlich die rechte Umrandung. Die fehlenden Leerzeichen können wir ganz einfach mit einer Differenz zwischen der maximalen Wortlänge und dem aktuellen Wort berechnen.

W.7.14 Starkes Passwort

Schwierigkeit Zeitaufwand Kreativität

Auch ohne Processing lösbar

Themen

Mit dieser Aufgabe wollen wir folgende Dinge trainieren:

- Strings und Stringverarbeitung

Beschreibung

Starke Passwörter erfüllen die folgenden Eigenschaften:

- mindestens acht Zeichen
- enthält mindestens einen Kleinbuchstaben
- enthält mindestens einen Großbuchstaben
- enthält mindestens eine Ziffer
- enthält mindestens ein Sonderzeichen

Aufgabenstellung

Schreibe eine Funktion mit Namen `isStrong`, die prüft, ob es sich bei einem Passwort, übergeben als `String`, um ein starkes Passwort handelt.

Die Prüfung auf Sonderzeichen soll in dieser Aufgabe auf die Sonderzeichen `'!'` und `'*'` beschränkt werden.

Testfälle

- Starkes Passwort:
  - `eVJo2!8IrRo`
  - `aH6*LauTp21u`
  - `S3cr3ts!`
- Kein starkes Passwort:
  - `Passwort123`
  - `!2Bcv`
  - `123456`

Algorithmische Tipps

Wenn du stockst und nicht weiterweißt, dann versuch mal Folgendes:

- Gehe mal jedes Zeichen im übergebenen Passwort einzeln durch.
- Hilft es weiter, die Anzahl bestimmter Zeichen zu zählen?
- Für eine einfachere Lösung helfen dir eventuell `char`-Codes weiter.

W.7.15 Telefonbuch bearbeiten

Schwierigkeit Zeitaufwand Kreativität

Auch ohne Processing lösbar

Themen

Mit dieser Aufgabe wollen wir folgende Dinge trainieren:

- Strings und Stringverarbeitung

Beschreibung

Von unserem Smartphone haben wir Telefonbucheinträge in Form einer CSV-Datei exportiert. Die Einträge in jeder Zeile der exportierten CSV-Datei sind in diesem Fall in dieser Form definiert:

```
Vorname;Name;Festnetznummer;Mobilfunknummer;Email
```

Diese Einträge wollen wir zur Weiterverarbeitung in einer Software anpassen. Dafür soll die CSV-Datei zunächst als `String`-Array eingelesen werden, bei dem jeder String jeweils eine Zeile der CSV-Datei enthalten soll.

Bei jeder Telefonnummer soll die Vorwahl durch die Länderkennung für Deutschland (+49) ausgetauscht werden. Hierbei ist es wichtig, dass die erste Ziffer der Vorwahl, die Null (0), wegfallen muss. Ebenfalls müssen wir berücksichtigen, dass manche Einträge unvollständig sind und einige bereits Länderkennungen enthalten können. Ein Beispiel ist unter Testfälle zu sehen.

Aufgabenstellung

Schreibe eine Funktion, die eine CSV-Datei mit Telefonbucheinträgen einliest und diese wie oben beschrieben weiterverarbeitet.

Testfälle

- Beispiel für einen Java-String-Array mit Inhalt:

  Eingabe:

```
String[] phonebook =
    {
        "Carlo;Pedersoli;02213789251;+491714345897;",
        "Mario;Girotti;02284556521;015152324271;info@terencehill.com",
        "Victoria;De␣Angelis;0694348711;;victoria@deangel.is"
    };
```

  Ergebnis:

```
String[] phonebook =
    {
        "Carlo;Pedersoli;+492213789251;+491714345897;",
        "Mario;Girotti;+492284556521;+4915152324271;info@terencehill.com",
        "Victoria;De␣Angelis;+49694348711;;victoria@deangel.is"
    };
```

- Beispiel für ein Python-String-Array mit Inhalt:

  Eingabe:

  ```
  phonebook = ['Carlo;Pedersoli;02213789251;+491714345897',
      'Mario;Girotti;02284556521;015152324271;info@terencehill.com',
      'Victoria;De␣Angelis;0694348711;;victoria@deangel.is']
  ```

  Ergebnis:

  ```
  phonebook = ['Carlo;Pedersoli;+492213789251;+491714345897',
      'Mario;Girotti;+492284556521;+4915152324271;info@terencehill.com',
      'Victoria;De␣Angelis;+49694348711;;victoria@deangel.is']
  ```

Algorithmische Tipps

Wenn du stockst und nicht weiterweißt, dann versuch mal Folgendes:

- Schau dir doch die Aufgabe zur `split()`-Funktion an.
- Um eine Textdatei in ein `String`-Array einzulesen, existiert in Processing eine spezielle Funktion dafür.
- Entweder das `String`-Array in kleine Arrays unterteilen und diese dann einzeln durchgehen oder es von Semikolon zu Semikolon durchwandern. Beides ist möglich. Bei der ersten Möglichkeit muss das unterteilte Array anschließend wieder in kommaseparierte Werte umgewandelt werden.

W.7.16 JSON-Array

Schwierigkeit | Zeitaufwand | Kreativität

Auch ohne Processing lösbar

Themen

Mit dieser Aufgabe wollen wir folgende Dinge trainieren:

- Strings und Stringverarbeitung

Beschreibung

Im Web ist das sogenannte JSON-Format gängig, um Daten in Textform zu repräsentieren. Ein String-Array wird in JSON zum Beispiel wie folgt aufgebaut und dargestellt:

```
[ 'Null', 'Eins', 'Zwei', 'Drei', 'Vier' ]
```

Die Anzahl der im JSON-String enthaltenen Stringkomponenten variiert und ist nicht immer, wie im Beispiel angegeben, gleich fünf.

Der Inhalt der einzelnen Strings sowie die Anzahl der Strings im Array sind nicht bestimmt und grundsätzlich unbegrenzt. Die Stringkomponenten dürfen alle Zeichen enthalten, außer den einfachen und doppelten Anführungszeichen, insbesondere aber auch das Komma.

Aufgabenstellung

Schreibe eine Funktion mit Namen `toStringArray()`, die ein in JSON codiertes String-Array in seine Komponenten zerlegt und in ein `String`-Array umwandelt.

Testfall

- `[ 'Null', 'Eins', 'Zwei', 'Drei', 'Vier']`
  - Null
  - Eins
  - Zwei
  - Drei
  - Vier

Algorithmische Tipps

Wenn du stockst und nicht weiterweißt, dann versuch mal Folgendes:

- Entferne am besten zunächst alle Leerzeichen im JSON-String. Damit kannst du die nachfolgenden Verarbeitungsschritte einfacher durchführen.
- Gehe alle Zeichen durch und prüfe, ob das aktuelle Zeichen ein `'` ist. Hierbei solltest du darauf achten, dass du beim Sonderzeichen in der `if`-Bedingung mit einem Backslash vor dem `'`-Zeichen ein sogenanntes Escaping durchführst. Damit kannst du der Programmiersprache mitteilen, dass dieses Sonderzeichen zum Suchstring gehört. Andernfalls wird die Programmiersprache das Zeichen als Ende des Strings interpretieren und entsprechend einen Fehler ausgeben.
- Nutze eine Variable, damit du überprüfen kannst, ob du dich gerade innerhalb oder außerhalb eines JSON-Strings befindest. Je nachdem kannst du dann Zeichen in einen String schreiben, den du nach dem schließenden `'`-Zeichen dem String-Array hinzufügen kannst.

W.7.17 Kennzeichenverarbeitung

Schwierigkeit Zeitaufwand Kreativität

Auch ohne Processing lösbar

Themen

Mit dieser Aufgabe wollen wir folgende Dinge trainieren:

- Strings und Stringverarbeitung

Beschreibung

Wir wollen ein System entwickeln, welches automatisiert Radarfallenfotos mit deutschen Autokennzeichen verarbeitet. Um die Radarfotos an die richtigen Behörden weiterleiten zu können, müssen wir anhand der Kennzeichen den richtigen Stadt- bzw. Landkreis bestimmen. Nach folgendem Schema sind die Kennzeichen aufgebaut:

```
Kürzel-(1-2 Buchstaben)-(Bis zu 4 Ziffern)
```

Zur Verarbeitung haben wir einen Datensatz mit allen 694 Stadt- und Landkreisen und den dazugehörigen Kennzeichenkürzeln als CSV-Datei bekommen. (Download unter https://github.com/protrain/daten). Die Einträge der Datei sind alphabetisch sortiert und nach folgendem Schema aufgebaut:

```
A;Augsburg
AA;Ostalbkreis
AB;Aschaffenburg
...
ZR;Greiz
ZW;Südwestpfalz, Zweibrücken, Stadt
ZZ;Landkreis Burgenland
```

Der Eintrag vor dem Semikolon steht für das Kennzeichenkürzel und der Eintrag danach für den zugehörigen Landkreis bzw. die zugehörige Stadt.

Insgesamt haben wir 694 Einträge in der Kennzeichendatenbank. Bei der Masse an geblitzten Kennzeichen soll die Zuordnung so schnell wie möglich passieren. Damit wir möglichst schnell den gewünschten Eintrag finden, bietet sich die binäre Suche an. In Pseudocode ist sie wie folgt aufgebaut:

```
// Setze Suchbereich auf gesamtes Array
links = 0
rechts = ANZAHL_DER_EINTRAEGE -1

// Solange wir alle Werte noch nicht abgesucht haben:
    // Bilde die Mitte zwischen den Bereichen links und rechts
    // Haben wir das richtige Kennzeichenkürzel in der Mitte?
        // Gib die Ortsbezeichnung zurück
    // Sonst
        // Wenn das gesuchte Kennzeichen alphabetisch größer ist
            // Suche rechts weiter
        // Sonst
            // Suche links weiter
```

Aufgabenstellung

Schreibe eine Funktion, die eine Liste deutscher Autokennzeichen als CSV-Datei importiert und sie zur Weiterverarbeitung als zweidimensionales Array zurückgibt.

Schreibe danach eine Funktion, die ein deutsches Autokennzeichen als String entgegennimmt und daraus den zugehörigen Landkreis bzw. die zugehörige Stadt bestimmt. Verwende dabei die binäre Suche.

Testfälle

- K-TH-666 → Köln, Stadt
- AB-CD-123 → Aschaffenburg
- SRO-LI-7326 → Saale-Holzland-Kreis
- NON-EX-157 → KENNZEICHEN NICHT GEFUNDEN

Algorithmische Tipps

Wenn du stockst und nicht weiterweißt, dann versuch mal Folgendes:

- Prinzipiell brauchst du nur den ersten Abschnitt des Kennzeichens vor dem Trennzeichen weiterzuverarbeiten. Den Rest benötigen wir nicht.
- Du kannst z. B. die Split-Funktion aus diesem Kapitel nehmen, um die CSV-Datei zu verarbeiten. Alternativ kannst du aber auch die integrierte Split-Funktion deiner Programmiersprache verwenden, wenn diese existiert.
- In Processing gibt es die Funktion `loadStrings(filename)`, mit der du den Inhalt einer Datei in ein Array umwandeln kannst (jede Zeile ein Array-Element). Ohne Processing kannst du in Python z. B. mit der Funktion `open(filename, "r")` und dem dazugehörigen `File-Objekt.readline()` eine Datei spaltenweise durchgehen. In Java kannst du dafür den `FileInputStream` verwenden.
- Wenn du die alphabetische Größe zweier Strings vergleichen willst, kannst du die `compareTo()`-Methode in Java benutzen. In Python kannst du die üblichen Vergleichsoperatoren verwenden.

W.7.18 Barcode-Generator

Schwierigkeit Zeitaufwand Kreativität

Auch ohne Processing lösbar

Themen

Mit dieser Aufgabe wollen wir folgende Dinge trainieren:

- Strings und Stringverarbeitung

Beschreibung

Auf Büchern und anderen Waren, die wir so kennen, ist zur Identifikation ein Barcode aufgedruckt. Diesen werden wir in dieser Aufgabe selbst herstellen.

Der im englischsprachigen Raum weit verbreitete UPC-A-Barcode codiert zwölf Ziffern, von denen die letzte Ziffer eine Prüfziffer für die vorherigen elf Ziffern ist. Jede Ziffer wird dabei mit einer Folge von gleich dicken Linien in den Farben Schwarz und Weiß codiert.

Schauen wir uns einen UPC-A-Barcode im Detail an:

Wenn wir den Barcode von links nach rechts lesen, dann beginnt und endet jeder gültige Barcode mit einer Folge von sieben weißen Strichen. Das Startmuster (*Schwarz-Weiß-Schwarz*) leitet danach die Barcode-Sequenz ein.

Anschließend folgen die ersten sechs Ziffern, welche in diesem Schema codiert werden:

- 0: *3xweiß, 2xschwarz, 1xweiß, 1xschwarz*
- 1: *2xweiß, 2xschwarz, 2xweiß, 1xschwarz*
- 2: *2xweiß, 1xschwarz, 2xweiß, 2xschwarz*
- 3: *1xweiß, 4xschwarz, 1xweiß, 1xschwarz*
- 4: *1xweiß, 1xschwarz, 3xweiß, 2xschwarz*
- 5: *1xweiß, 2xschwarz, 3xweiß, 1xschwarz*
- 6: *1xweiß, 1xschwarz, 1xweiß, 4xschwarz*
- 7: *1xweiß, 3xschwarz, 1xweiß, 2xschwarz*
- 8: *1xweiß, 2xschwarz, 1xweiß, 3xschwarz*
- 9: *3xweiß, 1xschwarz, 1xweiß, 2xschwarz*

Danach folgt das Mitte-Muster (*Weiß-Schwarz-Weiß-Schwarz-Weiß*), wonach die restlichen sechs Ziffern folgen. Auf der rechten Seite werden sie so codiert:

- 0: *3xschwarz, 2xweiß, 1xschwarz, 1xweiß*
- 1: *2xschwarz, 2xweiß, 2xschwarz, 1xweiß*
- 2: *2xschwarz, 1xweiß, 2xschwarz, 2xweiß*
- 3: *1xschwarz, 4xweiß, 1xschwarz, 1xweiß*
- 4: *1xschwarz, 1xweiß, 3xschwarz, 2xweiß*
- 5: *1xschwarz, 2xweiß, 3xschwarz, 1xweiß*

- 6: *1xschwarz, 1xweiß, 1xschwarz, 4xweiß*
- 7: *1xschwarz, 3xweiß, 1xschwarz, 2xweiß*
- 8: *1xschwarz, 2xweiß, 1xschwarz, 3xweiß*
- 9: *3xschwarz, 1xweiß, 1xschwarz, 2xweiß*

Wie wir sehen, sind hier lediglich die **Farben vertauscht** worden. Das Endmuster (*Schwarz-Weiß-Schwarz*) beendet die Codierung.

Jetzt müssen wir noch klären, wie die Prüfziffer berechnet wird. Das funktioniert nach folgendem Schema:

1. Alle Ziffern an den ungeraden Positionen (1, 3, 5 usw.) addieren und die Summe mit 3 multiplizieren.
2. Dann alle Ziffern an den geraden Positionen (2, 4, 6 usw.) addieren und die Summe wiederum mit dem Ergebnis aus Berechnungsschritt 1 addieren.
3. Schließlich den ganzzahligen Rest des Ergebnisses aus Berechnungsschritt 2 bei Division mit 10 berechnen.
4. Sollte das Ergebnis aus Berechnungsschritt 3 größer als 0 sein, dann dieses von 10 subtrahieren.

Aufgabenstellung

Schreibe ein Programm, welches aus einer elfstelligen Ziffernfolge einen UPC-A-Barcode generiert und im Ausgabefenster darstellt. Die Ziffernfolge soll als String übergeben werden.

Die zu codierenden Ziffern sollen dabei über einen Funktionsaufruf bestimmt werden.

Testfall

- 98765432110 führt zu Barcode 987654321104 (Prüfziffer: 4):

Im Internet existiert eine Vielzahl an Software und mobilen Apps, mit denen sich der generierte Barcode überprüfen lässt.

Algorithmische Tipps

Wenn du stockst und nicht weiterweißt, dann versuch mal Folgendes:

- Es ist empfehlenswert, die einzelnen Arbeitsschritte (Codieren, Zeichnen etc.) möglichst in unterschiedliche Funktionen aufzuteilen.
- Die Farben könnten mit zwei unterschiedlichen Zahlen codiert werden.
- Auch die einzelnen Musterarten könnten als individuelle Variablen definiert werden, zum Beispiel `MITTE_MUSTER`. Das wird helfen, später im Quellcode noch den Überblick zu behalten.
- Zählvariablen wie die Anzahl der bearbeiteten Ziffern werden sicher weiterhelfen.

Neu

W.7.19 Datensatz-Vorverarbeitung

Schwierigkeit Zeitaufwand Kreativität

Auch ohne Processing lösbar

Themen

Mit dieser Aufgabe wollen wir folgende Dinge trainieren:

- Strings und Stringverarbeitung

Beschreibung

Für ein Marktforschungsunternehmen sollst du analysieren, welche Meinung unterschiedliche Personen zu einem Produkt haben.

Zur Analyse von Rezensionstexten wirst du später einen Datensatz bekommen, welcher Wörtern ihre Grundstimmung zuordnet. Dieser Datensatz soll vorverarbeitet werden, damit er möglichst gut von anderen Leuten im Unternehmen zur Analyse genutzt werden kann. Die Einträge der Datei sind alphabetisch sortiert und nach folgendem Schema aufgebaut:

```
Wort|Kürzel   Emotionsbewertung   Wortvariation 1,Wortvariation 2,...
```

Die Einträge sind via Tabulatorzeichen getrennt. Der erste Eintrag beinhaltet das Wort mit einem angehängten Kürzel. Dieses Kürzel wird nicht benötigt und soll vom Wort abgetrennt werden. Danach folgt die Emotionsbewertung. Diese ist eine Fließkommazahl im Bereich von -1.0 bis 1.0 und soll angeben, wie stark ein Wort für eine positive oder negative Stimmung bewertet wird (-1.0: Wort ist stark negativ, 1.0: Wort ist stark positiv). Im letzten Eintrag sind zusätzliche Varianten des Wortes aufgeführt, sodass z. B. Steigerungsformen einbezogen werden können (z. B. spaßig, spaßiger, spaßigsten).

Aufgabenstellung

Schreibe eine Funktion `importEmotions(...)`, welche einen Datensatz nach dem oben genannten Schema einliest und eine HashMap (Java) oder ein Dictionary (Python) mit der Zuordnung `Wort` → `Emotionsbewertung` zurückliefert. Dabei ist zu beachten, dass im zurückgelieferten Ergebnis alle verschiedenen Varianten eines Wortes (z. B. bei „Progression" kommt auch „Progressionen" dazu) abgedeckt sind. Die Emotionsbewertung soll als Fließkommazahl gespeichert werden.

Testfälle

1. Erstelle eine Textdatei `testdata.txt` mit folgendem Inhalt:

   ```
   erster|ABCD 0.013   erstere,erstens,erst
   Zweiter|BB  -0.330  zweit,zweier
   Dritter|A   0.111
   ```

   Die letzten zwei Zeilen der Datei sollen absichtlich leer sein, die Einträge werden mittels Tabulatortaste getrennt. Sollte dies nicht im Editor gelingen, kann die Textdatei auch vom GitHub-Repository heruntergeladen werden.

2. Importiere diese Datei mit deiner Funktion. Die Funktion soll keinen Fehler auswerfen.

3. Testfunktion in Java:

```
// Lade Testtabelle im TSV-Format
HashMap<String, Float> emotions = importEmotions("testdata.txt");

println(emotions.get("erster"));
println(emotions.get("zweit"));
println(emotions.get("Dritter"));
```

Testfunktion in Python:

```
# Lade Testtabelle im TSV-Format
emotions = import_emotions("testdata.txt")

print(emotions["erster"])
print(emotions["zweit"])
print(emotions["Dritter"])
```

Ergebnis:

```
0.013
-0.33
0.111
```

Algorithmische Tipps

Wenn du stockst und nicht weiterweißt, dann versuch mal Folgendes:

- In Processing gibt es die Funktion `loadStrings(filename)`, mit der du den Inhalt einer Datei in ein Array umwandeln kannst (jede Zeile ein Array-Element). Ohne Processing kannst du in Python z. B. mit der Funktion `open(filename, "r")` und dem dazugehörigen `File-Objekt.readline()` eine Datei spaltenweise durchgehen. In Java kannst du dafür den `FileInputStream` verwenden.
- Zum zeilenweisen Durchgehen einer Datei bietet sich eine For-Each-Schleife an, die es auch in Java gibt.
- Die `split(...)`, `substring(...)` und `indexOf(...)`-Funktionen bieten sich hier sehr gut an. Das Tabulatorzeichen ist bekanntermaßen unsichtbar beim Lesen, daher musst du die Zeichenkombination `\t` in String-Funktionen benutzen, um nach Tabulatoren zu suchen.
- Falls du mit Java-HashMaps noch nicht vertraut bist, lohnt es sich, einen Blick dazu in die Processing-Dokumentation zu werfen.

Neu

W.7.20 Stimmungsbarometer

Schwierigkeit Zeitaufwand Kreativität

Auch ohne Processing lösbar

Themen

Mit dieser Aufgabe wollen wir folgende Dinge trainieren:

- Strings und Stringverarbeitung

Beschreibung

Für ein Marktforschungsunternehmen sollst du analysieren, welche Meinung unterschiedliche Personen zu einem Produkt haben.

Zur Analyse von Rezensionstexten haben wir zwei Datensätze bekommen, welche deutsche Wörter und deren Grundstimmung zeigen, also ob ein Wort eine eher positive oder negative Aussage hat (Download unter https://github.com/protrain/daten). Mit der Funktion aus der vorherigen Aufgabe können wir diesen Datensatz vorverarbeiten, sodass wir einzelnen Wörtern ihre Grundstimmung in Form einer Emotionsbewertung zuordnen können. Die Emotionsbewertung ist eine Fließkommazahl zwischen -1.0 (= Wort ist stark negativ) und 1.0 (= Wort ist stark positiv).

Zur Analyse der Gesamtemotionsbewertung eines Textes gehen wir jedes Wort einzeln durch und addieren dessen Emotionsbewertung zur Gesamtsumme auf. Wenn ein Wort nicht im Datensatz existiert, dann soll 0.0 zurückgegeben werden, um die Gesamtsumme nicht zu beeinflussen. Die Grundstimmung soll dann wie folgt bestimmt werden:

- Ist die Gesamtsumme negativ, dann liegt eine negative Tendenz vor.
- Ist die Gesamtsumme positiv, dann liegt eine positive Tendenz vor.
- Ist die Gesamtsumme bei 0.0, dann liegt keine Tendenz vor.

Aufgabenstellung

Schreibe eine Funktion, welche die zwei Datensätze importiert und diese in Form einer kombinierten HashMap (Java) oder eines Dictionarys (Python) mit der Zuordnung `Wort` → `Emotionsbewertung` zurückliefert. Teile der Aufgabe kannst du aus der vorherigen Aufgabe zur Datensatz-Vorverarbeitung entnehmen.

Schreibe anschließend eine Funktion, welche einen Textstring entgegennimmt, daraus die Grundstimmung ableitet und zurückgibt.

Testfälle

- *Die Schreiberlinge brillieren mit hervorragenden Einfällen! War sehr hilfreich für mich!*
  - Ergebnis: `Positive Tendenz: 0.6857`
- *Unverantwortlich, dass diese Autoren meinen, sie könnten meinen Hass mit Zahlen messen.*
  - Ergebnis: `Negative Tendenz: -0.9903`

Algorithmische Tipps

Wenn du stockst und nicht weiterweißt, dann versuch mal Folgendes:

- Hast du dir überlegt, wie du mit Satzzeichen am Anfang oder Ende eines Wortes umgehst?
- Pass genau auf, wann du bestimmte Teile eines Strings entfernst und was das für Auswirkungen auf andere Variablen haben könnte.
- Du müsstest eventuell Fehler abfangen, wenn Wörter nicht im Datensatz existieren. Manche Wörter existieren in Kleinschreibung, sind aber in Großschreibung nicht im Datensatz enthalten.

8 Objektorientierung

8.1 Warm-up

Im Verlauf dieses Buches haben wir in den Lösungen zu den Aufgaben eine Unterteilung und damit Trennung zwischen verschiedenen Code-Teilen besprochen: Wir haben Code separiert und als Funktionen zusammengefasst. Damit haben wir eine Möglichkeit gefunden, unseren Code übersichtlicher zu gestalten: Wenn wir zu einem späteren Zeitpunkt noch mal auf unsere programmierte Lösung schauen, fällt es uns damit leichter, den Algorithmus zu verstehen, den wir umgesetzt haben. Gleichzeitig haben wir die Fehleranfälligkeit minimiert, da sich wiederholender Code jetzt nur noch einmal vorhanden ist, und zwar als Funktion an einer definierten Stelle.

Nun handelt es sich bei unseren Aufgaben um recht überschaubare Probleme, die wir lösen müssen. Und so bleibt auch die Menge an Programmierzeilen, die wir zu Lösung schreiben müssen, in einer übersichtlichen Größenordnung. Wir schreiben alle Anweisungen in eine Datei und haben lediglich Funktionen, um eine gewisse Ordnung herzustellen. Alle Variablen und Funktionen, die wir benötigen, können wir nicht eindeutig einem Bereich zuordnen, da Daten und Funktionen voneinander getrennt dargestellt sind. Das hier zum Tragen kommende Konzept bezeichnet man als *Prozedurale Programmierung*.

Einen weiterführenden Ansatz bietet uns die **Objektorientierte Programmierung**. Sie gibt uns ein weiteres Mittel zur Strukturierung an die Hand. Denn hier werden die Daten und die zugehörigen Funktionen in Klassen von Realweltobjekten gegliedert. Eine **Klasse** beschreibt dabei den *Bauplan* gleichartiger Objekte. Hier werden die Eigenschaften und die auf diesen Eigenschaften anwendbaren Funktionen definiert und zusammengefasst. Eine Klasse ist sozusagen der Bauplan für ein Objekt dieses Typs.

Der Bauplan für ein *Teammitglied* sieht zum Beispiel folgende Eigenschaften vor, die in der objektorientierten Welt als **Attribute** bezeichnet werden: Dazu gehören der Name und Vorname, ein Gehalt und die Zugehörigkeit zu einer Abteilung. Unter **Methoden** verstehen wir im OOP-Umfeld Operationen auf Objekten. Sie werden durch **Funktionen** realisiert, und dies könnten sein: `GehaltErhoehen` oder `AbteilungWechseln`. Ein konkretes Teammitglied, also ein **Objekt**, wird nach einem solchen Bauplan *erzeugt* und verfügt somit über sämtliche Attribute und auch Methoden, die der Bauplan vorgibt. Es hat also einen eigenen Namen und Vornamen, ein Gehalt und gehört einer Abteilung an. Wir können ihr Gehalt erhöhen sowie es in eine andere Abteilung wechseln lassen.

Unter einer **Instanz** verstehen wir ein konkretes Objekt einer Klasse, also beispielsweise das Teammitglied *Doe, Jane, 50000, Development.* Um das konkrete Teammitglied *Jane*

Doe anzulegen, müssen wir ein Objekt instanziieren, also ein Objekt erzeugen und die Werte für dieses Teammitglied eintragen. Dies ist die Grundlage für den Aufruf der in der Klasse definierten Methoden sowie den Zugriff auf die Attribute. Hat unsere Firma zehn Teammitglieder und wir wollen diese verwalten, haben wir folgerichtig zehn Instanzen vom Typ `Teammitglied`.

Immer dann, wenn wir ein neues Objekt instanziieren, wird intern der **Konstruktor** aufgerufen. Hierbei handelt es sich um eine besondere Methode, in der wir festlegen können, was beim Erzeugen eines konkreten Objekts geschehen soll. Meistens ist hier eine bestimmte Signatur einzuhalten, die den Konstruktor von einer gewöhnlichen Methode unterscheidet. So muss der Konstruktor in Java dadurch gekennzeichnet sein, dass der Name mit dem Klassennamen identisch ist. Zudem hat ein Konstruktor keinen Rückgabetyp. Die Programmiersprache Python sieht vor, dass der Konstruktor grundsätzlich `__init__` lautet.

Wir können unter anderem angeben, dass ein Objekt `Teammitglied` **nur in Verbindung mit** der Angabe von Name, Vorname sowie Abteilung und Gehalt angelegt werden kann. Dies wird durch die Definition einer entsprechenden Parameterliste im Konstruktor realisiert.

In manchen Programmiersprachen ist es zudem möglich, verschiedene Konstruktoren anzubieten. Hierbei spricht man von **Überladung**. Die verschiedenen Konstruktoren werden dabei durch die Parameterliste voneinander unterschieden. Die Programmiersprache Java bietet dieses Feature beispielsweise an.

Tipp: Solltest du Konstruktoren überladen, also verschiedene Konstruktoren anbieten wollen, schreibe zunächst einen Konstruktor, der alle möglichen Attribute initialisiert, und rufe diesen aus den anderen Konstruktoren mit geeigneten konstanten Parametern auf. Dies vermindert die Zahl potenzieller Fehler!

Es ist übrigens auch möglich, überhaupt keinen Konstruktor zu definieren. Nur in diesem Fall wird ein impliziter Konstruktor ohne Argumente angenommen, und die Eigenschaften von Objekten werden mit Standardwerten initialisiert.

Wenn es aber überladene Konstruktoren gibt oder beispielsweise gleichnamige Variablen in der Parameterliste und im Rumpf einer Methode, dann benötigen wir eine Möglichkeit, um klarzustellen, welchen Bezeichner wir ansprechen wollen. Das Schlüsselwort *this* in Java oder *self* in Python hilft uns hierbei, denn es bezeichnet eine Referenz auf das aktuelle Objekt selbst.

Im Sinne der Datenkapselung sollten wir vorsehen, dass wir Klassen, Variablen, Attribute und Methoden nicht grundsätzlich nach außen hin sichtbar machen. Dies geschieht über **Sichtbarkeitsmodifizierer** wie zum Beispiel `public` oder `private`. Jeder Klasse, Methode und Variablen kann – in geeigneten Programmiersystemen – ein entsprechender Modifizierer vorangestellt werden. Methoden, die wir als `private` markieren, sind dadurch nur innerhalb des umgebenden Bereichs aufrufbar. Genauso verhält es sich auch mit Variablen. Allerdings gilt hier, dass wir eine Variable nie öffentlich zugänglich machen sollten. Denn dann haben wir keine Kontrolle darüber, wie der Wert einer Variablen zu einem beliebigen Zeitpunkt geändert wird. Um diesem Problem aus dem Weg zu gehen, verbergen wir Variablen nach außen hin und verwenden stattdessen Getter- und Setter-Funktionen. Nur über diese Funktionen ist es dann möglich, Werte zu setzen bzw. abzufragen. Damit behalten wir die Kontrolle darüber, dass zum Beispiel nur gültige Werte gesetzt werden. In der Programmiersprache Python gibt es keine expliziten Sichtbarkeitsmodifizierer. Private

Klassenvariablen werden in Python mit einem doppelten Unterstrich erzeugt, zum Beispiel `self.__variable = wert`.

In objektorientierten Systemen ordnet man Variablen in verschiedene Kategorien ein. Von **Instanzvariablen** spricht man, wenn die Variable zu einem Objekt gehört. Der Zugriff ist ausschließlich über eine konkrete Instanz möglich: `circle.radius = 1.7`.

Im Gegensatz dazu gibt es sogenannte **Klassenvariablen**. Ihre Lebensdauer ist nicht von einem Objekt abhängig, sondern gilt für die Klasse und damit für alle erzeugten Instanzen. Der Zugriff ist nur im Zusammenspiel mit der Klasse möglich: `delta = Circle.PI / 10`. Möchten wir beispielsweise einen Zähler realisieren, der mit jeder Objektgenerierung hochgezählt wird, benötigen wir eine solche Klassenvariable. Hier ist auch die Rede von einer **statischen Variablen**. Aus Instanzen ist der Zugriff auf Klassenvariablen möglich.

Immer dann, wenn wir die Variable direkt mit ihrem Namen ansprechen können, handelt es sich um eine **lokale Variable**.

Eine ähnliche Unterscheidung gibt es auch bei den Methoden: Hier unterscheiden wir **Klassenmethoden** (auch **statische Methoden** genannt) von **Objektmethoden**. Während die Klassenmethode über ihren Klassennamen angesprochen wird, ist eine Objektmethode nur über ein konkretes Objekt ansprechbar. Eine Klassenmethode hat keinen Zugriff auf die Variablen von Instanzen. Ihr Zugriff ist auf andere Klassenvariablen und lokale Variablen beschränkt. Zudem darf eine Klassenmethode nur andere statische Methoden der Klasse direkt aufrufen.

Und nun – ran an die Workouts und viel Erfolg beim Training!

8.2 Workout

W.8.1 Schrittzähler

Schwierigkeit Zeitaufwand Kreativität

Auch ohne Processing lösbar

Themen

Mit dieser Aufgabe wollen wir folgende Dinge trainieren:

- Objektorientierung
- Klassen, Instanzvariablen, Methoden

Beschreibung

Mobile Schrittzähler-Apps sind spätestens seit dem Erscheinen von Smartwatches durchaus populär. Das Grundgerüst für eine solche App wollen wir in dieser Aufgabe programmieren.

Das Programm soll jeden Schritt zählen und anschließend die gezählten Schritte mit dem Datum ausgeben. Zwar können wir am Computer die gegangenen Schritte aktuell nur simulieren, aber praktisch lässt sich das Grundgerüst auch auf eine mobile App mit echter Schrittzählung übertragen.

Aufgabenstellung

Schreibe eine Klasse mit dem Namen `StepCounter`, dessen Konstruktor ein Datum in Form eines Strings entgegennehmen soll. Schreibe in der Klasse die Methode `incrementSteps()`, die den Schrittzähler um einen Schritt erhöhen soll.

Die Methode `toString()` soll anschließend eine Ausgabe in dieser Form erzeugen:

```
Am <Datum> bin ich <Schrittzahl> Schritte gegangen.
```

Die umklammerten Wörter sollen Platzhalter für die entsprechenden Werte sein.

Schreibe anschließend ein Testprogramm außerhalb der Klasse, welches den Schrittzähler testet und eine bestimmte Anzahl an Schritten simuliert.

Testfälle

- Datum: 11.11.2011

  Anzahl der Schritte: 1111

  Ausgabe:

  ```
  Am 11.11.2011 bin ich 1111 Schritte gegangen.
  ```

- Datum: 1.9.2017

  Anzahl der Schritte: 10000

  Ausgabe:

  ```
  Am 1.9.2017 bin ich 10000 Schritte gegangen.
  ```

Algorithmische Tipps

Wenn du stockst und nicht weiterweißt, dann versuch mal Folgendes:

- Private Variablen sind hier empfehlenswert. Sonst könnten unehrliche Fußgänger hier einfach ihre Schritte ändern ;-). Private Klassenvariablen können in Python mit einem doppelten Unterstrich erzeugt werden, zum Beispiel `self.__variable = wert`.
- Mit jedem Aufruf der Schritterhöhung den Zähler um eins erhöhen.
- Eventuell muss der Variablentyp umgewandelt werden.

W.8.2 Songtextsuche

Schwierigkeit Zeitaufwand Kreativität

Auch ohne Processing lösbar

Themen

Mit dieser Aufgabe wollen wir folgende Dinge trainieren:

- Objektorientierung
- Klassen, Instanzvariablen, Methoden

Beschreibung

Die Website `lyrics.website` stellt rund 1,9 Millionen Songtexte bereit. Wir wollen eine App programmieren, welche auf diese Datenbank zugreift. Vorher möchten wir aber einige Tests machen und zur Weiterverwendung eine statische Funktion in einer Klasse schreiben.

Ob ein Songtext in der Datenbank vorliegt, kann über eine Webanfrage festgestellt werden. Hierzu muss eine URL in der Form

```
https://lyrics.website/api.php?func=getSong&artist=die_fantastischen_vier
&song=mfg
```

konstruiert werden. Die fett gedruckten Teile in der URL müssen entsprechend mit dem Künstler und dem Songtitel angepasst werden.

Aufgabenstellung

Schreibe eine statische Funktion in einer Klasse, die den Künstler und den Songtitel einliest und die entsprechende URL daraus konstruiert. Hierbei ist es wichtig, dass alle Leerzeichen durch Unterstriche _ ersetzt werden müssen. Ebenso müssen sowohl Künstler als auch Titel in Kleinbuchstaben umgewandelt werden.

Teste die Funktion mit einem Programm außerhalb der Klasse. Kopiere dabei die generierte URL in einen Webbrowser, um die korrekte Funktionsweise des Programms zu überprüfen.

Testfälle

Eingabe:

- Interpret: „Die Fantastischen Vier"
- Titel: „MFG"

Ausgabe:

- `https://lyrics.website/api.php?func=getSong&artist=die_fantastischen_vier&song=mfg`

Algorithmische Tipps

Wenn du stockst und nicht weiterweißt, dann versuch mal Folgendes:

- Eingaben in Kleinschreibung konvertieren.
- Alle Leerzeichen mit Unterstrich ersetzen.
- Konstruiere URL-String und gib diesen zurück.

W.8.3 Body-Mass-Index

Schwierigkeit Zeitaufwand Kreativität

Auch ohne Processing lösbar

Themen

Mit dieser Aufgabe wollen wir folgende Dinge trainieren:

- Objektorientierung
- Klassen, Instanzvariablen, Methoden

Beschreibung

Der Body-Mass-Index (BMI) ist eine Zahl, die die Relation von Körpergewicht zu Körpergröße angibt. Berechnet wird der BMI nach der Formel:

$$BMI = \frac{m}{l^2}$$

m: Körpergewicht in Kilogramm

l: Körpergröße in Metern

Anhand des BMI-Wertes kann bestimmt werden, in welche Gewichtskategorie eine Person fällt. Hierfür werden in dieser Aufgabe folgende Abstufungen verwendet:

- `< 18,5:` `untergewichtig`
- `18,5--25:` `normalgewichtig`
- `25--30:` `übergewichtig`
- `> 30:` `fettleibig`

Aufgabenstellung

Schreibe eine statische Klassenmethode in der Klasse `Health`, die den BMI für ein gegebenes Körpergewicht und die Körpergröße berechnet.

Füge in der Klasse `Health` eine zweite statische Methode hinzu, die für einen gegebenen BMI zurückgibt, in welche Gewichtskategorie dieser fällt.

Schreibe in einer separaten Klasse ein Programm, das das Körpergewicht und die Körpergröße einliest und mit der vorher verfassten Methode `Health.computeBMI()` den BMI berechnet. Bestimme anschließend mit dem BMI-Wert die Gewichtskategorie und konstruiere folgende Konsolenausgabe:

```
Mit einem BMI von <BMI> sind Sie <Kategorie>.
```

Die spitzen Klammern sollen mit den entsprechenden Werten ersetzt werden.

Testfälle

- Gewicht: 57 kg, Größe: 1.80 m
  - `Mit einem BMI von 17.5925925926 sind Sie untergewichtig.`
- Gewicht: 81 kg, Größe: 1.80 m
  - `Mit einem BMI von 25.0 sind Sie normalgewichtig.`
- Gewicht: 120 kg, Größe: 2.00 m
  - `Mit einem BMI von 30.0 sind Sie übergewichtig.`

Algorithmische Tipps

Wenn du stockst und nicht weiterweißt, dann versuch mal Folgendes:

- Aufpassen, dass bei der Bestimmung der Gewichtskategorie auch alle Fälle abgedeckt sind.
- Statische Methoden können in Python mit dem Dekorator `@staticmethod` als eine solche bezeichnet werden.

W.8.4 Druckerwarteschlange

Schwierigkeit Zeitaufwand Kreativität

Auch ohne Processing lösbar

Themen

Mit dieser Aufgabe wollen wir folgende Dinge trainieren:

- Objektorientierung
- Klassen, Instanzvariablen, Methoden

Beschreibung

Jedes Mal, wenn wir ein Dokument ausdrucken wollen, wird ein Druckauftrag in der Druckerwarteschlange abgelegt. Eine solche wollen wir beispielhaft implementieren.

Die Klasse `PrinterQueue` soll die Warteschlange eines Druckers verwalten. Diese kann eine maximale Anzahl an Druckaufträgen annehmen. Ist die Warteschlange voll besetzt, werden weitere Druckaufträge mit einer Fehlermeldung abgelehnt.

Für die Realisierung wurde uns bereits folgender Programmcode zur Verfügung gestellt:

- Java:

```java
public class PrinterQueue {
    private PrintJob[] jobs;
    ...

    public PrinterQueue(...) {
        ...
    }

    public void addJob(...) {
        ...
    }

    public PrintJob nextJob() {
        ...
        return job;
    }
}
```

- Python:

```python
class PrinterQueue:

    def init(...):
        ...

    def addJob(...):
        ...

    def nextJob():
        ...
        return job
```

Aufgabenstellung

Vervollständige die Klasse und schreibe ein Programm, das eine Druckerwarteschlange simuliert und beispielhaft testet.

Testfälle

- `PrinterQueue` hat eine Größe von 2. Beim Hinzufügen des dritten Jobs muss eine Fehlermeldung kommen, und der Job darf nicht hinzugefügt worden sein.
- In diesem Sinne darf bei drei hintereinander folgenden Aufrufen von `nextJob()` kein anderer Wert außer Null/None zurückkommen.

Algorithmische Tipps

Wenn du stockst und nicht weiterweißt, dann versuch mal Folgendes:

- Speichere den ältesten Auftrag an erster Stelle.
- Sortiere das Array entsprechend um, wenn die Warteschlange abgearbeitet wird.
- Überlege, wie du ohne Durchgang aller Array-Inhalte herausfinden kannst, ob im Array ein Auftrag liegt.

W.8.5 Stoppuhr

Schwierigkeit Zeitaufwand Kreativität

Auch ohne Processing lösbar

Themen

Mit dieser Aufgabe wollen wir folgende Dinge trainieren:

- Objektorientierung
- Klassen, Instanzvariablen, Methoden

Beschreibung

In dieser Aufgabe wollen wir unsere eigene Stoppuhr realisieren. Die umzusetzende Klasse `StopWatch` soll dabei folgende Funktionen bekommen:

- `start()`: Starten der Stoppuhr und Start der Zeitmessung.
- `stop()`: Stoppen der Stoppuhr und Stoppen der Zeitmessung.
- `elapsedTime()`: Gibt die abgelaufene Zeit zurück. Die Zeitangabe soll dabei in Sekunden erfolgen (Millisekunden kommen hinter den Dezimalpunkt). Wenn die Stoppuhr noch läuft, soll die abgelaufene Zeit bis zum aktuellen Zeitpunkt zurückgegeben werden, andernfalls die Zeit zwischen dem Starten und dem Stoppen. Im Initialzustand soll die Methode `0.0` zurückliefern.

Aufgabenstellung

Implementiere die beschriebene Klasse `StopWatch` mit den entsprechenden Funktionen und stelle die Zeit grafisch in einem Fenster dar. Die Zeitstoppung soll über Eingaben auf der Tastatur ermöglicht werden.

Testfälle

- Zweimaliges Drücken der Stopp-Taste führt zur keiner Zeitänderung.
- Zweimaliges Drücken der Start-Taste führt zur keinem Neustart der Zeitmessung.

Algorithmische Tipps

Wenn du stockst und nicht weiterweißt, dann versuch mal Folgendes:

- Die aktuelle Zeit kannst du in Java über die Methode `public static long currentTimeMillis()` in der Klasse `System` ermitteln. In Python kannst du die Methode `time()` aus dem Modul `time` nutzen. Dieses musst du entsprechend vor der Nutzung über den `import`-Befehl importieren.
- Um Tastendrücke zu verarbeiten, musst du mindestens eine `draw()`- und eine `keyTyped()`-Funktion in deinen Processing-Sketch einbauen. In der `keyTyped()`-Funktion kann die eingegebene Taste über die eingebauten Variablen `key` oder `keyCode` abgefragt werden.
- Um Sekunden und Hundertstel aus den verfügbaren Daten zu bestimmen, solltest du dir am besten die Funktionsweisen von Division- und Modulo-Operator genauer anschauen.

W.8.6 Parteistimmen

Schwierigkeit Zeitaufwand Kreativität

Auch ohne Processing lösbar

Themen

Mit dieser Aufgabe wollen wir folgende Dinge trainieren:

- Objektorientierung
- Klassen, Instanzvariablen, Methoden

Beschreibung

Bei Wahlen ist es immer interessant zu sehen, wie viel Prozent bestimmte Parteien im Vergleich zur vorherigen Wahl gewonnen oder verloren haben. Zur Berechnung wollen wir dafür eine eigene Klasse schreiben, welche folgende Funktionen haben soll:

- Der Konstruktur speichert den Namen der Partei, die Anzahl der Stimmen in der vorherigen Wahl und die Anzahl der Stimmen in der aktuellen Wahl.
- Die Funktion `bestimmeEntwicklung()` berechnet, wie viel Prozent die Partei im Vergleich zur vorherigen Wahl gewonnen bzw. verloren hat. Berechnen können wir die Entwicklung mit folgender Formel:

$$Entwicklung = \frac{StimmenAktuell - StimmenVorher}{StimmenVorher} * 100$$

- Die Funktion `istZuwachs()` gibt als Boolean-Wert `true` zurück, wenn die Partei im Vergleich zur vorherigen Wahl an Stimmen hinzugewonnen hat.
- Die `toString`-Funktion soll den Namen der Partei ausgeben, ob diese an Stimmen gewonnen oder verloren hat sowie den Gewinn/Verlust in Prozent.

Aufgabenstellung

Schreibe die Klasse `Partei`, welche die Entwicklung der Parteistimmen mit den oben genannten Eigenschaften berechnet.

Testfälle

- Parteiname: Gewinnerpartei
  - 500 Stimmen in vorheriger Wahl
  - 600 Stimmen in aktueller Wahl
  - Ausgabe:
    `Die Partei 'Gewinnerpartei' hat einen Zuwachs von 20.0% bekommen`
- Parteiname: Verliererpartei
  - 600 Stimmen in vorheriger Wahl
  - 300 Stimmen in aktueller Wahl
  - Ausgabe:
    `Die Partei 'Verliererpartei' hat einen Verlust von -50.0% bekommen`

Algorithmische Tipps

Wenn du stockst und nicht weiterweißt, dann versuch mal Folgendes:

- Bei der Division könnten die Nachkommastellen abgeschnitten werden, solltest du den Integer-Datentyp dort verwenden.
- Vielleicht hilft es dir, wenn du Integer-Zahlen in einen Datentyp mit Kommas umwandelst.
- Beim Zuwachs der Parteistimmen zur vorherigen Wahl ist die Prozentzahl positiv und andernfalls negativ.

W.8.7 Kopffitness

Schwierigkeit Zeitaufwand Kreativität

Auch ohne Processing lösbar

Themen

Mit dieser Aufgabe wollen wir folgende Dinge trainieren:

- Objektorientierung
- Klassen, Instanzvariablen, Methoden

Beschreibung

Um unsere Rechenfähigkeiten etwas zu trainieren, wollen wir einen Zufallsgenerator für Rechenaufgaben erzeugen. Die Rechenaufgaben sollen auf dem großen Einmaleins basieren (ganze Zahlen von 1 bis 20).

Aufgabenstellung

Schreibe eine Klasse mit Namen `MultiplicationQuiz`, deren Objekte zufällige Rechenaufgaben erzeugen und das korrekte Ergebnis dazu bereitstellen.

Die Klasse soll z. B. so verwendet werden können:

- Java:

```
MultiplicationQuiz mq = new MultiplicationQuiz();
String exercise = mq.getExercise();
int result = mq.getResult();
```

- Python:

```
mq = MultiplicationQuiz();
exercise = mq.getExercise();
result = mq.getResult();
```

Zur Generierung von Zufallszahlen steht die Processing-Methode `random(start, end)` zur Verfügung.

Testfälle

Das Programm erzeugt bei jedem Aufruf von `getExercise()` eine neue Aufgabe.

Aufruf 1:

```
13 * 8 = ?
Result: 104
```

Aufruf 2:

```
5 * 5 = ?
Result: 25
```

Ebenso muss das angezeigte Ergebnis die tatsächliche Lösung der Aufgabe sein.

Algorithmische Tipps

Wenn du stockst und nicht weiterweißt, dann versuch mal Folgendes:

- Mit privaten Variablen kannst du den Zugriff außerhalb der Klasse unterbinden. Beachte hier auch den Hinweis aus der Aufgabe zum Schrittzähler.
- Zufallszahlengeneratoren erzeugen in der Regel keine Integer-Werte. Sollten lange Kommazahlen in der Aufgabenstellung auftreten, probiere doch mal eine Umwandlung in Integer-Werte.

W.8.8 Fernbedienung

Auch ohne Processing lösbar

Schwierigkeit Zeitaufwand Kreativität

Themen

Mit dieser Aufgabe wollen wir folgende Dinge trainieren:

- Objektorientierung
- Klassen, Instanzvariablen, Methoden

Beschreibung

Wir wollen die Senderauswahl eines Fernsehers simulieren. Der Fernseher hat dabei eine feste Anzahl von Speicherplätzen (z. B. 30). Diese sind beginnend mit 0 durchgehend nummeriert.

Unsere dafür umzusetzende Klasse soll Folgendes unterstützen:

- Wechsel auf den nächsthöheren Speicherplatz bzw. Sender. Nach dem letzten Speicherplatz folgt wieder der erste Speicherplatz.
- Speichern eines Sendernamens (z. B. ARD) für den aktuellen Speicherplatz.
- Ausgabe des Sendernamens für den aktuellen Speicherplatz.

Aufgabenstellung

Schreibe die Klasse zur Simulation der Senderauswahl eines Fernsehers mit passender Klassendefinition, geeignetem Konstruktor und den benötigten Funktionen.

Teste die geschriebene Klasse mit entsprechender Simulation der Tasteneingaben.

Testfälle

- Bleibt der neu gesetzte Sendername auch nach dem „Zappen“ in der Senderliste gespeichert?
- Kann eine Senderliste mit 30 Elementen fehlerfrei mit 31-maligem Wechsel auf den nächsten Sender gewechselt werden und werden dabei auch alle Sender in der richtigen Reihenfolge ausgegeben?
- Springt die Fernbedienung nach dem letzten Programm auch auf die Programmnummer 0?

Algorithmische Tipps

Wenn du stockst und nicht weiterweißt, dann versuch mal Folgendes:

- Senderliste einmalig mit fester Länge beim Start initialisieren.
- Speichere die aktuelle Senderposition in der Fernbedienung.
- Anhand der Informationen zur Senderliste und Senderposition können die anderen Eigenschaften umgesetzt werden.

W.8.9 Laufschrift

Neu

Schwierigkeit Zeitaufwand Kreativität

Themen

Mit dieser Aufgabe wollen wir folgende Dinge trainieren:

- Objektorientierung
- Klassen, Instanzvariablen, Methoden

Beschreibung

Für einen Straßenkiosk in einer belebten Straße möchten wir eine Werbetafel programmieren. Dabei soll sich ein beliebiger Text kontinuierlich von der rechten Seite des Bildschirmfensters auf die linke Seite bewegen und dann wieder an der rechten Seite auftauchen, sobald der Text auf der linken Seite verschwunden ist. Der Text ist dabei vertikal mittig positioniert und die Textgröße ist ein Viertel des Bildschirmfensters. Die Geschwindigkeit, mit der sich der Text bewegt, soll individuell einstellbar sein.

Aufgabenstellung

Schreibe die Klasse `Ticker`, welche die Laufschrift in einem Bildschirmfenster realisiert. Nutze hierbei die Processing-Funktionen zum Zeichnen von Text.

Die Klasse soll über die folgenden Funktionen verfügen:

- Der Text und die Bewegungsgeschwindigkeit sollen angegeben werden.
- Die Methode `moveText()` soll den Text nach links bewegen und gegebenenfalls wieder am rechten Rand starten, sobald der Text auf der linken Seite komplett verschwunden ist.
- Die Methode `drawText()` soll den Text an der aktuellen Position auf den Bildschirm zeichnen.

Teste die Klasse mit eigenen Testläufen.

Testfälle

Siehe Beschreibung.

Der Text bei `new Ticker("+++ Kaffee 1 Euro +++", 3)` bewegt sich schneller als bei `new Ticker("+++ Kaffee 1 Euro +++", 1)`.

Algorithmische Tipps

Wenn du stockst und nicht weiterweißt, dann versuch mal Folgendes:

- Wenn du den Hintergrund nicht jedes Mal neu zeichnest, verschmiert der Text. Stelle sicher, dass du den Text auch bewegst.
- Processing besitzt interne Funktionen, mit denen du die Textbreite in Pixeln berechnen kannst.
- Die interne Processing-Funktion `draw()` wird in regelmäßigen Abständen von Processing selbst aufgerufen. Das könnte dir helfen, eine Animation zu realisieren.
- Auf die Processing-Variablen für Fensterhöhe und -breite kannst du innerhalb von Python-Klassen nicht zugreifen. Hier müsstest du also einen Workaround finden.

W.8.10 Passwortklasse

Schwierigkeit Zeitaufwand Kreativität

Auch ohne Processing lösbar

Themen

Mit dieser Aufgabe wollen wir folgende Dinge trainieren:

- Objektorientierung
- Klassen, Instanzvariablen, Methoden

Beschreibung

Wir wollen eine Klasse mit Namen `Password` implementieren, die ein Passwort repräsentiert. Intern wird das Passwort als `char`-Array verwaltet. Folgende Methoden sollen wir implementieren:

- Der Konstruktor bekommt das Password als `char`-Array übergeben und setzt die strikte Kapselung durch. Zudem wird dafür gesorgt, dass das übergebene Passwort nur noch aus Leerzeichen besteht.
- Die Funktion `isStrong()` aus der Aufgabe *Starkes Passwort* ist als Klassenmethode enthalten. Es reicht, wenn wir die Signatur der Methode angeben.
- Mit der Methode `changePassword()` kann das Passwort geändert werden. Hierzu muss sowohl das „alte“ Passwort als auch das „neue“ Passwort übergeben werden. Stimmt das übergebene „alte“ Passwort nicht, wird nichts geändert, und die Methode liefert `false` zurück. Handelt es sich beim „neuen“ Passwort nicht um ein starkes Passwort, ändert sich ebenfalls nichts, und die Methode liefert gleichfalls `false` zurück. Wie beim Konstruktor soll auch diese Methode die strikte Kapselung durchsetzen.
- Die Methode `deletePassword()` löscht das Passwort unwiderruflich aus dem Speicher.

Aufgabenstellung

Implementiere die oben beschriebene Klasse `Password`.

Testfälle

Dieser Testcode sollte zweimal den Wert `false` und einmal den Wert `true` im Terminal zurückgeben, wenn er in der `setup()`-Funktion ausgeführt wird:

```
char[] pwd_first  = "PassWD15!!".toCharArray();
char[] pwd_weak   = "1234567890".toCharArray();
char[] pwd_strong = "NewPWD16!!".toCharArray();

// Erzeuge ein neues Passwortobjekt und setze das
// Passwort auf "PassW15!!"
Password pwd = new Password(pwd_first);

// Ändere Passwort auf "1234567890"
// Klappt nicht, weil das neue Passwort schwach ist
println(pwd.change(pwd_first, pwd_weak));

// Verändern der lokalen pwd_first-Variablen
// Darf keine Auswirkungen auf das Passwort im pwd-Objekt haben.
pwd_first[0] = 'p';
```

```
// Ändere Passwort auf "NewPWD16!!"
// Klappt nicht, weil das alte Passwort nicht stimmt
println(pwd.change(pwd_first, pwd_strong));

// Zurücksetzen der lokalen pwd_first-Variablen
// Darf keine Auswirkungen auf das Passwort im pwd-Objekt haben.
pwd_first[0] = 'P';

// Ändere Passwort auf "NewPWD16!!"
// Klappt, weil das alte Passwort stimmt und
// das neue Passwort stark ist
println(pw.change(pwd_first, pwd_strong);
```

Algorithmische Tipps

Wenn du stockst und nicht weiterweißt, dann versuch mal Folgendes:

- Die Aufgabe zum starken Passwort ergibt eine Funktion, die du hier einbauen kannst.
- Das `char`-Array ist ein Referenzdatentyp und muss kopiert werden.
- Ebenso musst du beim Passwortvergleich jeweils Zeichen für Zeichen vergleichen.

W.8.11 Tic Tac Toe

Schwierigkeit Zeitaufwand Kreativität

Auch ohne Processing lösbar

Themen

Mit dieser Aufgabe wollen wir folgende Dinge trainieren:

- Objektorientierung
- Klassen, Instanzvariablen, Methoden

Beschreibung

Die `TicTacToe`-Klasse repräsentiert ein 3×3-Spielfeld für das bekannte gleichnamige Spiel. Die Klasse verwaltet den Spielstand und kann das Spielfeld mit den enthaltenen Zügen ausgeben.

Der Zustand einer Zelle wird mit einem Integer-Wert wie folgt codiert:

- `0` bedeutet, dass die Zelle leer ist.
- `1` bedeutet, dass die Zelle durch ein `'X'` belegt ist.
- `2` bedeutet, dass die Zelle durch ein `'O'` belegt ist.

Die Klasse besitzt folgende Methoden:

- Die `reset()`-Methode setzt das Spielfeld auf den Anfangszustand (alle Zellen sind leer). Diese Methode sollen wir auch im Konstruktor zur Initialisierung des gesamten Spielfelds verwenden.
- Die `setMark()`-Methode setzt das Spielerzeichen (`'X'` oder `'O'`) auf die angegebene Position. Liegt die Position außerhalb des Spielfelds oder ist die damit angegebene Zelle bereits belegt, gibt die Methode `false` zurück. Anderenfalls wird das Spielerzeichen gesetzt. Achtung: Welches Spielerzeichen zu setzen ist, verwaltet die `TicTacToe`-Klasse intern.
- Die `toString()`-Methode gibt das Spielfeld als String zurück. Dabei wollen wir den folgenden Aufbau implementieren (leeres Spielfeld):

```
 | |
-+-+-
 | |
-+-+-
 | |
```

Aufgabenstellung

Schreibe die `TicTacToe`-Klasse mit den beschriebenen Funktionalitäten. Das Spielfeld soll dabei in Form eines eindimensionalen Integer-Arrays intern gespeichert werden.

Testfälle

Dieser Beispieldurchlauf soll die Funktion noch einmal verdeutlichen:

- Initialisierung

```
 | |
-+-+-
 | |
-+-+-
 | |
```

- setMark(2,2)

```
 | |
-+-+-
 | |
-+-+-
 | |X
```

- setMark(2,0)

```
 | |O
-+-+-
 | |
-+-+-
 | |X
```

- setMark(1,1)

```
 | |O
-+-+-
 |X|
-+-+-
 | |X
```

Algorithmische Tipps

Wenn du stockst und nicht weiterweißt, dann versuch mal Folgendes:

- Du könntest das Spielfeld so speichern, dass nach drei Elementen jeweils die nächste Zeile folgt.
- Sorge dafür, dass die `setMark()`-Methode nur gültige Spielfeldgrößen akzeptiert. Wenn dies der Fall ist, kannst du die Position im Array bestimmen, da du schließlich weißt, wie viele Elemente jede Zeile und Spalte im Spielfeld hat. Sobald du die Markierung gesetzt hast, kannst du die nächste Markierung bestimmen (zum Beispiel mit dem Modulo-Operator).
- Beim Zeichnen des Spielfeldes kannst du jedes Element einzeln durchgehen und das entsprechende Zeichen (`'O'`, `'X'` oder Leerzeichen) in die Konsole schreiben. Mit dem Modulo-Operator kannst du anschließend prüfen, ob das aktuelle Element das letzte Element in der Zeile ist. Wenn dies der Fall ist, kannst du die neue Zeile malen und ansonsten das Zeichen für die Spaltenmarkierung.

W.8.12 Verschlüsselung

Schwierigkeit Zeitaufwand Kreativität

Auch ohne Processing lösbar

Themen

Mit dieser Aufgabe wollen wir folgende Dinge trainieren:

- Objektorientierung
- Klassen, Instanzvariablen, Methoden

Beschreibung

Wir wollen in dieser Aufgabe eine einfache Verschlüsselung realisieren, mit der wir Text verschlüsseln und auch wieder entschlüsseln können.

Die Verschlüsselung soll durch Verschiebung der 26 Kleinbuchstaben des Alphabets implementiert werden. Diese Verschiebung ergibt sich, indem wir die Zeichen eines geordneten Alphabets um eine bestimmte Anzahl zyklisch nach rechts verschieben. Zyklisch bedeutet, dass wir beim Verschieben über den Buchstaben `z` hinaus wieder bei `a` anfangend weiterzählen.

Die Anzahl der verschobenen Zeichen bildet den *Schlüssel*, der für die gesamte Verschlüsselung bzw. Entschlüsselung unverändert bleibt.

Beispiel für eine Verschiebung um drei Zeichen (Schlüssel `key=3`):

- Klartextalphabet:
  - `a b c d e f g h i j k l m n o p q r s t u v w x y z`
- Geheimtextalphabet:
  - `d e f g h i j k l m n o p q r s t u v w x y z a b c`

Bei der Verschlüsselung mit dem Schlüssel `key=3` wird also ein `'a'` auf ein `'d'` abgebildet, ein `'b'` auf ein `'e'` usw.

Aufgabenstellung

Schreibe die Klasse `ShiftCipher`, die eine Verschlüsselung über Verschiebung realisiert.

Die Klasse soll über die folgenden Funktionen verfügen:

- Der Schlüssel soll bei der Objekterzeugung angegeben werden.
- Die Methode `encipher()` soll einen angegebenen String verschlüsseln.
- Die Methode `decipher()` soll einen angegebenen String entschlüsseln.

Teste die Klasse mit eigenen Testläufen.

Testfälle

- `key: 7`
  - Entschlüsselt: `abcdefghijklmnopqrstuvwxyz`
  - Verschlüsselt: `hijklmnopqrstuvwxyzabcdefg`
- `key: 3`
  - Entschlüsselt: `diesertextistverschluesselt`
  - Verschlüsselt: `glhvhuwhawlvwyhuvfkoxhvvhow`

Algorithmische Tipps

- Einige Teile, die du zur Bewältigung der Aufgabe benötigen wirst, könnten dir aus der Aufgabe zum Geldschein-Blütencheck bekannt vorkommen.
- Sollten Fehler auftauchen: Probiere zunächst, alle wichtigen Variablen beim Funktionsablauf im Terminal auszugeben. Dann kannst du sofort sehen, wo ein Fehler aufgetreten ist.
- Suche die Positionen im Alphabet heraus und verschiebe sie zur neuen Position. Wenn die neue Position die Alphabetsbuchstaben überschreitet, musst du entsprechend schauen, dass sie wieder im Alphabetsbereich liegt. Hierzu bietet sich der Modulo-Operator an.

W.8.13 Zwischenablage

Schwierigkeit Zeitaufwand Kreativität

Auch ohne Processing lösbar

Themen

Mit dieser Aufgabe wollen wir folgende Dinge trainieren:

- Objektorientierung
- Klassen, Instanzvariablen, Methoden

Beschreibung

Copy & Paste (Kopieren & Einfügen): Jeder von uns hat diese Kombination mit Sicherheit bereits genutzt. Jedes Mal, wenn wir entweder Text kopieren oder einfügen, nutzen wir im Hintergrund die Zwischenablage unseres Systems. Eine solche wollen wir in dieser Aufgabe selbständig programmieren.

Die Zwischenablage hat eine feste Anzahl an Speicherplätzen. Die umzusetzende Klasse soll folgende Operationen unterstützen:

- Hinzufügen (`copy`) einer Zeichenkette in die Zwischenablage. Sofern noch Speicherplätze frei sind, wird die Zeichenkette in den nächsten freien Speicherplatz aufgenommen. Ist kein Speicherplatz mehr frei, wird der älteste Eintrag in der Zwischenablage gelöscht, die übrigen Einträge entsprechend verschoben und in den freigewordenen Speicherplatz der neue Eintrag geschrieben.
- Herausnehmen (`paste`) einer Zeichenkette aus der Zwischenablage. Dabei wird die zuletzt eingefügte Zeichenkette zurückgegeben und aus dem Speicher der Zwischenablage gelöscht.
- Ausgabe (`toString`) des aktuellen Inhalts der gesamten Zwischenablage.

Aufgabenstellung

Schreibe eine Klasse, die die beschriebenen Funktionen einer Zwischenablage umsetzt. Überlege dir vorher eine passende Klassendefinition mit Instanzvariablen, geeignetem Konstruktor und den benötigten Methoden.

Testfall

- Wenn die Zwischenablage eine Größe von 2 hat, sollte der `copy`-Befehl ohne Fehler mehr als zweimal hintereinander und der `paste`-Befehl ebenfalls mehr als zweimal hintereinander aufgerufen werden können.

Algorithmische Tipps

Wenn du stockst und nicht weiterweißt, dann versuch mal Folgendes:

- Die Speicherplätze könnten wir uns als Array mit fester Größe vorstellen, bei dem die neuen Elemente jeweils immer in den nächsten Eintrag geschrieben werden.
- Der älteste Eintrag sollte dementsprechend an der ersten Stelle des Arrays stehen, wenn das Array von vorne nach hinten beschrieben wird.
- Nutzen einer Positionsvariablen oder Durchsuchen der ganzen Zwischenablage nach einer freien Stelle: Beides ist möglich, aber nur eine Methode ist wirklich effizient.

W.8.14 Temperaturgraph

Schwierigkeit Zeitaufwand Kreativität

Auch ohne Processing lösbar

Themen

Mit dieser Aufgabe wollen wir folgende Dinge trainieren:

- Objektorientierung
- Klassen, Instanzvariablen, Methoden

Beschreibung

Wir wollen Monatsdurchschnittstemperaturen eines Jahres in Form eines ASCII-Graphen in der Konsole visualisieren. Eine Beispielausgabe kannst du in den Testfällen sehen. Die dargestellten Achsenbeschriftungen müssen aber nicht erzeugt werden, sie sind nur zur Orientierung im Beispiel da.

Folgende Rahmenbedingungen sollten wir bei der Implementierung beachten:

- Der Konstruktor der Klasse enthält als einzigen Parameter das Kalenderjahr.
- Die Temperaturwerte werden als gerundete Ganzzahlen angegeben. Hierfür soll eine Methode mit dem Namen `addTemperature` bereitgestellt werden. Mit der Methode sollen wir bei jedem Aufruf einen Temperaturwert für einen bestimmten Monat festlegen können.
- Den Graph geben wir durch die Methode `plotGraph` in der Konsole aus. Eine Ausgabe soll nur dann erfolgen, wenn jeder Monat einen Temperaturwert enthält.
- Hilfsfunktionen sollen als private Instanzmethoden angegeben werden. Zugriff soll also nur innerhalb der Klasse möglich sein. Geeignete Hilfsfunktionen könnten `isComplete`, `getMaxTemperature` und `getMinTemperature` sein.

Aufgabenstellung

Realisiere die Klasse `TemperatureGraph`, die die Temperaturdarstellung als ASCII-Graph umsetzt. Teste die Methode anschließend mit geeigneten Werten.

Testfälle

Beispielausgabe für Deutschland im Jahr 2012:

```
18                       #
17                    #  #
16                 #  #  #
15                 #  #  #
14              #  #  #  #  #
13              #  #  #  #  #
12              #  #  #  #  #
11              #  #  #  #  #
10              #  #  #  #  #
 9              #  #  #  #  #  #
 8           #  #  #  #  #  #  #
 7        #  #  #  #  #  #  #  #
 6        #  #  #  #  #  #  #  #
```

```
 5         #  #  #  #  #  #  #  #  #
 4         #  #  #  #  #  #  #  #  #
 3         #  #  #  #  #  #  #  #  #
 2  #      #  #  #  #  #  #  #  #  #  #
 1  #      #  #  #  #  #  #  #  #  #  #
 0  #      #  #  #  #  #  #  #  #  #  #
-1  #      #  #  #  #  #  #  #  #  #  #
-2  #      #  #  #  #  #  #  #  #  #  #
-3  #  #   #  #  #  #  #  #  #  #  #  #
    1  2   3  4  5  6  7  8  9 10 11 12
```

Hier sind die ermittelten Temperaturwerte für das Kalenderjahr 2012:

Jan	Feb	Mär	Apr	Mai	Jun	Jul	Aug	Sep	Okt	Nov	Dez
1,9	-2,5	6,9	8,1	14,2	15,5	17,4	18,4	13,6	8,7	5,2	1,5

Algorithmische Tipps

Wenn du stockst und nicht weiterweißt, dann versuch mal Folgendes:

- Schaue dir doch mal die Aufgabe zur Bestimmung der minimalen Distanz an. Die wird dir bei der Bestimmung von Minimum und Maximum sicher weiterhelfen.
- Zur Höhenzeichnung könntest du vom maximalen Temperaturwert beginnend die einzelnen Temperaturwerte vergleichen. Liegt die Temperatur eines Monats über dem Vergleichswert, kannst du eine Raute in die Konsole schreiben. Im anderen Fall kannst du dann ein Leerzeichen in die Konsole schreiben.
- Wähle bei der Initialisierung einen unrealistischen Temperaturstartwert aus. Dann kannst du immer prüfen, ob ein Monat ausgefüllt wurde oder nicht.

W.8.15 Ambient Light

Schwierigkeit Zeitaufwand Kreativität

Auch ohne Processing lösbar

Themen

Mit dieser Aufgabe wollen wir folgende Dinge trainieren:

- Objektorientierung
- Klassen, Instanzvariablen, Methoden

Beschreibung

Mit heute erhältlichen LED-Lampen können wir so gut wie jede Farbe darstellen. Für eine Smart-Home-Anwendung wollen wir eine Klasse `AmbiLight` schreiben, mit der wir eine solche Lampe ansteuern können.

Die verwendete Lampe enthält Leuchtmittel in den Grundfarben Rot, Grün und Blau (RGB). Je nach Änderung der Intensität jeder Grundfarbe können wir mit der Lampe also alle Farben darstellen.

Die Intensität jeder Farbe im RGB-Modell wird durch einen ganzzahligen Wertebereich von 0 (= keine Intensität) bis 255 (= volle Intensität) beschrieben.

Beispiele:

- `R=0, G=255, B=0`: Knallgrün
- `R=100, G=100, B=100`: Grau
- `R=255, G=255, B=255`: Weiß

Da es allerdings schwierig ist, von den reinen RGB-Intensitätswerten auf die exakte Farbe zu schließen, wollen wir intern die Farben im HSB-Modell verwalten. Dieses besteht aus folgenden Parametern:

- **Hue**: der Farbwert. Er wird durch einen ganzzahligen Wertebereich zwischen 0 und 360 bestimmt und enthält alle Farben.
  - Beispiele: `0`=Rot, `60`=Gelb, `120`=Türkis, `240`=Blau
- **Saturation**: die Farbsättigung. Sie wird durch einen ganzzahligen Wertebereich zwischen 0 und 100 bestimmt.
  - Beispiele: `0`= keine Sättigung, `100`= volle Sättigung
- **Brightness**: die Helligkeit. Sie wird durch einen ganzzahligen Wertebereich zwischen 0 und 100 bestimmt.
  - Beispiele: `0`= keine Helligkeit, `100`= volle Helligkeit

Die `AmbiLight`-Klasse soll folgende Operationen unterstützen:

- `increaseSaturation`: Erhöhe die Sättigung um eins.
- `decreaseSaturation`: Verringere die Sättigung um eins.
- `increaseBrightness`: Erhöhe die Helligkeit um eins.
- `decreaseBrightness`: Verringere die Helligkeit um eins.
- `getNextColor`: Berechne und speichere die nächste Farbe und gib diese als RGB-Farbwert zurück. Wird der maximale Farbwert überschritten, soll wieder mit dem minimalen Farbwert fortgefahren werden.

- `getRandomColor`: Bestimme die nächste Farbe (Farbwert, Sättigung, Helligkeit) zufällig und gib diese als RGB-Wert aus. Zur Bestimmung der Farbe soll die Processing-Methode `random()` verwendet werden.

Aufgabenstellung

Schreibe die Klasse `AmbiLight`, die die geforderten Funktionalitäten umsetzt. Zur Umrechnung vom HSB- ins RGB-Farbmodell steht die statische Funktion `HSBtoRGB` im Java-Paket `java.awt.Color` bereit.

Da in Python keine passende Klasse zur Umwandlung von HSB zu RGB existiert, kannst du diese statischen Funktionen in deiner `AmbiLight`-Klasse einfügen und verwenden:

```
@staticmethod
def hsb_to_rgb(h, s, b):
    import colorsys

    # Konvertiere s und b zu Dezimalwert
    __s = s/100.0
    __b = b/100.0

    # Generiere RGB-Werte als Dezimalwert
    __r, __g, __b = colorsys.hsv_to_rgb(h, __s, __b)

    # Umwandeln in Integer-Wert zwischen 0 und 360
    __r = (__r * 360)//1
    __g = (__g * 360)//1
    __b = (__b * 360)//1

    return (__r, __g, __b)
```

Testfälle

- Probiere mal, mehr als 100-mal hintereinander die `increase`- oder `decrease`-Funktionen aufzurufen. Sollte bei `nextColor` dann kein RGB-Wert herauskommen, der ganzzahlig ist und innerhalb von `0` und 255 liegt, solltest du deinen Code überprüfen.
- Wenn du mehr als 100-mal hintereinander `increaseLightness` aufrufst, muss der RGB-Wert für Weiß `(255, 255, 255)` herauskommen (sofern die Sättigung gleich `0` ist). Bei mehr also 100-mal hintereinander `decreaseLightness` muss der RGB-Wert für Schwarz `(0, 0, 0)` herauskommen.

Algorithmische Tipps

Wenn du stockst und nicht weiterweißt, dann versuch mal Folgendes:

- Die Funktion `random` liefert keine ganzzahligen Werte. Du solltest also eine Umwandlung durchführen.
- Baue eine Fehlerkorrektur ein, sollten die Zahlenwerte außerhalb der erlaubten Grenzbereiche liegen.
- *Solltest du auf die Idee kommen, eine eigene HSB-zu-RGB-Umwandlungsfunktion zu schreiben, solltest du diesen Hinweis beachten:*

  Prüfe die Ergebnisse bei Divisionen. Wenn du bei einer Division einen Zahlenwert mit Komma herausbekommen willst, sollten beide Teilerelemente als Kommazahl vorliegen.

Beispiel:

- 50/100 = 0 *(Integer geteilt durch Integer = Integer)*
- 50.0/100.0 = 0.5 *(Double geteilt durch Double = Double)*
- Zwischenwege *(Integer geteilt durch Double)* können in manchen Programmiersprachen zum gewünschten Ergebnis führen, in anderen aber hingegen nicht. Deshalb solltest du am besten vorher die Variablen umwandeln, um auf Nummer sicher zu gehen.

Neu

W.8.16 Autovervollständigung

Schwierigkeit Zeitaufwand Kreativität

Auch ohne Processing lösbar

Themen

Mit dieser Aufgabe wollen wir folgende Dinge trainieren:

- Objektorientierung
- Klassen, Instanzvariablen, Methoden

Beschreibung

Beim Eingeben von Texten sind Funktionen wie eine Autovervollständigung nicht mehr wegzudenken. Diese gibt uns passende Vorschläge beim Eingeben eines Textes. Eine solche wollen wir für Postleitzahlen realisieren.

Zur Verarbeitung haben wir einen Datensatz mit allen deutschen Postleitzahlen und ihrer Zuordnung bekommen. (Download unter https://github.com/protrain/daten). Die Einträge der Datei sind alphabetisch sortiert und nach folgendem Schema aufgebaut:

```
plz;city
1067;Dresden
1069;Dresden
...
99996;Menteroda
99998;"Körner, Weinbergen"
```

Die erste Zeile enthält die Bezeichnungen der beiden Tabellenspalten und soll daher ignoriert werden.

Die Suche der Postleitzahlen wird mithilfe eines Suchindex realisiert. Hierbei ordnen wir jedem möglichen Suchbegriff entsprechende Ergebnisse zu. Im Falle von Postleitzahlen wären dies alle vier bis fünf Abstufungen der Postleitzahl (Beispiel für 1067: 1, 10, 106 und 1067). Die folgende Grafik zeigt als Beispiel den Suchbegriff für 1067, eine Postleitzahl für Dresden, und wo diese überall im Suchindex zu finden ist:

Suchbegriff	Suchergebnis
1	10627: Berlin Charlottenburg
	1067: Dresden
	16303: Schwedt
10	10627: Berlin Charlottenburg
	1067: Dresden
106	10627: Berlin Charlottenburg
	1067: Dresden
1067	1067: Dresden

Zum Ermitteln des Suchergebnisses müssen wir also nur noch die Zuordnung vom Suchbegriff abrufen. Eine solche Zuordnung könnte zum Beispiel mit einem geschachtelten

Dictionary in Python bzw. einer `HashMap` mit der Zuordnung `<String, HashMap<String, String>>` in Java realisiert werden.

Die Autovervollständigung wird von der Klasse `AutoCompletion` realisiert, dessen Konstruktor den Suchindex bei Initialisierung generiert. Die Klasse speichert den Suchindex in der lokalen Variablen `searchIndex`.

- Die lokale Funktion `generateSearchIndex()` lädt die oben beschriebene CSV-Datei, filtert für jede Zeile der Datei die Postleitzahl und die Stadt heraus und fügt die einzelnen Zuordnungen zum Suchindex hinzu.
- Die lokale Funktion `addToSearchIndex(String plz, String city)` generiert die möglichen Variationen des Postleitzahl-Suchbegriffes und fügt bei jeder Variation jeweils einen Eintrag bei den Suchergebnissen in `searchIndex` hinzu. Sollte noch kein Suchbegriffseintrag in `searchIndex` existieren, soll die Funktion ihn neu erstellen.
- Die öffentliche Funktion `printSearchResults(String searchQuery)` soll die Suchergebnisse für den übergebenen Suchbegriff in der Kommandozeile ausgeben. Wenn keine Suchergebnisse für den Suchbegriff vorhanden sind, soll `Kein Suchergebnis` ausgegeben werden.

Aufgabenstellung

Schreibe die Klasse `AutoCompletion` mit den beschriebenen Funktionalitäten. Teste anschließend die Funktionalität der programmierten Autokorrektur.

Testfälle

Die Reihenfolge der Ausgaben kann zwischen Java und Python variieren.

- Suchbegriff: 324

```
32423: Minden
32457: Porta Westfalica
32479: Hille
3249: Sonnewalde
3246: Crinitz
32429: Minden
32427: Minden
32425: Minden
32469: Petershagen
```

- Suchbegriff: 6666

```
66663: Merzig
```

- Suchbegriff: plz

```
Kein Suchergebnis
```

- Suchbegriff: 12345

```
Kein Suchergebnis
```

Algorithmische Tipps

Wenn du stockst und nicht weiterweißt, dann versuch mal Folgendes:

- Die Klasse verwendet einige Stringoperationen. Daher könnten dir die Aufgaben aus dem Kapitel *Strings und Stringverarbeitung* weiterhelfen.
- Solltest du hier zum ersten Mal von einer HashMap gehört haben, dann bietet es sich an, die Processing- oder Java-Dokumentation durchzulesen.
- Du solltest prüfen, ob die importierte Zeile in der CSV-Datei PLZ und Stadt enthält.
- Der Header ist immer in der ersten Zeile der CSV-Datei. Wie könntest du sicherstellen, dass diese nicht importiert wird?

W.8.17 Mastermind

Schwierigkeit Zeitaufwand Kreativität

Auch ohne Processing lösbar

Themen

Mit dieser Aufgabe wollen wir folgende Dinge trainieren:

- Objektorientierung
- Klassen, Instanzvariablen, Methoden

Beschreibung

Mastermind ist ein seit den 1970er Jahren bekanntes Logikspiel, welches wie folgt funktioniert:

Eine Person (unsere umzusetzende Klasse) legt zu Beginn einen vierstelligen geordneten Farbcode fest, der aus sechs Farben ausgewählt wird (Rot, Grün, Blau, Weiß, Orange und Grau). Eine Farbe kann auch mehrmals verwendet werden. Die andere Person (die ratende Person) versucht, den Code herauszufinden. Dazu setzt sie einen gleichartigen Farbcode als Frage. Auf jeden Zug hin bekommt die ratende Person die Information, wie viele Farben ihres gesetzten Farbcodes die richtige Farbe und Position haben und wie viele zwar die richtige Farbe haben, aber an einer falschen Position stehen.

Folgende Methoden wollen wir dazu implementieren:

- Der Konstruktor wählt den zu ratenden Farbcode.
- Die Methode mit der Signatur `private int correctColorsAndPositions(int [] colors)` prüft, wie viele Farben des Farbcodes die richtig Farbe und Position haben.
- Die Methode mit der Signatur `private int correctColors(int[] colors)` prüft, wie viele Farben des Farbcodes die richtig Farbe haben, aber an einer falschen Position stehen.
- Die Methode mit der Signatur `public int[] guess(int c1, int c2, int c3, int c4)` nimmt den Spielzug entgegen und prüft unter Verwendung der privaten Instanzmethoden den Farbcode. Das Prüfergebnis wird als eindimensionales Array mit zwei Elementen zurückgegeben. Jeder Aufruf dieser Methode erhöht den Zähler der Spielzüge um eins.

Aufgabenstellung

Schreibe die Klasse `Mastermind`, die das bekannte Logikspiel implementiert.

Testfälle

Eingabe:

- Code: *Rot, Blau, Grau, Blau*
- Tipp: *Grün, Grau, Blau, Blau*

Ergebnis:

- `correctColorsAndPositions: 1`
- `correctColors: 2`

Algorithmische Tipps

Wenn du stockst und nicht weiterweißt, dann versuch mal Folgendes:

- Wenn du prüfen möchtest, ob eine richtige Farbe an der falschen Position steht, solltest du unbedingt darauf aufpassen, dass du nicht zweimal die gleiche Position im Rate-Array prüfst. Daher solltest du dir am besten eine Art Checkliste anlegen, mit der du die Positionen im Rate-Array abhakst, welche du schon geprüft hast.
- Zur Anzahl der richtigen Farben und Positionen kannst du jedes Zeichen im Farbcode durchgehen und einen Zähler entsprechend erhöhen, wenn der Inhalt von Farbcode und Spielzug an dieser Position übereinstimmen.
- Bei der Anzahl der richtigen Farben, die an falscher Position stehen, kannst du zunächst den Farbcode durchgehen und alle Farben abhaken, welche an der gleichen Stelle im Spielzug stehen. Anschließend gehst du erneut jede Farbe im Farbcode durch und prüfst diese mit jeder Farbe im Spielzug. Sobald du eine Position mit gleicher Farbe findest, welche noch nicht abgehakt wurde, kannst du den Zähler erhöhen und gleichzeitig diese Position abhaken. Hier solltest du auch aus der Schleife springen, da du diese Position jetzt geprüft hast.

9 Referenzdatentypen

9.1 Warm-up

In allen Übungsaufgaben, mit denen wir bisher in Berührung gekommen sind, haben wir Variablen benötigt, um Werte zu berechnen, zu speichern oder abzurufen. Wir wissen, dass jede Variable einem bestimmten Datentyp zugeordnet wird. Der Datentyp ist eine Menge von Werten und Operationen, die auf diesen Werten definiert sind.

Wenn wir mit Zahlen umgehen, haben wir es mit Ganzzahl- oder Fließkommadatentypen zu tun. Dabei werden die Datentypen in vielen Programmiersprachen noch mal nach ihrem Wertebereich (bei Integer-Werten) bzw. nach ihrer Genauigkeit (bei Fließkommazahlen) in verschiedene Datentypen unterteilt. Dazu kommt dann meistens noch der boolesche Datentyp, der die Werte `true` und `false` verarbeiten kann. Gegebenenfalls gibt es auch noch einen Datentypen für die Repräsentation eines Zeichens, wie zum Beispiel den Datentyp `char` in Java. Bei all diesen Datentypen handelt es sich um **Wertetypen**. Je nach verwendeter Programmiersprache werden sie auch als *primitive Datentypen* oder *elementare Datentypen* bezeichnet. Egal, wie sie nun genannt werden, sie haben eine Sache gemein: Sie operieren auf einfachen Zahlen und Zeichen.

Neben diesen elementaren Datentypen existiert aber noch eine zweite Art von Datentypen, zu denen beispielsweise Strings, Arrays oder Klassen gehören. Sie werden als **Referenzdatentypen** oder auch als **zusammengesetzte Datentypen** bezeichnet. Ein Array ist bekanntlich eine endliche Menge von Elementen eines anderen Datentyps, zum Beispiel ein Array von Integer-Werten. Ein String ist eine endliche Menge von Zeichen und definiert beispielsweise Operationen wie Konkatenation, Länge, Teilstring, Vergleich usw. Zuletzt betrachten wir noch den im vorigen Kapitel besprochenen Datentyp der Klasse. Hier definieren wir selbst, aus welchen Attributen und Methoden sie besteht, und somit auch die verwendeten Daten und Datentypen.

Der entscheidende Unterschied liegt darin, wo die Werte eines Datentyps abgelegt werden: entweder auf dem **Stack**, bei dem es sich um einen kleineren Speicherbereich mit sehr performantem Zugriff handelt, oder dem **Heap**, einem wesentlich größeren Speicherbereich, der aber mit weniger Performance arbeitet. Die elementaren Datentypen werden auf dem Stack abgelegt und enthalten direkt die eigentlichen Daten. Demgegenüber werden die Daten von Referenzdatentypen auf dem Heap gespeichert. Wenn wir beispielsweise die Instanz einer Klasse anlegen, wird zunächst Speicher auf dem Heap allokiert. Wie viel Speicher das System reserviert, hängt von den in der Klasse verwendeten Datentypen ab.

Denn für jeden Datentyp ist in einem Programmiersystem festgehalten, wie viel Speicher er benötigt. Insofern ist die Addition der Werte hier richtungsweisend.

Wenn also der Speicher reserviert wurde, erhalten wir in der Variablen die sogenannte **Objektreferenz**. In Programmiersprachen wie C wird hier auch von einem **Zeiger** (engl. *pointer*) gesprochen. Diese Objektreferenz ist also die Startadresse des Speicherbereichs im Heap, ab der die Daten abgelegt sind. Hierbei ist von der **Objektidentität** die Rede, die dann alle notwendigen Daten zu unserem Objekt hält.

Es kann problematisch sein, mit Referenzdatentypen umzugehen. Dann nämlich, wenn mehrere Variablen auf dieselben Adressen verweisen. Hier führt die Änderung von Werten auf jeder Seite zu Änderungen an denselben Daten! Da dies in den seltensten Fällen tatsächlich gewünscht ist, sollten wir die Daten kapseln. Dies erreichen wir dadurch, dass wir eine Kopie der Daten anlegen, um die Unveränderlichkeit der Daten zu gewährleisten. Unter Umständen müssen wir dies auch in Methoden und für Rückgabewerte berücksichtigen!

Und nun – ran an die Workouts und viel Erfolg beim Training!

9.2 Workout

W.9.1 Kreis-Klasse

Schwierigkeit Zeitaufwand Kreativität

Auch ohne Processing lösbar

Themen

Mit dieser Aufgabe wollen wir folgende Dinge trainieren:

- Referenzdatentypen

Beschreibung

Zur besseren Charakterisierung von Kreisen wollen wir eine Kreis-Klasse schreiben, die alle Informationen zu einem Kreis in einem Objekt bündelt.

Ein Kreis kann z. B. mit den Parametern der Position (x,y) sowie dem Radius (r) beschrieben werden.

Aufgabenstellung

Schreibe eine Klasse `Coordinate` mit Konstruktor, welche die Informationen zu den Koordinaten beinhaltet. Schreibe dort die Funktion `toString()`, welche die Koordinaten in der Form `(x,y)` als String zurückgibt.

Schreibe eine Klasse `Circle` mit Konstruktor, welche die Informationen zu einem Kreis enthält (Position, Radius). Schreibe dort die Funktion `area()` zur Rückgabe des Flächeninhaltes sowie die Funktion `toConsole()` zur Ausgabe der Kreisinformationen in der Konsole.

Die Ausgabe in der Konsole könnte zum Beispiel so aussehen:

```
Ich stehe bei (50, 100) und bin 1017.87604809 groß.
```

Prüfe anschließend außerhalb der Klassen die Circle-Funktion und erzeuge eine Konsolenausgabe mit Testdaten.

Testfälle

- x: 10, y: 43, r: 4
  - `Ich stehe bei (10, 43)und bin 50.2654838562 groß.`

Algorithmische Tipps

Wenn du stockst und nicht weiterweißt, dann versuch mal Folgendes:

- Der Flächeninhalt eines Kreises kann mit folgender Formel berechnet werden:

  $A = \pi * r^2$

- Vielleicht hilft es, zunächst die Coordinate-Klasse zu testen und anschließend erst die Circle-Klasse zu programmieren.
- Besonders in Python ist es wichtig, Zahlen zunächst in Strings umzuwandeln. Andernfalls wird bei der Ausgabe in der Konsole ein Fehler auftauchen.

W.9.2 Mathematischer Bruch

Schwierigkeit Zeitaufwand Kreativität

Auch ohne Processing lösbar

Themen

Mit dieser Aufgabe wollen wir folgende Dinge trainieren:

- Referenzdatentypen

Beschreibung

Zur Darstellung und Berechnung von mathematischen Brüchen wollen wir unseren eigenen Datentyp schreiben. Dieser soll neben der Bruchdarstellung auch Brüche voneinander addieren oder subtrahieren können.

Zur Erinnerung:

- Addition von Brüchen:

$$\frac{a}{b} + \frac{c}{d} = \frac{(a * d) + (c * b)}{b * d}$$

- Multiplikation von Brüchen:

$$\frac{a}{b} * \frac{c}{d} = \frac{a * c}{b * d}$$

Aufgabenstellung

Schreibe die Klasse `Fraction`, die einen Bruch repräsentiert, und gib einen Konstruktor und Implementierungen für die Methoden `add()` und `multiply()` an. Getter- und Setter-Methoden sowie eine `toString()`-Methode sollten ebenfalls eingebaut werden.

Teste die Klasse mit Beispielrechnungen in der Konsole.

Testfälle

- $\frac{1}{2} + \frac{1}{4} = \frac{(1 * 4) + (1 * 2)}{2 * 4} = \frac{6}{8}$
- $\frac{1}{2} * \frac{1}{4} = \frac{1 * 1}{2 * 4} = \frac{1}{8}$

Algorithmische Tipps

Wenn du stockst und nicht weiterweißt, dann versuch mal Folgendes:

- Natürlich kannst und solltest du deinen Datentyp zur Berechnung mit anderen Brüchen weiterverwenden.
- Als Datentyp bieten sich ganze Zahlen (Integer) an, da sich in Brüchen keine Kommazahlen befinden dürfen.
- Wenn du Bruch 1 mit Bruch 2 addierst oder multiplizierst, sollte sich weder der Wert von Bruch 1 noch von Bruch 2 verändern.

W.9.3 Highscore-Liste

Schwierigkeit Zeitaufwand Kreativität

Auch ohne Processing lösbar

Themen

Mit dieser Aufgabe wollen wir folgende Dinge trainieren:

- Referenzdatentypen

Beschreibung

Von klassischen Computerspielen kennen wir vielleicht noch die sogenannte Highscore-Liste. Diese stellen die höchsten in dem entsprechenden Spiel erreichten Punktzahlen in Tabellenform absteigend dar. Eine solche wollen wir mithilfe der folgenden Eigenschaften realisieren:

> *„Eine Highscore-Liste für ein Computerspiel verwaltet mehrere Einträge, die jeweils durch einen Spitznamen der spielenden Person repräsentiert sind. Die Highscore-Liste verfügt zudem über gängige Methoden, die das Hinzufügen von Platzierungen und die Ausgabe der gesamten Liste ermöglichen."*

Aufgabenstellung

Überlege dir ein UML-Klassendiagramm für die beschriebenen Eigenschaften.

Implementiere die Klasse `HighscoreEntry`, mit der wir Einträge für die Highscore-Liste erzeugen können. Diese Klasse soll eine geeignete `toString()`-Methode beinhalten.

Schreibe die Klasse `HighscoreTable`, die die Highscore-Liste realisiert. Sorge dafür, dass die `HighscoreEntry`-Listeneinträge sinnvoll initialisiert werden. Beachte außerdem, dass neue Listeneinträge immer an der entsprechenden Position in der Highscore-Liste hinzugefügt werden müssen. Bereits vorhandene Einträge müssen gegebenenfalls um eine Position verschoben werden.

Testfälle

- Befülle die Highscore-Liste zunächst mit durchnummerierten Namen. Zum Beispiel erst mit `Name0`, dann `Name1` usw. Wenn du danach einen neuen Eintrag in der Mitte der Highscore-Liste hinzufügst, darf kein Eintrag in der neuen Liste fehlen.
- Ebenfalls dürfen keine neuen Einträge doppelt in der Liste vorhanden sein. Wenn dies der Fall sein sollte, hast du vermutlich unabsichtlich die gleiche Variablenreferenz verwendet.

Algorithmische Tipps

Wenn du stockst und nicht weiterweißt, dann versuch mal Folgendes:

- Referenzdatentypen sollten am besten in einer Schleife Element für Element kopiert werden. Sonst besteht die Gefahr, dass die gleiche Referenz im neuen Element verwendet wird, also keine richtige Kopie angelegt wurde.
- Lege ein Array für alle Einträge an und speichere darin entsprechend HighscoreEntry-Elemente.
- Wenn deine `HighscoreEntry`-Klasse eine `toString()`-Methode hat, kannst du jeden Eintrag mit einfacher Angabe des Variablennamens ausgeben. Das erleichtert die Programmierarbeit in großen Quelltexten.

W.9.4 Adressbuch

Schwierigkeit Zeitaufwand Kreativität

Auch ohne Processing lösbar

Themen

Mit dieser Aufgabe wollen wir folgende Dinge trainieren:

- Referenzdatentypen

Beschreibung

Wir wollen zur Verwaltung unserer Kontakte ein Adressbuch programmieren. Bereits vorgegeben ist dieses UML-Klassendiagramm, welches zur Implementierung entwickelt wurde:

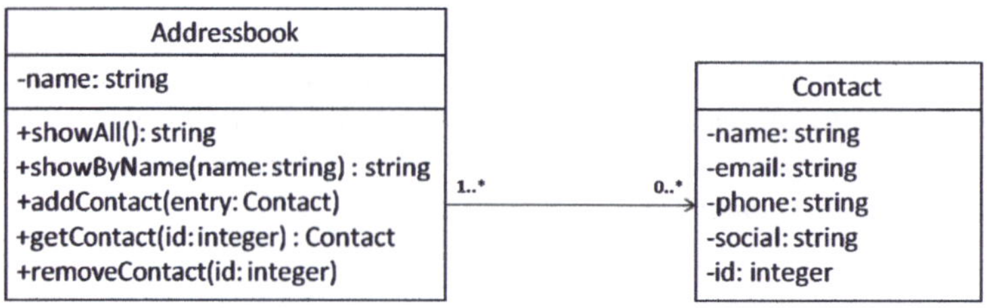

Die `Contact`-Klasse enthält nur Getter- und Setter-Methoden. Diese sind im Diagramm nicht explizit angegeben.

Aufgabenstellung

Implementiere das dargestellte UML-Klassendiagramm.

Schreibe ein Programm, das ein Adressbuchverwaltungsprogramm realisiert. Instanziiere dazu mithilfe der folgenden Angaben die entsprechenden Objekte:

Adressbuch: Privat

ID	Name	Email	Phone	Social Media
1	Ken Tern	ken.tern@mail.de	+49 221 3982781	@kentern
2	Bill Iger	bill.iger@gmx.de	+49 211 9821348	@billiger
3	Flo Kati	flo.kati@web.de	+49 251 9346441	@flokati
4	Ingeborg Mirwas	inge.mirwas@post.de	+49 228 4663289	@borgmirwas
5	Ann Schweigen	ann.schweigen@gmx.de	+49 231 6740921	@annschweigen
6	Mark Enschuh	mark.enschuh@gmail.com	+49 234 4565657	@markenschuh
7	Lee Köhr	lee.koehr@mail.de	+49 561 8976761	@leekoehr
8	Pit Schnass	pit.schnass@post.de	+49 721 4545754	@pitschnass

Adressbuch: Arbeit

ID	Name	Email	Phone	Social Media
1	Phil Tertüte	phil.tertuete@company.de	+49 177 1786756	@philtertuete
2	Flo Kati	flo.kati@laden.com	+49 161 2336541	@ibm.kati
3	Andreas Kreuz	andreas.kreuz@bazaar.de	+49 163 3442889	@asbazaar
4	Erkan Alles	erkan.alles@solver.de	+49 171 1442553	@easolver
5	Mark Reele	mark.reele@media.de	+49 151 5345612	@mrmedia
6	Roy Bär	roy.baer@media.de	+49 151 5477889	@rbmedia
7	Mario Nette	mario.nette@media.de	+49 151 5113341	@mnmedia
8	Klaus Uhr	klaus.uhr@media.de	+49 151 6743431	@kumedia

Teste anschließend die im UML-Klassendiagramm angegebenen Funktionen und erzeuge entsprechende Testausgaben.

Hinweis: Deine Freundin Flo Kati arbeitet zusammen mit dir. Dies bitte beachten, wenn der Kontakt in die Adressbücher „Privat" und "Arbeit" eingefügt wird.

Testfälle

- Zeige zunächst das komplette Adressbuch an, lösche einen Eintrag in der Mitte und zeige das Adressbuch erneut an. Sind die restlichen Einträge dann immer noch vorhanden?
- Lasse dir den Kontakt „Roy Bär" mithilfe der Funktion `showByName()` ausgeben. Kommt der korrekte Inhalt zurück?
- Wird der Kontakt mit der ID 1 mit `getContact(1)` korrekt zurückgegeben?

Algorithmische Tipps

Wenn du stockst und nicht weiterweißt, dann versuch mal Folgendes:

- Die `Contact`-Klasse könnte eine `toString()`-Methode enthalten. Das würde zumindest den Code übersichtlicher halten.
- Bei den Suchfunktionen könntest du alle Elemente durchgehen und dann prüfen, ob ein Element mit dem gesuchten Wert übereinstimmt. Diesen kannst du dann zurückgeben.
- In ähnlicher Weise könntest du auch bei der Löschmethode herangehen. Unterschied ist hier natürlich, dass der zu löschende Wert einer neuen Liste nicht hinzugefügt wird. Hier gäbe es natürlich auch andere Varianten, das Problem zu lösen.

W.9.5 Digitaler Bilderrahmen

Schwierigkeit Zeitaufwand Kreativität

Auch ohne Processing lösbar

Themen

Mit dieser Aufgabe wollen wir folgende Dinge trainieren:

- Referenzdatentypen

Beschreibung

Digitale Bilderrahmen

Ein Bilderrahmen hat eine feste Anzahl an Speicherplätzen für Bilder. Diese sind beginnend mit `0` durchgehend nummeriert. Bilder werden mit der Klasse `Picture` repräsentiert, diese soll allerdings nur den Namen des Bildes in dieser Aufgabe speichern. Die umzusetzende `DigitalPictureFrame`-Klasse soll folgende Operationen unterstützen:

- Hinzufügen eines Bildes zum Bilderrahmen (`addPicture`). Wenn alle Speicherplätze bereits belegt sind, hat der Methodenaufruf keine Auswirkungen.
- Entfernen eines Bildes aus dem Bilderrahmen (`removePicture`). Welches Bild gelöscht werden soll, wird über die Position im Speicher angegeben. Die nachfolgenden Bilder rücken im Speicher um eine Position auf. Sind alle Speicherplätze leer, hat der Methodenaufruf keine Auswirkungen.
- Auslesen des nächsten Bildes aus dem Bilderrahmen (`getNext`). Beim ersten Aufruf wird bei der Speicherposition `0` gestartet. Wurde das letzte gespeicherte Bild durch diesen Methodenaufruf ausgelesen, beginnt es wieder von vorne bei der Speicherposition 0.
- Auslesen eines zufälligen Bildes (`getNextRandom`). Hierzu kann die Funktion `random()` verwendet werden.

Aufgabenstellung

Schreibe eine Klasse mit dem Namen `DigitalPictureFrame`, die einen digitalen Bilderrahmen repräsentieren soll, mit Instanzvariablen, geeignetem Konstruktor und den beschriebenen Methoden. Implementiere darüber hinaus die Klasse `Picture`, welche in der anderen Klasse verwendet werden soll.

Testfälle

- Füge drei Bilder hinzu und lösche das vierte Bild.
- Füge drei Bilder hinzu und lösche Bild 2. Bei Ausgabe von `getNextRandom()` sollten nur Bild 1 und Bild 3 angezeigt werden.

Algorithmische Tipps

Wenn du stockst und nicht weiterweißt, dann versuch mal Folgendes:

- Wenn du ein Bild hinzufügst, speichere das Bild in aktueller Array-Position und erhöhe diese um 1.
- Sollte die Array-Position über die erlaubte Menge gehen, muss entsprechend im Code reagiert werden. Echte Profis schaffen den notwendigen Code ohne If-Else-Anweisungen. Kleiner Tipp: Modulo-Operator.
- Beim Löschen eines Bildes könntest du ab der Löschposition loszählen und alle folgenden Bilder um eine Stelle nach vorne kopieren.

W.9.6 Polygonzug

Schwierigkeit Zeitaufwand Kreativität

Auch ohne Processing lösbar

Themen

Mit dieser Aufgabe wollen wir folgende Dinge trainieren:

- Referenzdatentypen

Beschreibung

Computergenerierte Bilder wären ohne Polygonzüge undenkbar. Ein Polygonzug (engl. *poly line*) ist die Vereinigung der Verbindungsstrecken einer Folge von Punkten. Einfacher gesagt verbinden wir mehrere Punkte hintereinander mit einer geraden Linie, die zusammen eine Strecke, den Polygonzug, bilden.

Zur Beschreibung des Polygonzugs wurde uns folgendes UML-Klassendiagramm gegeben:

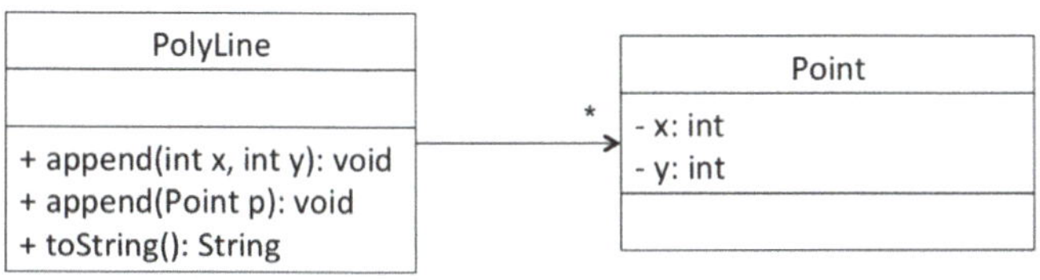

Hinweis: Bei der Programmierung in Python ändert sich `append(Point p)` zu `appendPoint (Point p)`.

Aufgabenstellung

Implementiere die Klasse `Point`.

Implementiere anschließend die Klasse `PolyLine`. Bitte darauf achten, dass die strikte Kapselung durchgesetzt wird. Die `toString()`-Methode soll einen String mit folgendem Aufbau erzeugen `{(x0,y0), (x1,y1), ... (xn,yn)}`, wobei die Bezeichner Platzhalter für die tatsächlichen Werte der Punktkoordinaten sind.

Testfälle

- Testcode in Java:

```
// Neuen Polygonzug erzeugen
PolyLine poly = new PolyLine(3);
println(poly);
// Füge Punkt hinzu
poly.append(2,4);
println(poly);
// Füge Punkt hinzu (andere Methode)
poly.append(new Point(10,5));
poly.append(4,4);
println(poly);
// Füge ein Element zu viel hinzu
poly.append(1,1);
println(poly);
```

- Testcode in Python:

```
# Neuen Polygonzug erzeugen
poly = PolyLine(3)
print poly
# Füge Punkt hinzu
poly.append(2,4)
print poly
# Füge Punkt hinzu (andere Methode)
poly.appendPoint(Point(10,5))
poly.append(4,4)
print poly
# Füge ein Element zu viel hinzu
poly.append(1,1)
println(poly)
```

- Ergebnis:

```
{ }
{ (2,4) }
{ (2,4)(10,5)(4,4) }
{ (2,4)(10,5)(4,4) }
```

Algorithmische Tipps

Wenn du stockst und nicht weiterweißt, dann versuch mal Folgendes:

- Bei der Stringausgabe könntest du alle Punkte deines Polygonzugs durchgehen und nacheinander diese in einen String schreiben.
- Nach der Initialisierung des Polygonzugs sollte die Länge bekannt sein. Beim Hinzufügen könntest du anschließend nur dann Punkte hinzufügen lassen, sobald die maximale Länge noch nicht erreicht ist.
- Es könnte Sinn machen, bei der Append-Methode für Punkte die andere Append-Methode aufzurufen. So verhinderst du doppelte Codestellen und kannst damit den Code einfacher warten. Dieses Prinzip nennen wir in der Programmierung auch *„Don't repeat yourself"* (DRY, *wiederhole dich nicht*).

W.9.7 Flughafen-Check-in

Schwierigkeit Zeitaufwand Kreativität

Auch ohne Processing lösbar

Themen

Mit dieser Aufgabe wollen wir folgende Dinge trainieren:

- Referenzdatentypen

Beschreibung

Für den Flughafen Köln/Bonn wollen wir eine Software zum Abwickeln des Check-ins entwickeln.

Beim Gespräch mit der Betriebsgesellschaft des Flughafens haben wir den folgenden Sachverhalt ermittelt, den wir mit der Software umsetzen wollen:

> *„Der Flughafen wickelt täglich mehrere Hundert Reiseflüge ab. Jeder Flug ist durch eine alphanumerische Kennung eindeutig identifizierbar. Zudem werden der Start- und Zielflughafen sowie die Abflugzeit und das Gate als Attribute benötigt. Um den Check-in zu unterstützen, ist zudem die Liste der gebuchten Reisenden enthalten. Von einer reisenden Person werden der Name, der Vorname und die Anrede gespeichert. Alle gebuchten Reisenden, die rechtzeitig eingecheckt haben, werden zur Abflugzeit am Gate erwartet. Wenn eingecheckte Reisende nicht rechtzeitig am Gate sind, werden diese ausgerufen."*

Aufgabenstellung

Implementiere die Klassen `ReisendePerson` und `Flug`, die den Check-in-Vorgang am Flughafen realisieren.

Das Ausrufen eingecheckter, aber noch nicht geboardeter reisender Personen soll durch die Implementierung in der `Flug`-Klasse unterstützt werden.

Testfälle

- Testcode (Java):

```java
ReisendePerson[] reisende = {new ReisendePerson("Martin", "Krause", "Dr."),
new ReisendePerson("Simone", "Krause", ""),
new ReisendePerson("Herr", "Kules", ""),
new ReisendePerson("Frau", "Kules", ""),
new ReisendePerson("Kranke", "Person", "")};

for(int i=0; i<reisende.length-1; i++) {
reisende[i].checkIn();
if(i > 1)
  reisende[i].onGate();
}

Flug flug = new Flug("MH123", "Köln-Bonn", "München", "9:10",
"C12", reisende);
flug.ausrufen();
```

- Testcode (Python):

```
reisende = [ReisendePerson("Martin", "Krause", "Dr."),
ReisendePerson("Simone", "Krause", ""),
ReisendePerson("Herr", "Kules", ""),
ReisendePerson("Frau", "Kules", ""),
ReisendePerson("Kranke", "Person", "")]

for i in range(0, len(reisende)-1):
    reisende[i].checkIn()
    if i > 1:
        reisende[i].onGate()

flug = Flug("MH123", "Köln-Bonn", "München", "9:10",
"C12", reisende)
flug.ausrufen()
```

- Mögliche Ausgabe:

```
Last call for passenger Dr. Martin Krause
Last call for passenger Simone Krause
```

Algorithmische Tipps

Wenn du stockst und nicht weiterweißt, dann versuch mal Folgendes:

- Idealerweise sollte bei jedem Reisenden gespeichert werden, ob dieser eingecheckt ist und ob er bereits am Gate steht.
- Beim Ausrufen kannst du die Liste der Reisenden durchgehen und jede reisende Person dabei ausrufen lassen, welche eingecheckt ist und nicht am Gate steht.
- Die Namen der Reisenden kannst du mithilfe einer `toString()`-Methode ausgeben lassen. Achte dabei darauf, dass nicht jede reisende Person einen Titel hat.

W.9.8 Socialwall

Schwierigkeit Zeitaufwand Kreativität

Auch ohne Processing lösbar

Themen

Mit dieser Aufgabe wollen wir folgende Dinge trainieren:

- Referenzdatentypen

Beschreibung

Eine Socialwall kennen wir von Veranstaltungen als einen Bildschirm, bei dem Meldungen von Social-Media-Diensten live eingeblendet werden.

Eine solche verwaltet eine feste Anzahl von Social-Media-Posts. Jeder Post besteht aus einem Anmeldenamen und einem Textinhalt, der auf 140 Zeichen begrenzt ist. Sollte bei der Initialisierung eines Posts der Textinhalt über die erlaubten 140 Zeichen hinausragen, soll er nach 140 Zeichen abgeschnitten werden.

Folgende Rahmenbedingungen sollten wir bei der Implementierung der Klasse `SocialWall` berücksichtigen:

- Der Konstruktor der Klasse enthält als einzigen Parameter die Anzahl an zu verwaltenden Posts.
- Posts werden mittels der Methode `addPost` hinzugefügt. Ist das festgelegte Speichervermögen erschöpft, wird der älteste Post überschrieben.
- Die Methode `getPosts` liefert alle gespeicherten Posts zeitlich geordnet zurück. Der jüngste Post steht dabei an Position null des Rückgabe-Arrays.

Aufgabenstellung

Schreibe die oben beschriebenen Klassen `Post` und `SocialWall` und teste die programmierte Socialwall mit entsprechenden Posts.

Bitte bei der Implementierung darauf achten, dass die Kapselung der Instanzvariablen immer gewährleistet ist.

Testfälle

- Dieser Code in Java

```
SocialWall sw = new SocialWall(2);
sw.addPost(new Post("Bot1", "Dies␣ist␣ein␣Post,␣der␣so␣viel␣"
+"Text␣enthält, dass er über die erlaubten 140 Zeichen hinausragen "
+ "wird.␣Ehrlich␣wahr,␣so␣sollte␣es␣sein.␣#toomuchtext"));
println(sw.getPosts());
```

bzw. in Python

```
sw = SocialWall(2);
sw.addPost(Post("Bot1", "Dies␣ist␣ein␣Post,␣der␣so␣viel␣"
+"Text␣enthält, dass er über die erlaubten 140 Zeichen hinausragen "
+ "wird.␣Ehrlich␣wahr,␣so␣sollte␣es␣sein.␣#toomuchtext"));
println(sw.getPosts());
```

sollte zu dieser Ausgabe führen:

```
Bot1: Dies ist ein Post, der so viel Text enthält,
dass er über die erlaubten 140 Zeichen hinausragen wird.
Ehrlich wahr, so sollte es sein. #too
```

- Dieser Code in Java

  ```
  SocialWall sw = new SocialWall(2);
  sw.addPost(new Post("Bot1", "Hallo"));
  sw.addPost(new Post("Bot2", "Auch␣Hallo"));
  sw.addPost(new Post("Bot3", "Wie␣geht's?"));
  println(sw.getPosts());
  ```

  bzw. in Python

  ```
  sw = SocialWall(2);
  sw.addPost(Post("Bot1", "Hallo"));
  sw.addPost(Post("Bot2", "Auch␣Hallo"));
  sw.addPost(Post("Bot3", "Wie␣geht's?"));
  println(sw.getPosts());
  ```

  sollte zu dieser Ausgabe führen:

  ```
  Bot2: Auch Hallo
  Bot3: Wie geht's?
  ```

Algorithmische Tipps

Wenn du stockst und nicht weiterweißt, dann versuch mal Folgendes:

- In Java und Python existieren entsprechende Funktionen oder Methoden, welche einen String auf eine entsprechende Länge kürzen.
- Dass wir es hier mit Referenzdatentypen zu tun haben, sollte einleuchten.
- Es könnte hilfreich sein, die Position für den nächsten Post zu speichern. Damit kannst du die Anzahl der Einträge bestimmen und auch ermitteln, ob das Array schon komplett gefüllt ist.

W.9.9 Musikalbenanwendung

Schwierigkeit Zeitaufwand Kreativität

Auch ohne Processing lösbar

Themen

Mit dieser Aufgabe wollen wir folgende Dinge trainieren:

- Referenzdatentypen

Beschreibung

Für eine bekannte Handelskette wollen wir eine Musikalbumanwendung entwickeln. Mit dem anvisierten Kiosksystem sollen sich Kundinnen und Kunden des Händlers über die im Laden befindlichen Alben informieren können.

Das Programm soll dabei diese Sachen können:

- Ein Album wird von einem Artist in einer bestimmten Sprache veröffentlicht und trägt einen Namen.
- Ein Album besteht aus mehreren Songs, die wir jeweils durch einen Titel und eine Spieldauer beschreiben können.
- Über den Artist soll der Name und das Herkunftsland angezeigt werden.

Aufgabenstellung

Schreibe die Musikalbumanwendung. Setze dabei die oben beschriebenen Relationen in Klassen um und baue diese in die Anwendung ein.

Testfälle

Die Ausgabe im fertigen System könnte beispielsweise so aussehen:

```
Artist: Die Fantastischen Vier
Land: Deutschland
Album: 4:99
---------------------
1. Und Täglich Grüßen Fanta Vier / Romantic Fighters -- 1:23
2. 30 Mark -- 0:42
3. MfG -- 3:35
4. Hammer -- 4:59
5. Die Stadt Die Es Nicht Gibt -- 4:29
6. 0:29 -- 0:30
7. Alles Schon Gesehen -- 4:25
8. Michi Beck In Hell -- 5:12
9. Home Again -- 0:44

Artist: Rick Astley
Land: England
Album: Whenever You Need Somebody
---------------------
1. Never Gonna Give You Up -- 3:36
2. Whenever You Need Somebody -- 3:56
3. Together Forever -- 3:29
```

```
4. It Would Take A Strong Strong Man -- 3:44
5. The Love Has Gone -- 4:20
6. Don't Say Goodbye -- 4:11
7. Slipping Away -- 3:56
8. No More Looking For Love -- 3:15
9. You Move Me -- 3:45
10. When I Fall In Love -- 3:03
```

Algorithmische Tipps

Wenn du stockst und nicht weiterweißt, dann versuch mal Folgendes:

- Bevor du dich ans Programmieren setzt: Zeichne dir am besten vorher ein UML-Klassendiagramm mit allen benötigten Klassen und Attributen. Damit kannst du dir einen guten Überblick über die Relationen zwischen einzelnen Klassen schaffen. Danach kannst du die Klassen relativ einfach umsetzen, da du jetzt genau über deine Programmstruktur Bescheid weißt.
- Titelnummern brauchen nicht gespeichert werden.
- Wenn du ein Array in Java mit jedem neuen Eintrag vergrößern willst, hilft dir vielleicht eine ArrayList weiter.

W.9.10 Koch-Website

Schwierigkeit Zeitaufwand Kreativität

Auch ohne Processing lösbar

Themen

Mit dieser Aufgabe wollen wir folgende Dinge trainieren:

- Referenzdatentypen

Beschreibung

Wir wollen eine Software für eine Koch-Website entwickeln. Vorher haben wir uns mit der Firma unterhalten und konnten danach folgenden Sachverhalt ermitteln, den wir mit der Software umsetzen sollen:

> *„Ein Rezept hat einen Namen sowie eine Zubereitungszeit in Minuten und besteht aus einer Menge von Anweisungen. Jede Anweisung beschreibt dabei, an welcher Stelle was zu tun ist. Zudem verfügt ein Rezept über eine Menge von Zutaten. Jede Zutat gibt an, was für das Rezept benötigt wird und wie viel davon benötigt wird. Für Letzteres muss zudem die jeweilige Einheit vermerkt sein. Ein Kochrezept enthält eine spezifische Anweisung zum Einstellen des Herds. Ein Backrezept enthält eine spezifische Anweisung in Bezug auf das Einstellen des Backofens."*

Aufgabenstellung

Überlege dir zunächst ein UML-Klassendiagramm, das den beschriebenen Sachverhalt modelliert. Setze anschließend die entsprechenden Klassen um.

Programmiere anschließend eine Testmethode, die die Einzelheiten des bei Testfall stehenden Kochrezepts als entsprechende Objekte instanziiert und in der Konsole ausgibt.

Testfall

Beispiel-Kochrezept:

Pfannkuchen (30 Minuten)

Zutaten:

- 80 g Kartoffelmehl
- 80 g Maisstärke
- 3 Eier
- 400 ml Mich
- 5 EL Traubenzucker
- 5 EL Pflanzenöl

Zubereitung:

1. Die Mehle vermischen und sieben.
2. Eier, Zucker und Milch dazugeben.
3. Alles mit dem Schneebesen gut verquirlen.
4. 10 Minuten quellen lassen.
5. Noch einmal verrühren.
6. Pfanne auf hoher Stufe erhitzen und Teig portionsweise im heißen Öl ausbacken.

Algorithmische Tipps

Wenn du stockst und nicht weiterweißt, dann versuch mal Folgendes:

- `toString()`-Methoden in jeder Klasse sind sehr empfehlenswert und machen den Code übersichtlicher. Du kannst damit das komplette Beispiel-Kochrezept bei der Konsolenausgabe durch reine Angabe des Variablennamens ausgeben.
- Es sind drei Klassen gefordert. Davon bindet eine die anderen zwei ein.
- Die Anweisungen und Zutaten werden in einem Array gespeichert, die Herdanweisung als `String`.

W.9.11 Suchmaschinenranking

Neu

Schwierigkeit Zeitaufwand Kreativität

Auch ohne Processing lösbar

Themen

Mit dieser Aufgabe wollen wir folgende Dinge trainieren:

- Referenzdatentypen

Beschreibung

Wir wollen für eine Suchmaschine herausfinden, welche Webseiten für einen Suchbegriff am wichtigsten sind. Dafür nehmen wir an, dass die wichtigste Webseite am meisten von anderen Webseiten verlinkt wurde. Realisieren wollen wir das Suchmaschinenranking mit den zwei Klassen `Website` und `SearchRanking`.

Die Klasse `Website` repräsentiert eine Webseite und hat die lokalen Variablen `url` für die Webseiten-URL als String und eine ArrayList bzw. ein Dictionary `linkedByWebsites`, welches die Webseiten enthält, die auf diese Webseite verlinken. Die Inhalte beider Variablen sind über Getter-Methoden abrufbar. Die Klasse hat ebenso die öffentliche Funktion `addLink(website)`, welche eine verlinkte Webseite hinzufügt, sowie `getTotalLinks()`, welche die Gesamtanzahl an Links zu dieser Webseite zurückliefert.

Für die Gesamtanzahl müssen wir alle Links mit einer sogenannten Breitensuche durchgehen, da wir auch von den Links verlinkte weitere Webseiten mit einbeziehen müssen. Die Breitensuche funktioniert nach folgendem Schema:

1. Erstelle eine Warteschlange mit Links der aktuellen Webseite, die wir noch durchgehen müssen. Hierfür kannst du beispielsweise eine Java-ArrayList oder eine Python-List verwenden, bei denen du Inhalte unten hinzufügen, also „einreihen" kannst.
2. Solange die Warteschlange nicht leer ist:
    1. Hole die erste Webseite aus der Warteschlange und entferne diese daraus.
    2. *Mache irgendetwas.* Hier kannst du z. B. die Linkzählung implementieren.
    3. Füge die Webseiten der gerade geholten ersten Webseite der Warteschlange hinzu.

Am Ende der Breitensuche sind wir somit alle Unterelemente einer Webseite durchgegangen.

Die Klasse `SearchRanking` realisiert das Suchmaschinenranking. Der Konstruktor nimmt den Array `websites` mit Objekten vom Typ `Website` entgegen. Die Klasse hat die Funktion `printNumberOne()`, welche aus den Objekten in `websites` die Webseite mit den meisten Verlinkungen bestimmt und ausgibt.

Aufgabenstellung

Implementiere die Klassen `Website` und `SearchRanking` und programmiere damit das beschriebene Suchmaschinenranking. Teste deinen Rankingalgorithmus anschließend mit dem angegebenen Testfall oder eigenen Testfällen.

Testfälle

Als Testfall nehmen wir folgende Webseiten- und Verlinkungsstruktur:

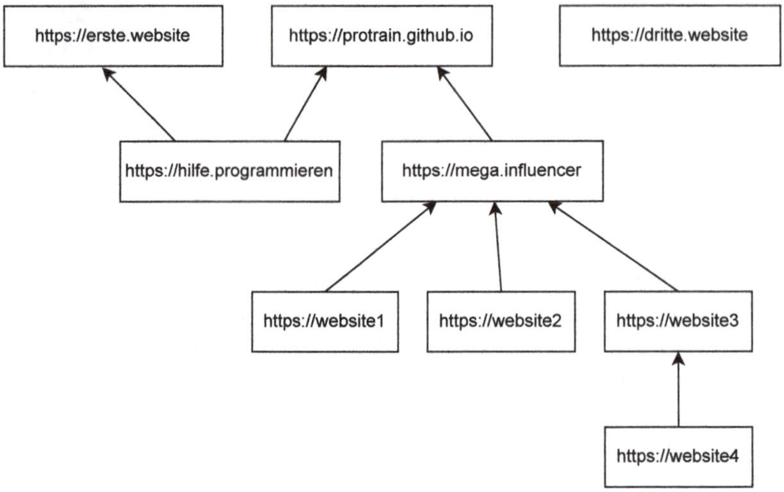

Ergebnisse:

- Ranking mit *https://erste.website, https://protrain.github.io* und *https://dritte.website*
  - Platz 1: https://protrain.github.io (sechs Links)
- Ranking mit *https://erste.website* und *https://dritte.website*
  - Platz 1: https://erste.website (ein Link)

Algorithmische Tipps

Wenn du stockst und nicht weiterweißt, dann versuch mal Folgendes:

- Eine Klasse verwendet sich selbst als Referenzdatentyp. Hier solltest du in Python besonders aufpassen, weil hier bei manchen Befehlen auch Objekte kopiert statt referenziert werden könnten.
- Die ArrayList in Java hat die Funktionen `add(Objekt)`, `get(Position)` und `remove(Position)`, welche für die Warteschlange hilfreich sein könnten. In Python gibt es dafür `append(Objekt)` und `pop(Position)`.
- Schau dir die Aufgabe zu *Maximum bestimmen* an. Sie könnte dir für die Bestimmung des Rankings weiterhelfen.
- Wenn es keine Links gibt, sollte der Linkzähler automatisch 0 sein.

W.9.12 Partygäste

Auch ohne Processing lösbar

Schwierigkeit Zeitaufwand Kreativität

Themen

Mit dieser Aufgabe wollen wir folgende Dinge trainieren:

- Referenzdatentypen

Beschreibung

Um die nächste Party besser planen zu können, wollen wir ein Verwaltungsprogramm für eingeladene Partygäste schreiben. Dazu wollen wir folgende im UML-Diagramm dargestellte Klasse implementieren:

PartyInvitation
-invitations: string[] -coming: string[] -notComing: string[]
+coming(name: string): void +notComing (name: string): void +numberOfComingGuests(): integer +numberofNotComingGuests():integer -growAndAdd(array: string[], item: string): string[] -findAndRemove(array: string[], item: string): boolean

Folgende Dinge sollten wir dabei beachten:

- Der Konstruktor bekommt ein String-Array mit den Namen der eingeladenen Gäste übergeben. Dieses wird in der Member-Variable `invitations` abgelegt.
- Die Member-Variablen `coming` und `notComing` verfügen beim Start über keine (`0`) Elemente.
- Die private und statische Methode `growAndAdd` bekommt ein String-Array und einen String übergeben. Die Methode erweitert das übergebene Array um ein Feld und fügt das übergebene Array an dieser Stelle ein. Das hierdurch um ein Feld gewachsene Array wird schließlich von der Methode zurückgegeben.
- Die private und statische Methode `findAndRemove` bekommt ein String-Array und einen String übergeben. Die Methode prüft, ob der übergebene String im übergebenen String-Array enthalten ist. Wenn dies der Fall ist, wird der gefundene Name im Array auf `null` gesetzt und `true` zurückgegeben. Ansonsten wird `false` zurückgegeben.
- Die Methode `coming` verschiebt einen eingeladenen Gast vom Array `invitations` in das Array `coming`. Dies soll nur erfolgen, wenn der Name des Gasts auch im `invitations`-Array enthalten ist.
- Die Methode `notComing` soll ähnlich wie die `coming`-Methode umgesetzt werden. Einziger Unterschied ist, dass der Name des Gasts gegebenenfalls in das `notComing`-Array verschoben wird.
- Die Methoden `numberOfComingGuests` und `numberOfNotComingGuests` sollen jeweils die Anzahl der Zu- bzw. Absagen zurückgeben.

Aufgabenstellung

Implementiere die Klasse `PartyInvitation` mit den geforderten Eigenschaften und schreibe ein Programm, mit der wir auf Basis der umgesetzten Klasse die Einladung zu Events organisieren können.

Testfall

- Von der Gästeliste soll keine lokale Kopie angelegt werden. Dies kannst du damit überprüfen, indem du dieses Array zunächst separat erzeugst und den Klassenkonstruktor danach mit dem Array als Argument aufrufst. Nach Eingabe aller Gäste sollten bei der Ausgabe dieses Arrays die eingeladenen Gäste nicht mehr vorhanden sein.

  Pseudocode:

```
gaesteliste = ["Hinz", "Kunz", "Harry", "Toto"]
invitations = PartyInvitation(gaesteliste)

invitations.coming("Hinz")
invitations.coming("Kunz")
invitations.notComing("Toto")

# Ausgabe: [Null, Null, 'Harry', Null]
print gaesteliste
```

Algorithmische Tipps

Wenn du stockst und nicht weiterweißt, dann versuch mal Folgendes:

- In Python sind Listen kein Referenzdatentyp. Mit einer eigenen Hilfsklasse kannst du diese Datenstruktur aber als Referenzdatentyp umsetzen. Ob deine Klasse funktioniert, kannst du mit Testausgaben im Terminal überprüfen.

  Dieser Pseudocode könnte dir weiterhelfen:

```
variable1 = neuer Referenzdatentyp mit Wert
variable2 = variable1
# Ausgabe: Wert, Wert
print(variable1, variable2)
Setze Wert von variable1 auf neuen Wert
# Ausgabe: neuer Wert, neuer Wert
print(variable1, variable2)
# Wird hier "neuer Wert, Wert" ausgegeben,
# wurde eine lokale Kopie angelegt
# -> Kein Referenzdatentyp bzw. falsche Umsetzung
```

- Setze am besten zunächst bzw. nach der Erstellung des eigenen Referenzdatentyps die statischen Methoden um und teste sie mit geeigneten Werten. Dann kannst du sicher sein, dass diese auch funktionsfähig sind.
- Es schadet nicht, sich den Inhalt des `invitations`-Arrays mit einer extra Methode testweise ausgeben zu lassen.

W.9.13 Hotelzimmerverwaltung

Schwierigkeit Zeitaufwand Kreativität

Auch ohne Processing lösbar

Themen

Mit dieser Aufgabe wollen wir folgende Dinge trainieren:

- Referenzdatentypen

Beschreibung

Zur Verwaltung der Zimmerbelegung in einem Hotel wollen wir ein Programm schreiben. Hierfür liegt uns folgende Klassenstruktur vor:

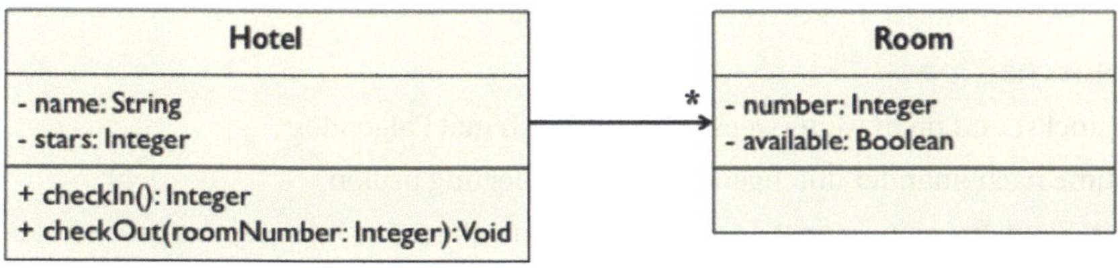

Getter- und Setter-Methoden sind nicht aufgelistet, werden aber in den entsprechenden Klassen erwartet.

Für die Methoden in der `Hotel`-Klasse müssen wir zudem Folgendes berücksichtigen:

- Die Methode `checkIn()` gibt die Zimmernummer eines freien Zimmers zurück. Sind keine freien Zimmer verfügbar, liefert der Methodenaufruf 0 zurück.
- Mit der Methode `checkOut()` geben wir ein belegtes Zimmer wieder frei. Bitte darauf achten, dass nur belegte Zimmer freigegeben werden können.

Aufgabenstellung

Implementiere die Klassen aus dem UML-Diagramm und setze so die Hotelzimmerverwaltung um.

Testfälle

Der untenstehende Testcode

```
Room[] rooms = new Room[9];

rooms[0] = new Room(101);
rooms[1] = new Room(102);
rooms[2] = new Room(103);
rooms[3] = new Room(201);
rooms[4] = new Room(202);
rooms[5] = new Room(203);
rooms[6] = new Room(301);
rooms[7] = new Room(302);
rooms[8] = new Room(303);
```

```
Hotel hotel = new Hotel("Seeblick", 4, rooms);

println(hotel.checkIn());
println(hotel.checkIn());
println(hotel.checkIn());
hotel.checkOut(102);
println(hotel.checkIn());
println(hotel.checkIn());
```

sollte diese Ausgabe in der Konsole erzeugen:

```
101
102
103
102
201
```

Algorithmische Tipps

Wenn du stockst und nicht weiterweißt, dann versuch mal Folgendes:

- Alle Räume nacheinander durchgehen und auf Belegung prüfen.
- Sollte ein Raum frei sein, kannst du aus der Funktion `checkIn()` mit der entsprechenden Raumnummer springen.
- Ähnliches Prinzip auch bei `checkOut()`, nur dass wir aus der Schleife springen könnten.

W.9.14 Fototagebuch

Schwierigkeit Zeitaufwand Kreativität

Auch ohne Processing lösbar

Themen

Mit dieser Aufgabe wollen wir folgende Dinge trainieren:

- Referenzdatentypen

Beschreibung

Mit einer Klasse wollen wir unser eigenes Fototagebuch realisieren.

Wird ein Foto dem Tagebuch hinzugefügt, wird dieses mit der aktuellen Zeit versehen und in das Tagebuch eingefügt. Einmal eingefügte Fotos lassen sich nicht mehr entfernen. Dem Tagebuch können beliebig viele Fotos hinzugefügt werden. Für den Umgang mit Fotos sollen wir die Klasse `Photo` verwenden, welche wir noch implementieren müssen und lediglich einen Namen enthält.

Die `PhotoDiary`-Klasse soll die folgenden Operationen unterstützen:

- Hinzufügen eines Bildes zum Tagebuch (`addPhoto`). Fügt das Foto sowie das aktuelle Datum und die aktuelle Uhrzeit dem Tagebuch hinzu. Das aktuelle Datum mit aktueller Uhrzeit kann durch den Aufruf des parameterlosen Konstruktors der `Date`-Klasse bestimmt werden. Die `Date`-Klasse gehört zum Standardumfang, muss aber gegebenenfalls importiert werden.
- Auslesen aller Bilder eines bestimmten Tages (`getPhotosByDay`). Hierzu muss die statische Methode

  ```
  public static boolean isSameDay(java.util.Date d1, java.util.Date d2)
  ```
  (Java)

  bzw.

  `isSameDay(d1, d2)` (Python)

  selber geschrieben werden.

Aufgabenstellung

Gib eine Klasse mit dem Namen `PhotoDiary` an, mit der ein Fototagebuch geführt werden kann.

Schreibe eine passende Klassendefinition mit Instanzvariablen, geeignetem Konstruktor und den benötigten Methoden.

Implementiere ebenfalls fehlende Methoden und Klassen.

Testfall

- Probiere, ein Date-Element nachträglich mit einer Hilfsfunktion in deiner PhotoDiary-Klasse zu ändern. Prüfe dann, ob beim Aufruf von `getPhotosByDay` mit dem heutigen Tag das entsprechende Foto nicht mehr zurückgegeben wird.

Algorithmische Tipps

Wenn du stockst und nicht weiterweißt, dann versuch mal Folgendes:

- In Processing musst du bei der Java-Programmierung ausnahmsweise die Klasse `java.util.Date` importieren. Nutze dafür den `import`-Befehl am Anfang des Codes.
- Um zu prüfen, ob zwei Datumsobjekte den gleichen Tag beinhalten, kannst du die integrierten Methoden `getDay()`, `getMonth()` und `getYear()` vom `Date`-Objekt verwenden.

W.9.15 Raumbelegung

Schwierigkeit Zeitaufwand Kreativität

Auch ohne Processing lösbar

Themen

Mit dieser Aufgabe wollen wir folgende Dinge trainieren:

- Referenzdatentypen

Beschreibung

> *„Ein Raum hat einen Namen, eine Raumnummer und eine Anzahl von Sitzen. Eine Raumbelegung hat einen Raum, einen Belegungsgrund sowie einen Beginn und ein Ende in Form eines Datums. Das Datum wird hierbei in Stringform als Tag angegeben in der Form* Jahr-Monat-Tag. *Das Jahr ist eine vierstellige, der Monat und Tag jeweils eine zweistellige Zahl. Ein Raumbelegungsplan kann mehrere Raumbelegungen enthalten. Die Raumbelegungen sollen dabei hinzugefügt werden können. Beim Hinzufügen soll der neue Eintrag alphabetisch nach der Raumnummer in die Raumbelegungen einsortiert werden. Innerhalb einer Raumnummer soll der neue Eintrag alphabetisch nach dem übergebenen Datum einsortiert werden. Die Raumbelegung soll eine Übersicht der Einträge nach Raum ausgeben. Dabei soll zunächst der Raum genannt werden und danach alle dort zugeordneten Raumbelegungen.“*

Aufgabenstellung

Überlege dir ein UML-Klassendiagramm für die beschriebenen Eigenschaften.

Implementiere die Klassen `Room` und `Occupancy`, mit der wir Räume bzw. Raumbelegungen beschreiben können.

Schreibe die Klasse `RoomOccupancyPlan`, welche den Raumbelegungsplan realisiert. Sorge dafür, dass die neuen Raumbelegungen sinnvoll initialisiert werden.

Testfälle

Der folgende Testcode fügt diverse Einträge unsortiert hinzu.

Java:

```
// Definiere Räume
Room usabilitylab = new Room("Usability␣Lab", "A-W42", 2);
Room besprechungsraum = new Room("Besprechungsraum", "A-C33", 10);
Room vorlesungssaal = new Room("Vorlesungssaal", "A-T44", 140);

// Erstelle Raumbelegungsplan
RoomOccupancyPlan plan = new RoomOccupancyPlan();

// Füge Einträge hinzu
plan.addOccupancy(usabilitylab, "Studie␣zu␣Buchprojekt",
                "2019-02-03", "2019-02-04");
plan.addOccupancy(besprechungsraum, "Lagebesprechung␣zu␣den␣
    Programmieraufgaben",
                "2019-02-03", "2019-02-04");
```

```
plan.addOccupancy(vorlesungssaal, "Vorlesung␣Informatik",
                "2019-02-03", "2019-02-04");
plan.addOccupancy(usabilitylab, "Studie␣zu␣risikobasierter␣Authentifizierung"
     ,
                "2019-02-05", "2019-02-06");
plan.addOccupancy(usabilitylab, "Testen␣der␣Programmieraufgaben",
                "2019-02-04", "2019-02-05");

// Gib Belegungsplan aus
println(plan);
```

Python:

```
# Definiere Räume
usabilitylab = Room("Usability␣Lab", "A-W42", 2)
besprechungsraum = Room("Besprechungsraum", "A-C33", 10)
vorlesungssaal = Room("Vorlesungssaal", "A-T44", 140)

# Erstelle Raumbelegungsplan
plan = RoomOccupancyPlan()

# Füge Einträge hinzu
plan.addOccupancy(usabilitylab, "Studie␣zu␣Buchprojekt",
                "2019-02-03", "2019-02-04")
plan.addOccupancy(besprechungsraum, "Lagebesprechung␣zu␣den␣
     Programmieraufgaben",
                "2019-02-03", "2019-02-04")
plan.addOccupancy(vorlesungssaal, "Vorlesung␣Informatik", "2019-02-03", "
     2019-02-04")
plan.addOccupancy(usabilitylab, "Studie␣zu␣risikobasierter␣Authentifizierung"
     ,
                "2019-02-05", "2019-02-06")
plan.addOccupancy(usabilitylab, "Testen␣der␣Programmieraufgaben",
                "2019-02-04","2019-02-05")

# Gib Belegungsplan aus
print plan
```

Der Code sollte ausgeführt dann folgendes Ergebnis erzeugen:

```
Raum A-C33 (Besprechungsraum, 10 Sitze):
* 2019-02-03 - 2019-02-04 (Lagebesprechung zu den Programmieraufgaben)
Raum A-T44 (Vorlesungssaal, 140 Sitze):
* 2019-02-03 - 2019-02-04 (Vorlesung Informatik)
Raum A-W42 (Usability Lab, 2 Sitze):
* 2019-02-03 - 2019-02-04 (Studie zu Buchprojekt)
* 2019-02-04 - 2019-02-05 (Testen der Programmieraufgaben)
* 2019-02-05 - 2019-02-06 (Studie zu risikobasierter Authentifizierung)
```

Algorithmische Tipps

Wenn du stockst und nicht weiterweißt, dann versuch mal Folgendes:

- Das sortierte Einfügen kannst du vielfältig mit Arrays oder Listen lösen.
- Wenn du die richtige Stelle zum Einfügen herausfinden willst, achte auf die alphabetische Größe diverser Strings. Wie wird sich diese Größe nach der gesuchten Stelle wohl verändern?
- Bei der Ausgabe des Raumbelegungsplans kannst du prüfen, ob der danach folgende Eintrag den gleichen Raum hat. Wenn dies nicht der Fall ist, wissen wir, wo wir wieder den Raum ausgeben müssen.

Neu

W.9.16 Rotationspuzzle

Schwierigkeit Zeitaufwand Kreativität

Themen

Mit dieser Aufgabe wollen wir folgende Dinge trainieren:

- Referenzdatentypen

Beschreibung

Wir möchten ein Spiel programmieren, bei dem wir ein aus mehreren Teilen bestehendes Bild durch das Drehen der Teile richtig zusammensetzen müssen. Das Spiel kann dabei mittels zweier Klassen `PuzzlePiece` und `RotationPuzzleGame` realisiert werden.

Die Klasse `PuzzlePiece` repräsentiert ein einzelnes Puzzleteil. Der Konstruktor nimmt dabei (a) ein Processing-Bildelement vom Typ `PImage`, (b) die x- und y-Koordinaten, an denen das Puzzleteil gezeichnet werden soll, (c) den Rotationswinkel des Puzzleteils in Grad und (d) die Bildgröße des Puzzleteils entgegen. Der Einfachheit halber sind alle Puzzleteile quadratisch. Die Klasse hat dabei folgende Funktionen:

- Die öffentliche Funktion `getRotation()` gibt die Rotation des Puzzleteils zurück.
- Die private Funktion `rotateRight()` ändert die Rotation des Puzzleteils in 90-Grad-Schritten im Uhrzeigersinn.
- Die private Funktion `imageClicked(int x, int x)` prüft, ob die 2D-Koordinaten eines Mausklicks auf dem Puzzleteil liegen. Die öffentliche Funktion `handleClick()` verarbeitet die Mausposition und rotiert das Bild um 90 Grad, sofern auf das Puzzleteil geklickt wurde. Hilfreich sind hierbei die internen Processing-Variablen `mouseX` und `mouseY`, welche die Mausposition speichern.
- Die öffentliche Funktion `render()` verarbeitet die Instanzvariablen, um das Puzzleteil in der richtigen Rotation auf den Bildschirm zu zeichnen. Die Rotation eines Bildes kannst du wie folgt realisieren:
  1. Bewege den Mittelpunkt des Koordinatensystems in die Mitte des Bildes. Hierfür kannst du die `translate(...)`-Funktion in Processing verwenden.
  2. Drehe das Koordinatensystem um den in der Objektinstanz gespeicherten Rotationswinkel. In Processing existiert dafür die Funktion `rotate(...)`.
  3. Setze das interne Koordinatensystem des Bildes auf die Bildmitte. In Processing gibt es hierfür die Funktion `imageMode(...)`.
  4. Male das Bild. Dafür kannst du die Processing-Funktion `image(...)` verwenden.
  5. Rotiere und bewege das Koordinatensystem zurück an die Ursprungsposition.

Die Klasse `RotationPuzzleGame` realisiert das Puzzlespiel. Als private Instanzvariable speichert sie das Spielfeld als 2D-Array, bestehend aus den einzelnen Puzzleteilen vom Typ `PuzzlePiece`. Die Klasse enthält dabei folgende Funktionen:

- Der Konstruktor nimmt die Größe des Spielfeldes als Integer-Variable `puzzleSize` entgegen und generiert dann ein leeres Spielfeld der Größe `puzzleSize x puzzleSize`. Anschließend wird das Puzzlebild (das komplette Bild ohne Einzelteile) geladen. Aus dem Puzzlebild extrahieren wir dann die einzelnen Puzzleteile aus dem Hauptbild in einzelne Variablen vom Typ `PImage`. Hilfreich ist hierbei die Instanzfunktion `get(...)`

der Processing PImage-Klasse. Diese Einzelteile werden anschließend in jeweils eine PuzzlePiece-Objektinstanz geladen und in dem Spielfeld-Array gespeichert. Dabei wird auch ein zufälliger Rotationswinkel in 90-Grad-Schritten für das Puzzleteil übergeben.

- Die private Funktion getRandomRotation() gibt einen zufälligen Rotationswinkel in 90-Grad-Schritten als Integer zurück.
- Die private Funktion checkStatus() prüft, ob alle Puzzleteile richtig liegen, also eine Rotation von 0 Grad haben. Liegen alle Puzzleteile richtig, ist das Puzzle gelöst, und wir geben den Text *Puzzle gelöst!* unterhalb des Bildes aus. Die Puzzleteile sollen danach nicht mehr bewegt werden können.
- Die öffentliche Funktion handleClick() geht alle Puzzleteile durch und ruft deren eigene handleClick()-Funktion auf, welche die Klickereignisse verarbeitet.
- Die öffentliche Funktion render() geht ebenfalls alle Puzzleteile durch und ruft dessen eigene render()-Funktion auf, welche das jeweilige Puzzleteil auf dem Bildschirm darstellt.

Das Spiel selbst wird dann mithilfe der Processing-Funktion setup() initialisiert. Die weiteren internen Processing-Funktionen mouseClicked() und draw() rufen dann die RotationPuzzleGame-Instanzfunktionen handleClick() bzw. render() auf, um die Mausklicks zu verarbeiten bzw. das Spielfeld durchgehend zu zeichnen.

Aufgabenstellung

Schreibe ein Programm, welches das Rotationspuzzlespiel realisiert. Implementiere dafür die Klassen PuzzlePiece und RotationPuzzleGame.

Testfälle

Beispiel für puzzleSize = 4. Die Kacheln sind zufällig rotiert, können also je nach Spiel anders aussehen:

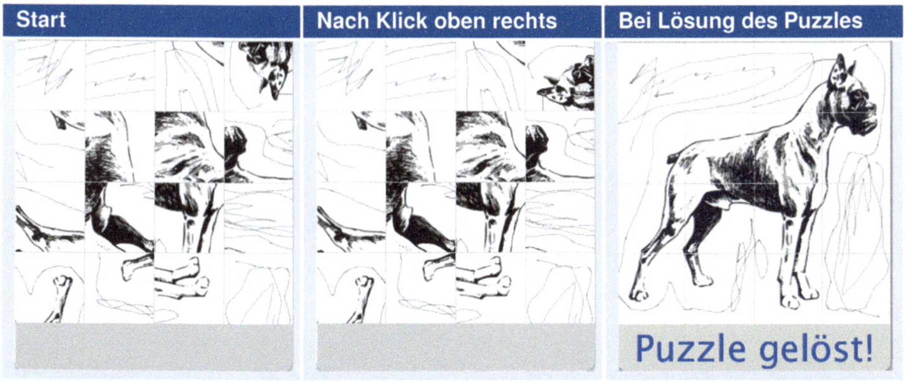

Algorithmische Tipps

Wenn du stockst und nicht weiterweißt, dann versuch mal Folgendes:

- Die Größe der Puzzleteile kannst du aus der Bildbreite bzw. -größe ableiten. Wir gehen davon aus, dass das Ursprungsbild immer quadratisch ist.

- Achte darauf, dass die Rotation stets unter 360 bleibt. Die 90-Grad-Schritte kannst du entweder über Kontrollbedingungen oder einfach durch Auswahl eines zufälligen Werts eines Arrays generieren. In jedem Fall solltest du dir hierfür die Funktion `random(...)` in Processing genauer anschauen.
- Processing besitzt eigene Funktionen, mit denen du Text im Bildschirmfenster darstellen kannst.
- Zwecks Debugging macht es Sinn, wenn du zuerst das Puzzleteil implementierst und die einzelnen Funktionen testest. Wird das Puzzleteil an der richtigen Stelle dargestellt, auch wenn du es drehst? Stehen die Puzzleteile untereinander, wenn du sie untereinander positionieren wolltest? Reagiert dein Puzzleteil nur auf Klicks, wenn du auf das Puzzleteil klickst, und dann nicht, wenn du danebenklickst? Danach sollte es dir leichter fallen, das ganze Spielfeld darzustellen.
- Wenn du nur einzelne Stellen im Code verfeinern willst, kannst du dir auch interne Tests einbauen, mit denen du Kontrollbedingungen überspringen kannst (z. B. um den Text richtig zu positionieren).

10 Vererbung

10.1 Warm-up

In unserem letzten Kapitel beschäftigen sich unsere Übungsaufgaben mit dem Thema der **Vererbung**. Ein Designziel in der Objektorientierung liegt darin, die Welt und auch unsere Probleme in Objekten zu beschreiben. Daraus folgt, dass wir die naturgegebenen Hierarchien in unsere Betrachtung der Objekte mit einfließen lassen müssen. Vorstellen können wir uns das an einem Beispiel, was jeden von uns auch betrifft: die Vererbung bestimmter Eigenschaften von Eltern auf ihre Kinder.

Beim objektorientierten Ansatz geht es darum, Eigenschaften und Operationen von Problemfamilien zu erkennen und möglichst abstrakt zu beschreiben. Denken wir an das Beispiel von der Klasse `Teammitglied` aus dem vorletzten Kapitel. Dort haben wir den Bauplan für ein Objekt definiert und damit beschrieben, welche Eigenschaften und Operationen ein Teammitglied in unserem Problemfall charakterisieren. Wenn unser Programm nun aber zusätzlich auch noch Studierende verwalten soll, können wir Überschneidungen in den Attributen und ggf. auch Operationen feststellen: Auch eine studierende Person hat einen Namen, einen Vornamen, eine Anrede und einen Geburtstag. Wie gehen wir also vor, wenn wir es mit scheinbar verwandten Objekten zu tun haben? Wie hilft uns der objektorientierte Ansatz hier weiter?

Ein wesentliches Merkmal der Objektorientierung ist die Möglichkeit, Eigenschaften vorhandener Klassen auf neue Klassen zu übertragen. Man spricht hierbei auch von der *Wiederverwendbarkeit.* Diese neuen Klassen, die auch als **Kindklassen** bezeichnet werden, können dann hinsichtlich ihrer Attribute und Methoden erweitert werden. Zudem ist es auch erlaubt, eine bereits vererbte Eigenschaft in einer Kindklasse neu zu definieren. In diesem Fall *überschreiben* wir eine Methode oder ein Attribut. Somit verfeinern wir die Baupläne für unsere Klassen immer weiter. Schließlich entsteht durch die immer weiterführende Vererbung eine Vererbungshierarchie, die man auch als **Spezialisierung** bezeichnet.

In unserem Beispiel definieren wir also eine Oberklasse `Person`. Sie enthält diejenigen Attribute und Operationen, die eine Person in unserem Anwendungsfall auszeichnet. Wir sollten uns also bei diesem Vorgang darauf konzentrieren, auch nur die Eigenschaften zu definieren, die für uns in der zu betrachtenden Problemdomäne wichtig sind. Anschließend leiten wir die Klassen `AngestelltePerson` und `StudierendePerson` von `Person` ab.

Eine Kindklasse erbt also die Attribute und Methoden seiner Elternklasse. Zusätzlich kann jedes Objekt der Kindklasse auch als Objekt der Elternklasse betrachtet werden. Eine studierende Person ist also auch eine Person. Für die angestellte Person gilt natürlich dasselbe.

Dies wird durch einen **Upcast** möglich, indem die Referenz einer Unterklasse bei einer Zuweisung auf eine Variable der Oberklasse automatisch in eine Referenz auf die Oberklasse umgewandelt wird. Über die Variable der Oberklasse ist dann nur noch der Zugriff auf die Eigenschaften der Oberklasse möglich. Wurde also die Kindklasse um zusätzliche Attribute erweitert, befinden sich diese nicht im Zugriff. Wird die Referenz zurück auf die Kindklasse umgewandelt, stehen wieder alle Attribute und deren Werte für einen Zugriff bereit. Dieses Verhalten wird als **dynamisches Binden** bezeichnet.

Konstruktoren (also die Methoden, die bei der Objekterstellung ausgeführt werden) folgen nicht dem Gesetz der Vererbung! Im Gegensatz zu normalen Methoden werden sie nicht an die Kindklassen weitergegeben. Vielmehr müssen für jede Klasse eigene Konstruktoren geschrieben werden. Sollte es aber nötig sein, den Konstruktor der Elternklasse aufzurufen, gibt es die Möglichkeit des Zugriffs über besondere Schlüsselwörter. In Java wird der Aufruf von `super()` genutzt, um einen Konstruktor der Elternklasse aufzurufen. Die Programmiersprache Python verwendet neben `super()` auch das Schlüsselwort `__init__`. In beiden Fällen wird der Standardkonstruktor der Oberklasse aufgerufen, wenn nicht weitere Parameter übergeben werden. Auf die gleiche Art ist auch der Zugriff auf versteckte Instanzvariablen und Methoden der Oberklasse möglich.

In manchen Programmiersprachen wie z. B. Java oder C# kann die Vererbung verhindert werden. In diesem Fall wird eine Klasse durch ein weiteres Schlüsselwort (`final` bei Java oder `sealed` bei C#) in der Signatur als nicht vererbbar gekennzeichnet.

Ein weiterer großer Unterschied zwischen objektorientierten Systemen besteht darin, dass manche Sprachen lediglich eine einfache und andere eine mehrfache Vererbung unterstützen. C++ oder Python beispielsweise unterstützen die **Mehrfachvererbung**, bei der eine Klasse mehrere Oberklassen haben kann. Ein Beispiel hierfür wäre die Klasse Maultier, die von den Elternklassen Pferd und Esel erbt. Die Mehrfachvererbung ist nicht ganz unproblematisch. Denn mit zunehmender Vererbung steigt die Verwechslungsgefahr von Methoden und Attributen, die aus den verschiedensten Oberklassen dieselben Namen erhalten, aber ein völlig abweichendes Verhalten aufzeigen. In anderen Programmiersprachen wie Java oder C# wird der Ansatz aus diesem Grund nicht unterstützt. Hier hat eine Kindklasse lediglich eine Elternklasse. Damit wird die **Einfachvererbung** unterstützt.

Und nun – ran an die Workouts und viel Erfolg beim Training!

10.2 Workout

W.10.1 Lampen

Auch ohne Processing lösbar

Schwierigkeit Zeitaufwand Kreativität

Themen

Mit dieser Aufgabe wollen wir folgende Dinge trainieren:

- Vererbung

Beschreibung

Zur Repräsentierung von Lampen haben wir folgendes UML-Klassendiagramm bekommen:

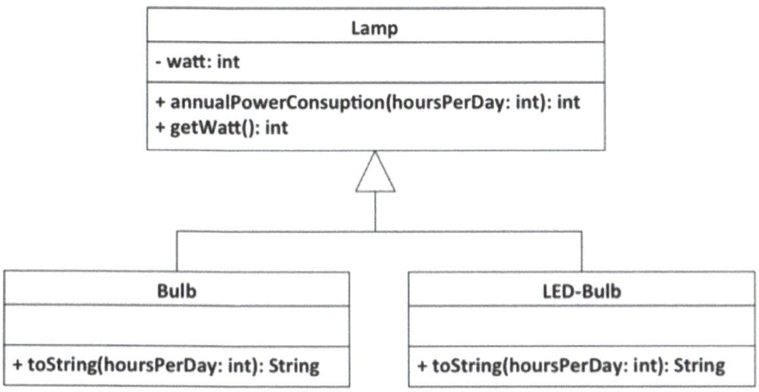

Mit der Methode `annualPowerConsumption()` können wir in Abhängigkeit vom Parameter `hoursPerDay`, der die Anzahl an Betriebsstunden pro Tag angibt, den jährlichen Energieverbrauch in Kilowattstunden (KWh) wie folgt berechnen:

```
(Leistung [Watt] * Betriebsstunden am Tag  * 365) / 1000
```

Aufgabenstellung

Implementiere das dargestellte UML-Klassendiagramm.

Schreibe anschließend ein Programm, das den jährlichen Energieverbrauch einer 9-W-LED-Glühlampe und einer 60-W-Glühlampe berechnet und in der Konsole ausgibt. Als tägliche Betriebszeit werden zehn Stunden vorausgesetzt.

Testfälle

- Korrekt implementiert sollte beim Aufruf der `toString()`-Methoden eine unterschiedliche Ausgabe in der Konsole erfolgen.
- Hier eine Beispielausgabe:

```
A bulb consumes 219 KWh per year.
A led bulb consumes 32 KWh per year.
```

Algorithmische Tipps

Wenn du stockst und nicht weiterweißt, dann versuch mal Folgendes:

- Prinzipiell sollten alle Gegebenheiten im UML-Diagramm beschrieben werden.
- Mit `super()` kannst du jeweils den Konstruktor der Oberklasse aufrufen.
- Die Unterklassen `Bulb` und `LEDBulb` sollten ausschließlich die Funktion `annualPowerConsumption()` implementieren.

W.10.2 Meeting-Protokoll

Schwierigkeit Zeitaufwand Kreativität

Auch ohne Processing lösbar

Themen

Mit dieser Aufgabe wollen wir folgende Dinge trainieren:

- Vererbung

Beschreibung

Ein Protokoll enthält das Datum und den Zeitraum, an dem ein Meeting stattgefunden hat. Zudem werden der Raum sowie die Namen der Teilnehmer vermerkt. Schließlich werden die wesentlichen Diskussionspunkte, Beschlüsse sowie Aktionspunkte im Protokoll festgehalten.

Folgende Methoden sollen wir implementieren:

- Der Konstruktor, der ein Protokoll initialisiert.
- Die Methode mit der Signatur `public void add(Item item)` fügt dem Protokoll ein Item hinzu. Diskussionspunkte, Beschlüsse sowie Aktionspunkte werden mithilfe von zugehörigen Unterklassen repräsentiert, welche von der Oberklasse `Item` erben. Jeder Diskussionspunkt, Beschluss und Aktionspunkt besteht aus einem Text, der den Inhalt des entsprechenden Punktes beschreibt.
- Die Methode mit der Signatur `public String toString()` gibt das vollständige Protokoll als String zurück. Bereitstehende Klassen sollen ebenfalls über geeignete `toString()`-Methoden verfügen.

Aufgabenstellung

Schreibe eine Klasse mit dem Namen `MeetingMinutes`, die Besprechungsprotokolle repräsentiert.

Bitte darauf achten, dass verwendete Arrays bedarfsgerecht wachsen und keinen Speicherplatz verschwenden.

Testfälle

- Testcode (Java):

```
String[] participants = {"Luigi␣Lo␣Iacono", "Michael␣Schneider",
"Stephan␣Wiefling"};
MeetingMinutes meeting = new MeetingMinutes("10.10.2017",
"10-12␣Uhr", "R123", participants);

meeting.add(new DiscussionItem("Veröffentlichung Buch"));
meeting.add(new DecisionItem("Dem␣Antrag␣wurde␣einstimmig␣"+
"zugestimmt."));
meeting.add(new ActionItem("Bis␣zum␣nächsten Meeting muss Kapitel 9"+
"␣fertig␣gestellt␣sein."));

println(meeting);
```

- Testcode (Python):

```
participants = ["Luigi␣Lo␣Iacono", "Michael␣Schneider",
"Stephan␣Wiefling"]
meeting = MeetingMinutes("10.10.2017", "10-12␣Uhr",
"R123", participants)

meeting.add(DiscussionItem("Veröffentlichung Buch"))
meeting.add(DecisionItem("Dem␣Antrag␣wurde␣einstimmig␣"+
"zugestimmt."))
meeting.add(ActionItem("Bis␣zum␣nächsten Meeting muss Kapitel 9"+
"␣fertig␣gestellt␣sein."))

print meeting
```

- Mögliches Ergebnis:

```
Meeting: 10.10.2017 (10-12 Uhr), R123
Participants: Luigi Lo Iacono, Michael Schneider, Stephan Wiefling
-----------
Discussion: Veröffentlichung Buch
Decision: Dem Antrag wurde einstimmig zugestimmt.
Action: Bis zum nächsten Meeting muss Kapitel 9 fertig gestellt sein
```

Algorithmische Tipps

Wenn du stockst und nicht weiterweißt, dann versuch mal Folgendes:

- Beim Hinzufügen solltest du das `Item`-Array um ein Element vergrößern. Dazu ein neues Array erzeugen und alle Elemente vom alten in das neue Array kopieren. Anschließend das letzte Element des neuen Arrays mit dem neuen `Item` belegen.
- Bei der `toString()`-Methode kannst du einen Ausgabestring definieren, in welchen du alle Inhalte bis zur Rückgabe reinschreibst. Beim Durchgehen der Teilnehmerliste kannst du bei allen Teilnehmern außer dem letzten jeweils ein Komma setzen.
- Zeilenumbrüche in Strings kannst du mit der Zeichenkombination `\n` realisieren.

W.10.3 Online-Shop

Auch ohne Processing lösbar

Schwierigkeit   Zeitaufwand   Kreativität

Themen

Mit dieser Aufgabe wollen wir folgende Dinge trainieren:

- Vererbung
- Dynamisches Binden, Polymorphie

Beschreibung

Für einen Online-Versandhandel sollen wir ein Programm entwickeln, welches verschiedene Artikel (Bücher, DVDs) verwaltet. Jeder Artikel besitzt eine Artikelnummer und einen Nettopreis. Bücher haben zusätzlich noch einen Namen der Autorin bzw. des Autors, einen Buchtitel und ein Erscheinungsjahr. DVDs haben zusätzlich einen Filmtitel, eine Dauer und einen DVD-Ländercode.

Beide Artikelarten haben einen unterschiedlichen Mehrwertsteuersatz, welcher zum Nettopreis hinzugerechnet wird. Auf Bücher kommen 7 % und auf DVDs jeweils 19% Mehrwertsteuer.

Zur Implementierung liegen folgende Klassen als UML-Diagramm vor:

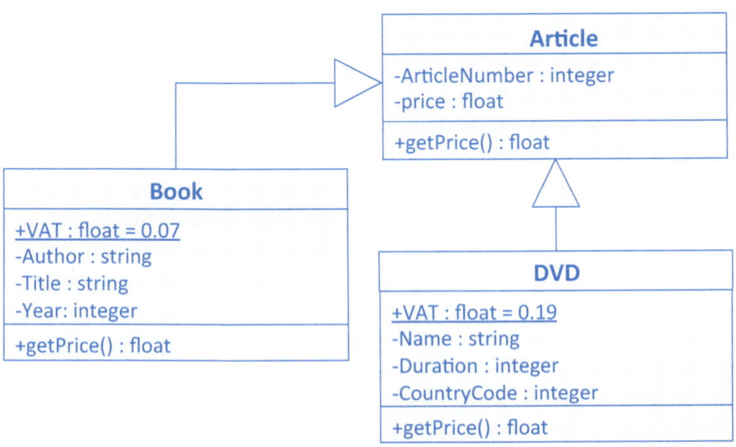

Aufgabenstellung

Implementiere die Klassen aus dem UML-Diagramm für den Online-Shop.

Schreibe darüber hinaus eine Klasse `ShoppingCart`, die einen Warenkorb realisiert. In diesem können Artikel hinzugefügt werden. Außerdem soll die Klasse in einer Funktion mit Namen `showBill` den Inhalt des Warenkorbs mit den einzelnen Preisen (Brutto) und den Gesamtpreis ausgeben. Nutze hierzu die Funktionen aus den vorhandenen Klassen und baue dort nach Bedarf zusätzlich noch eine `toString()`-Methode ein.

Testfälle

Eine Beispielrechnung könnte zum Beispiel so aussehen:

```
Buch - Luigi Lo Iacono: WebSockets (2015)   35.0 Euro
DVD - Spiel mir das Lied vom Tod            17.79 Euro
DVD - Casablanca, Classic Collection        10.0 Euro
-----------------------------------
Gesamtpreis: 62.79 Euro
```

Die Nettopreise im Beispiel:

- Luigi Lo Iacono: WebSockets (2015): 32,71 Euro
- Spiel mir das Lied vom Tod: 14,95 Euro
- Casablanca, Classic Collection: 8,40 Euro

Algorithmische Tipps

Wenn du stockst und nicht weiterweißt, dann versuch mal Folgendes:

- $Bruttopreis = Nettopreis + Nettopreis * Mehrwertsteuersatz$
- Für den Nettopreis kannst du die Überklasse der einzelnen Klasse aufrufen. In Java zum Beispiel mit `super.getPrice` bzw. in Python mit `super(Book, self).getPrice()` (Book-Klasse).
- Bei der Berechnung des Gesamtpreises reicht es aus, wenn du nur Elemente vom Typ `Article` in den Warenkorb legst. Die richtige Klasse wird automatisch gewählt.

W.10.4 Gewässer

Schwierigkeit Zeitaufwand Kreativität

Auch ohne Processing lösbar

Themen

Mit dieser Aufgabe wollen wir folgende Dinge trainieren:

- Vererbung

Beschreibung

Wir wollen Klassen zur Repräsentation von Gewässern, Flüssen und Meeren schreiben.

Dabei sollten wir beachten, dass jedes Gewässer einen Namen sowie Angaben zur Schiffbarkeit (ja/nein) und zur Schadstoffbelastung (reelle Zahl) hat. Meere verfügen zusätzlich über eine Fläche und sind immer schiffbar. Flüsse haben eine Länge. Weiterhin mündet jeder Fluss in genau ein Gewässer. Durch diese Mündungsbeziehung erreicht man von einem Fluss aus (eventuell über andere Flüsse) irgendwann ein Meer. Für Flüsse sollten wir eine Methode vorsehen, um dieses Gewässer zu ermitteln.

Aufgabenstellung

Schreibe Klassen zur Repräsentation von Gewässern, Flüssen und Meeren, wobei zu jeder Klasse die notwendigen Variablen, ein Konstruktor und für Flüsse die verlangte Methode anzugeben sind.

Benutze dabei auf sinnvolle Art abstrakte Klassen und Vererbung.

Testfälle

Hier sind reale Beispiele von Flussverbindungen mit ihrem endenden Meer:

- Berounka (nicht schiffbar) → Moldau → Elbe → Nordsee
- Havel → Elbe → Nordsee

Mit diesen Beispielen können wir testen, ob die Funktion zur Bestimmung des Endgewässers zu den richtigen Ergebnissen führt.

Algorithmische Tipps

Wenn du stockst und nicht weiterweißt, dann versuch mal Folgendes:

- Du könntest dir vorher überlegen, welche Relationen zwischen den verschiedenen Klassen bestehen und ob es vielleicht eine Oberklasse gibt.
- Zur Meerbestimmung könntest du in einer Schleife Schritt für Schritt die Flüsse herabgehen, bis du im Meer endest. Ein Meer kannst du daran erkennen, dass es in keinem Fluss endet, also eine entsprechende selbst geschriebene Getter-Methode den Wert `null` liefert.
- Um den Namen des Gewässers zu ermitteln, benötigst du natürlich eine entsprechende Getter- oder `toString()`-Methode.

Neu

W.10.5 Schere, Stein, Papier

Schwierigkeit Zeitaufwand Kreativität

Auch ohne Processing lösbar

Themen

Mit dieser Aufgabe wollen wir folgende Dinge trainieren:

- Vererbung

Beschreibung

Das Spiel „Schere, Stein, Papier“ ist auch weiterhin sehr beliebt. Hierbei treten zwei Personen gegeneinander an. Im Spiel nehmen die Hände der beiden spielenden Personen eine von drei verschiedene Formen an: entweder eine Schere, ein Stein oder ein Papier. Jede Form kann gegen jeweils eine andere gewinnen. Schere gewinnt gegen Papier, Papier gewinnt gegen Stein, und Stein gewinnt gegen Schere. Wählen beide Personen die gleiche Form, ist das Spiel unentschieden.

Aufgabenstellung

Entwickle zunächst ein UML-Klassendiagramm, das das beschriebene Spiel “Schere, Stein, Papier“ als Klassen mit Vererbung modelliert.

Implementiere anschließend die Klassen und schreibe ein Programm, das das Spiel umsetzt.

Testfälle

- Schere vs. Stein
  - Ergebnis: Stein gewinnt
- Schere vs. Papier
  - Ergebnis: Schere gewinnt
- Papier vs. Stein
  - Ergebnis: Papier gewinnt
- Papier vs. Papier
  - Ergebnis: Unentschieden

Algorithmische Tipps

Wenn du stockst und nicht weiterweißt, dann versuch mal Folgendes:

- Was haben Schere, Stein und Papier gemeinsam? Von welcher Klasse könnten diese also erben?
- Du könntest die Klassennamen der Objekte miteinander vergleichen und dann feststellen, welche Person gewonnen hat. Den Klassennamen kannst du in Java mit `getClass().getSimpleName()` und in Python mit `typeof(...)` herausfinden. Achtung beim String-Vergleich!
- Du könntest speichern, welche Form gegen welche gewinnt. Theoretisch reicht es, wenn du diese Funktion nur ein einziges Mal schreibst.

W.10.6 To-do-Liste

Schwierigkeit Zeitaufwand Kreativität

Auch ohne Processing lösbar

Themen

Mit dieser Aufgabe wollen wir folgende Dinge trainieren:

- Vererbung

Beschreibung

Wir wollen uns in dieser Aufgabe eine eigene To-do-Liste in zwei Varianten schreiben. Dazu wurde uns folgende Beschreibung gegeben.

> *„Eine To-do-Liste verwaltet mehrere Listeneinträge. Ein Listeneintrag wird durch einen kurzen Text und einen Wahrheitswert, der angibt, ob der Eintrag bereits erledigt ist, repräsentiert. Die To-do-Liste verfügt zudem über gängige Methoden, die das Hinzufügen und Abhaken von Listeneinträgen ermöglichen. Der abzuhakende Listeneintrag wird durch den Text identifiziert."*

> *„Eine Shopping-Liste verwaltet ebenfalls mehrere Listeneinträge, wobei hierfür ein besonderer Listeneintrag benötigt wird. Ein Einkaufslisteneintrag muss zusätzlich zu einem einfachen Listeneintrag noch über ein Mengenattribut verfügen. Auch die Shopping-Liste verfügt über Methoden zum Hinzufügen und Abhaken von Einträgen."*

Außerdem haben wir folgendes UML-Diagramm zur Verfügung:

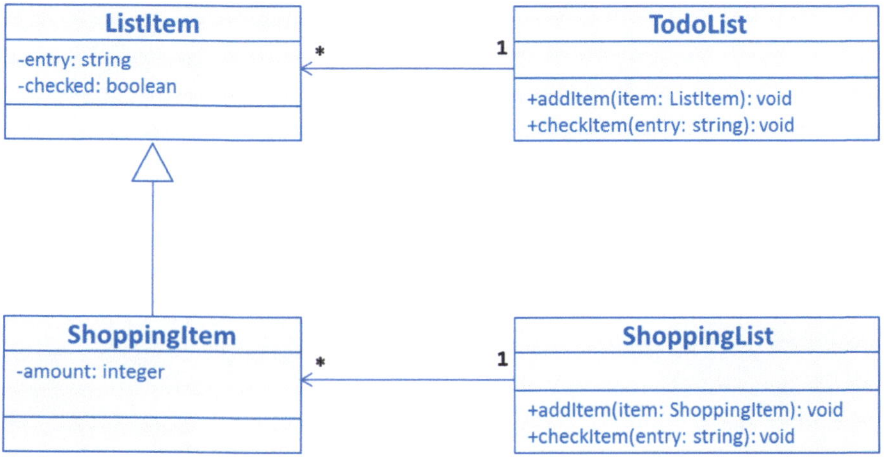

Aufgabenstellung

Schreibe die im UML-Diagramm dargestellten Klassen und teste sie mit Initialisierung einer Beispielliste. Baue entsprechende `toString()`-, Getter- und Setter-Methoden ein.

Testfälle

- Es kommt zu keiner Endlosschleife, wenn `checkItem` mit einem Suchbegriff ausgeführt wird, der nicht gefunden werden kann.

- Erstelle eine Einkaufsliste mit folgendem Inhalt:
  - 3 x Äpfel
  - 1 x Birnen
  - 2 x Toastbrot
  - 2 x Birnenbaum

  Gib diese Liste zunächst aus, hake die Birnen ab und gib sie anschließend nochmals aus. Prüfe, ob ausschließlich die Birnen in der Liste abgehakt worden sind.

Algorithmische Tipps

Wenn du stockst und nicht weiterweißt, dann versuch mal Folgendes:

- Nutze die `toString()`-Methoden der Klassen aus. Rufe beim Durchgehen der To-do-Liste zum Beispiel immer die `toString()`-Methode auf, um die Formatierungen beizubehalten.
- Bei Abhakmethoden kannst du deine Listenelemente durchgehen. Sobald ein Item den Namen des Suchstrings enthält, kannst du dieses abhaken. Achte dabei aber besonders darauf, den kompletten Stringinhalt von Anfang bis Ende zu prüfen.
- Die `ShoppingItem`-Klasse benötigt durch die Ableitung nicht viel Inhalt.

W.10.7 E-Book

Schwierigkeit Zeitaufwand Kreativität

Auch ohne Processing lösbar

Themen

Mit dieser Aufgabe wollen wir folgende Dinge trainieren:

- Vererbung

Beschreibung

Mit E-Book-Readern können wir Bücher in digitaler Form darstellen. Hierfür wollen wir beispielhaft Klassen programmieren, mit denen wir ein digitales Buch (E-Book) beschreiben können.

Folgende Zusammenhänge sind uns bekannt:

> *„Ein E-Book verfügt über einen Autor bzw. eine Autorin sowie über ein Erscheinungsjahr und kann als geordnete Ansammlung digitaler Medien angesehen werden. Es steht eine Operation bereit, mit der die Anzahl an Seiten als Integer-Wert berechnet werden kann."*
>
> *„Die Medien, aus denen sich ein E-Book zusammensetzt, werden häufig auch als Media Assets bezeichnet. Alle Media Assets verfügen über einen Dateinamen, der den Speicherort im Dateisystem angibt, der Dateigröße in Byte und einer Angabe zur Sprache. Spezielle Media Assets für Texte, Bilder, Audios und Videos fassen Besonderheiten der jeweiligen Kategorie zusammen. Text Assets speichern zusätzlich die Anzahl an Zeichen; Bild und Video Assets die Pixeldimensionen; Audio und Video Assets die Spieldauer in Sekunden. Alle Assets enthalten eine Operation, die den Beitrag zur Seitenzahl als Float-Wert zurückgibt."*

Für die Berechnung der Seitenzahlen sollten wir Folgendes beachten:

- Bei Texten wird für 2000 Zeichen jeweils eine Seite abgeschätzt.
- Bei Bildern und Videos wird die Pixelbreite unter Beibehaltung der Seitenverhältnisse auf 960 Pixel skaliert. Liegt die skalierte Pixelhöhe über 600 Pixel, wird eine Seite abgeschätzt, andernfalls eine halbe Seite.
- Audiodaten tragen nicht zur Erhöhung der Seitenzahl bei.

Aufgabenstellung

Überlege dir zunächst ein UML-Klassendiagramm, das die beschriebenen Zusammenhänge entsprechend modelliert.

Implementiere anschließend die im UML-Diagramm modellierten Klassen und erzeuge eine Testklasse, die ein Beispiel-E-Book mit den Klassen erzeugt und die Informationen zum Buch im Terminal ausgibt.

Testfälle

So könnte die Ausgabe beispielsweise aussehen:

```
E-Book: Stephan Wiefling (2017)
Seiten: 7
```

```
-------
Aufgabe 1 (1.722 Seiten)
Audio 1 (0.0 Seiten)
Video 1 (1.0 Seiten)
Bild 1 (0.5 Seiten)
Aufgabe 2 (3.8275 Seiten)
```

Eingabedaten:

- Buch, Autor: Stephan Wiefling, Jahr: 2017
- Text, Dateiname: Aufgabe 1, 3444 Zeichen
- Audio, Dateiname: Audio 1, 95 Minuten
- Video, Dateiname: Video 1, 95 Minuten, 800×800 Pixel
- Bild, Dateiname: Bild 1, 2000×600 Pixel
- Text, Dateiname: Aufgabe 2, 7655 Zeichen

Algorithmische Tipps

Wenn du stockst und nicht weiterweißt, dann versuch mal Folgendes:

- Für die Gesamtseitenzahl kannst du alle Assets durchgehen und deren Seitenzahl abrufen. Es wird immer die richtige gleichnamige Unterklasse der entsprechenden Assetklasse aufgerufen. Natürlich muss es dafür eine Überklasse geben, von der alle Assetarten abgeleitet werden. Dementsprechend werden auch immer die `toString()`-Methoden der Unterklasse aufgerufen.
- Bildskalierung kannst du mithilfe von Division erreichen. Wenn du dafür sorgen möchtest, dass bei einem Bild mit den Abmaßen axb der Wert a immer den Wert 500 haben soll, müsste zum Beispiel die Rechnung so aussehen: $a_{neu} = a * \frac{500}{a}$. Die Division $\frac{500}{a}$ ist dann das Skalierungsverhältnis, welches du zur Berechnung des neuen skalierten Werts von b verwenden kannst.
- Achte bei Divisionen besonders darauf, dass du `float`-Werte zur Berechnung verwendest. Andernfalls wirst du dich wundern, wieso dein Programm falsche Berechnungen durchführt.

W.10.8 Zoo

Auch ohne Processing lösbar

Schwierigkeit

Zeitaufwand

Kreativität

Themen

Mit dieser Aufgabe wollen wir folgende Dinge trainieren:

- Vererbung

Beschreibung

Zur Verwaltung der Eintrittskasse eines Zoos wollen wir entsprechende Besucherklassen schreiben. Die Zoodirektorin hat uns die Zusammenhänge so beschrieben:

> *„Alle Gäste haben einen Eintrittspreis. Unter den Gästen können sich Kinder, Erwachsene und Gruppen befinden. Kinder zahlen keinen Eintritt, Erwachsene zahlen 15 Euro Eintritt und Gruppen zahlen 50 Euro Eintritt. Jede Gruppe hat zusätzlich noch eine Angabe der Gruppengrößen. Alle Gäste und Gästearten besitzen Funktionen zur Bestimmung der Personenanzahl."*

Darüber hinaus wollen wir eine Klasse `Entrance` schreiben, die das Tagesgeschehen des Zooeingangs repräsentiert. Die Klasse soll eine bestimmte Anzahl an Gästen verwalten können. Gäste sollen wir über eine `addVisitor()`-Methode hinzufügen können. Zudem sollen Methoden bereitstehen, mit denen wir den Tagesumsatz (`computeTurnover()`) und die Anzahl an Gästen (`computeVisitors()`) ermitteln können.

Aufgabenstellung

Schreibe die Klassen `Visitor`, `Group`, `Child` und `Adult`, die die verschiedenen Besucherklassen repräsentieren. Halte dabei alle Gegebenheiten ein.

Setze anschließend die `Entrance`-Klasse um und teste sie entsprechend.

Testfälle

Folgende Gäste gehen durch den Eingang:

- Gruppe mit 6 Personen
- Eine erwachsene Person mit zwei Kindern

Daraus folgt:

- Gästezahl: 9
- Umsatz: 65 Euro

Algorithmische Tipps

Wenn du stockst und nicht weiterweißt, dann versuch mal Folgendes:

- Es schadet nicht, sich zunächst ein UML-Diagramm mit allen Abhängigkeiten zu überlegen.
- Du könntest alle Zoogäste in einem Array speichern.
- Bei der Umsatz- oder Gästezahlberechnung könntest du dieses Array dann durchgehen und die entsprechende Methode der Unterklasse auswerten.

W.10.9 Audioeffekt-Player

Schwierigkeit Zeitaufwand Kreativität

Auch ohne Processing lösbar

Themen

Mit dieser Aufgabe wollen wir folgende Dinge trainieren:

- Vererbung

Beschreibung

Zur Wiedergabe von Audioeffekten wollen wir eine eigene Klasse realisieren. Für die Umsetzung kennen wir folgende Zusammenhänge:

> *„Ein Audioeffekt verfügt über einen Dateinamen, der den Speicherort im Dateisystem angibt, in dem die Audiodaten des Effekts vorliegen. Es steht eine Operation bereit, mit der der Audioeffekt abgespielt werden kann. Spezielle Audioeffekte für die Formate MP3, OGG und WAV überschreiben insbesondere die Abspieloperation für das jeweilige Format. Eine Klasse mit dem Namen AudioEffectPlayer beinhaltet mehrere Audioeffekte und kann diese anhand einer eindeutigen Kennung abspielen. Das Hinzufügen und Entfernen von Audioeffekten wird über entsprechende Methodenaufrufe realisiert."*

Aufgabenstellung

Schreibe die Klassen `AudioEffectPlayer`, `WAVEffect`, `MP3Effect` und `OGGEffect` sowie die abstrakte Klasse `AudioEffect` und setze damit den Audioeffekt-Player um.

Eine echte Wiedergabe von Audiodateien (WAV, MP3, AIFF) kann bei der Java-Variante von Processing umgesetzt werden[1], ist aber für die Lösung dieser Aufgabe nicht notwendig. „Abgespielte" Audiodateien sollen mit Namen und Dateityp in der Konsole ausgegeben werden.

Testfall

- Füge drei Effekte unterschiedlichen Typs und Namens hinzu. Lösche anschließend den mittleren Effekt mit der dafür vorgesehenen Funktion. Wird bei der Wiedergabe des letzten Elements (Element 1) nun das zuletzt hinzugefügte angezeigt?

Algorithmische Tipps

Wenn du stockst und nicht weiterweißt, dann versuch mal Folgendes:

- Die Aufgabe zum digitalen Bilderrahmen sollte dir bei der Funktion zum Entfernen weiterhelfen.
- Du könntest einen Index mit der nächsten Array-Nummer führen.
- Damit könntest du zum Beispiel auch prüfen, ob noch Platz im Array frei ist.

---

[1] Mit der Sound library von Processing: https://processing.org/reference/libraries/sound/

W.10.10 Meetingplaner

Neu

Schwierigkeit Zeitaufwand Kreativität

Auch ohne Processing lösbar

Themen

Mit dieser Aufgabe wollen wir folgende Dinge trainieren:

- Vererbung

Beschreibung

Um die Planung von Meetings zu erleichtern, sollen wir für eine Firma eine Software zum Planen von Meetings schreiben. Das zuständige Management hat uns dabei folgende Zusammenhänge mitgeteilt:

Ein Meeting hat einen Titel, eine Agenda in Textform, eine Liste von Teilnehmenden sowie einen Start- und Endzeitpunkt. Die Agenda ist eine Liste an Themen, die in dem Meeting angesprochen werden sollen. Jeder Teilnehmende besteht aus einem Namen. Meetings können in physische, digitale, und hybride Meetings unterteilt werden. Ein physisches Meeting hat zusätzlich einen Meetingraumnamen, ein digitales Meeting dagegen einen Einwahllink. Hybride Meetings haben sowohl einen Meetingraumnamen als auch einen Einwahllink.

Aufgabenstellung

Setze die in der Beschreibung angegebenen Klassen um und generiere den beschriebenen Meetingplaner. Der Planer soll alle generierten Meetings ausgeben. Baue entsprechende `toString()`-, Getter- und Setter-Methoden ein. Agendapunkte und Teilnehmende sollen durch entsprechende Funktionen hinzugefügt werden können.

Testfälle

Java:

```
PhysicalMeeting physicalMeeting = new PhysicalMeeting(
    "Physical␣Testmeeting",
    "01.01.2023,␣14:00",
    "01.01.2023,␣15:00",
    "C121"
);

physicalMeeting.addToAgenda("Neues␣Tool␣besprechen");
physicalMeeting.addToAgenda("Feedback␣von␣Stakeholdern");

physicalMeeting.addParticipant("Rolf");
physicalMeeting.addParticipant("Birgit");
physicalMeeting.addParticipant("Dieter");
physicalMeeting.addParticipant("Sandra");
physicalMeeting.addParticipant("Manfred");

println(physicalMeeting);
println();
```

```
DigitalMeeting digitalMeeting = new DigitalMeeting(
    "Digital␣Testmeeting",
    "02.01.2023,␣11:15",
    "02.01.2023,␣15:00",
    "https://protrain.github.io/conf?abcdefu"
);

digitalMeeting.addToAgenda("Digitalisierung");
digitalMeeting.addToAgenda("Ausprobieren␣Telko");
digitalMeeting.addToAgenda("Sonstiges");

digitalMeeting.addParticipant("Luigi");
digitalMeeting.addParticipant("Mario");
digitalMeeting.addParticipant("Giuliana");
digitalMeeting.addParticipant("Pietro");

println(digitalMeeting);
println();

HybridMeeting hybridMeeting = new HybridMeeting(
    "Hybrid␣Testmeeting",
    "12.01.2023,␣17:00",
    "12.01.2023,␣18:00",
    "D181",
    "https://protrain.github.io/conf?abcdefu"
);

println(hybridMeeting);
```

Python:

```
parameters = ["Physical␣Testmeeting",
    "01.01.2023,␣14:00",
    "01.01.2023,␣15:00",
    "C121"]
pm = PhysicalMeeting(*parameters)

pm.add_to_agenda("Neues␣Tool␣besprechen")
pm.add_to_agenda("Feedback␣von␣Stakeholdern")

pm.add_participant("Rolf")
pm.add_participant("Birgit")
pm.add_participant("Dieter")
pm.add_participant("Sandra")
pm.add_participant("Manfred")

print(pm)
print("")

parameters = ["Digital␣Textmeeting",
    "02.01.2023,␣11:15",
    "02.01.2023,␣15:00",
    "https://protrain.github.io/conf?abcdefu"]
```

```
dm = DigitalMeeting(*parameters)

dm.add_to_agenda("Digitalisierung")
dm.add_to_agenda("Ausprobieren␣Telko")
dm.add_to_agenda("Sonstiges")

dm.add_participant("Luigi")
dm.add_participant("Mario")
dm.add_participant("Giuliana")
dm.add_participant("Pietro")

print(dm)
print("")

parameters = ["Hybrid␣Testmeeting",
    "12.01.2023,␣17:00",
    "12.01.2023,␣18:00",
    "D181",
    "https://protrain.github.io/conf?abcdefu"]
hm = HybridMeeting(*parameters)

print(hm)
```

Ergebnis:

```
Physical Testmeeting (01.01.2023, 14:00 - 01.01.2023, 15:00)
Agenda:
- Neues Tool besprechen
- Feedback von Stakeholdern
Participants: Rolf, Birgit, Dieter, Sandra, Manfred
Room: C121

Digital Testmeeting (02.01.2023, 11:15 - 02.01.2023, 15:00)
Agenda:
- Digitalisierung
- Ausprobieren Telko
- Sonstiges
Participants: Luigi, Mario, Giuliana, Pietro
Link: https://protrain.github.io/conf?abcdefu

Hybrid Testmeeting (12.01.2023, 17:00 - 12.01.2023, 18:00)
Agenda: None
Participants: None
Room: D181
Link: https://protrain.github.io/conf?abcdefu
```

Algorithmische Tipps

Wenn du stockst und nicht weiterweißt, dann versuch mal Folgendes:

- Zeitpunkte kannst du in Java zum Beispiel mit der `java.time.LocalDateTime`-Klasse definieren.
- Du kannst das Hinzufügen von Einträgen auf unterschiedliche Weisen umsetzen. Zum Beispiel könntest du einen Array verwenden, welcher beim Hinzufügen ständig wächst,

du also die Einträge in ein neues größeres Array kopierst. Eine weitere Möglichkeit wäre das Verwenden einer ArrayList in Java bzw. einer Liste in Python.

- Die Elemente, die für alle Klassen gleich sind, brauchst du nur einmal zu definieren und kannst dann in den Unterklassen darauf zugreifen. Das wird dir sehr viele Zeilen Code einsparen.

W.10.11 Tanzwettbewerb

Neu

Schwierigkeit Zeitaufwand Kreativität

Auch ohne Processing lösbar

Themen

Mit dieser Aufgabe wollen wir folgende Dinge trainieren:

- Vererbung

Beschreibung

Bei der beliebten TV-Tanzshow „Lasset uns Tanzen" treten mehrere Tanzpaare in einem Wettbewerb gegeneinander an. Diese werden anschließend von einer Jury bewertet. Das Paar mit der höchsten Gesamtpunktzahl gewinnt das Spiel. Für das Game zur Show wollen wir nun diese Jury-Bewertung programmieren.

Jeder Tanz in der Show besteht aus zwei Personen, die miteinander tanzen. Jede Person hat dabei einen Namen, ein Geschlecht (weiblich, divers, männlich) sowie unterschiedliche Skilllevels für *Ausdruck*, *Bewegung oberhalb der Hüfte*, *Hüftschwung* und *Stabilität*. Die Skilllevels sind ganzzahlig und reichen von 0 (= sehr schlecht) bis 10 (sehr gut).

Die Tänze unterteilt die Show in Standard, Latein und Swingtänze. Bei diesen wird die Körperhaltung unterschiedlich von der Jury bewertet. Bei allen Tänzen wird die Bewertung aus dem Mittelwert eines Kriteriums von Person A und Person B berechnet. Dieses Kriterium (für Tanz relevantes Kriterium) ist die Stabilität bei Standard-, der Hüftschwung bei Latein- und die Bewegung oberhalb der Hüfte bei Swingtänzen.

Die Jury bewertet außerdem zwei weitere Kriterien:

- Die Paarharmonie bestimmt, ob die beiden Skilllevels für Ausdruck und das jeweils für Tanz relevante Kriterium für beide Personen ähnlich sind. Dafür nehmen wir den jeweils kleineren Wert eines Skilllevels, ziehen diesen vom größeren Wert ab. Diese Differenz ziehen wir von der Höchstpunktzahl 10 ab, addieren sie auf und wiederholen die Schritte für das andere Skilllevel. Die Paarharmonie ist dann der Mittelwert der beiden Berechnungen.
- Den Ausdruck des Paares bestimmen wir aus dem Maximum der beiden einzelnen Skilllevels für Ausdruck.

Die Jurybewertung ist dann die Gesamtsumme der drei Bewertungen für Körperhaltung, Paarharmonie und Ausdruck.

Aufgabenstellung

Entwickle zunächst ein UML-Klassendiagramm, welches die beschriebenen Tänze als Klassen mit Vererbung modelliert. Hierbei muss die Methode `getJuryScore()` umgesetzt werden, welche die Jurybewertung berechnet und zurückgibt.

Implementiere anschließend die Klassen und schreibe ein Programm, das Jurybewertungen für Tanzpaare zurückgibt.

Testfälle

- Person A (Ausdruck: 7, Oberhalb Hüfte: 10, Hüftschwung: 5, Stabilität: 5), Person B (Ausdruck: 4, Oberhalb Hüfte: 7, Hüftschwung: 6, Stabilität: 7)

- Latein: 20
- Standard: 20
- Swing: 22

Algorithmische Tipps

Wenn du stockst und nicht weiterweißt, dann versuch mal Folgendes:

- Aus der Beschreibung sollte sich eine Art Hierarchie ergeben.
- Die Funktionsaufrufe der einzelnen Klassen sind sehr ähnlich. Hier kannst du sehr viele Codezeilen einsparen.

W.10.12 Fahrtenbuch

Schwierigkeit Zeitaufwand Kreativität

Auch ohne Processing lösbar

Themen

Mit dieser Aufgabe wollen wir folgende Dinge trainieren:

- Vererbung

Beschreibung

Wir sollen für einen innerstädtischen Lieferdienst eine Software entwickeln, mit der wir Fahrtenbücher der einzelnen Teammitglieder auswerten können.

Vorher haben wir uns mit dem Unternehmen getroffen, das uns folgenden Sachverhalt beschrieben hat:

> *„Ein Fahrtenbuch soll Fahrten verwalten können, die die Teammitglieder mit den verschiedenen Fahrzeugen des Unternehmens zurücklegen. Jede Fahrt ist mit einem Fahrzeug assoziiert und speichert die zurückgelegten Kilometer einer Fahrt. Das Unternehmen verfügt über Fahrräder, Motorroller und Kleintransporter. Diese Fahrzeugtypen verfügen wiederum über verschiedene Sätze pro gefahrenem Kilometer, mit denen die Transportentgelte ermittelt werden. Fahrrad: 1,00 EUR/km, Motorroller 2,00 EUR/km und Kleintransporter 5,50 EUR/km. Um den Umsatz bestimmen zu können, soll das Fahrtenbuch über eine entsprechende Operation zur Berechnung verfügen."*

Aufgabenstellung

Entwickle zunächst ein UML-Klassendiagramm, das den vom Unternehmen beschriebenen Sachverhalt modelliert.

Implementiere anschließend die Klassen und schreibe ein Programm, das das Fahrtenbuch umsetzt. Denke daran, dass das Unternehmen natürlich alle Funktionalitäten aus dem Sachverhalt in dem Programm haben möchte.

Beachte bei der Programmierung, dass die Kapselung der Instanzvariablen strikt durchgesetzt wird.

Testfälle

- Vier Kilometer Fahrt mit dem Fahrrad kosten 4 Euro.
- 3 km Fahrrad, 7,12 km Motorroller und 56,11 km mit dem Kleintransporter kosten zusammen 325.845 Euro.

Algorithmische Tipps

Wenn du stockst und nicht weiterweißt, dann versuch mal Folgendes:

- Vielleicht erkennst du in den Strukturen diverse Objekte, die im Aufbau gleich aufgebaut sind, aber sich nur in einem Variablenwert unterscheiden. Hier könnten abstrakte Klassen sehr praktisch sein.
- Die Fahrten könntest du in einem Array speichern und zur Auswertung einzeln durchgehen.
- Der Fahrpreis berechnet sich aus dem Kilometerpreis, multipliziert mit den gefahrenen Kilometern.

W.10.13 Webseitengenerator

Schwierigkeit Zeitaufwand Kreativität

Auch ohne Processing lösbar

Themen

Mit dieser Aufgabe wollen wir folgende Dinge trainieren:

- Vererbung

Beschreibung

Für einen Wetterdienst sollen wir ein Programm entwickeln, welches auf Basis von Wetterdaten die Webseite des Wetterdienstes statisch generiert. Solche statischen Webseitengeneratoren bieten den Vorteil, dass die Webseite nicht bei jedem Seitenaufruf neu generiert werden muss. Damit kann der Wetterdienst die Wetterdaten effizienter an die Besucher ausliefern.

Jede Stadt hat einen Namen sowie einen Wetterzustand, welcher als Integerzahl zwischen sonnig (0), bewölkt (1) sowie regnerisch (2) unterschieden wird. Eine Großstadt besitzt zusätzlich noch mehrere Stadtteile. Alle Städte besitzen Funktionen, mit denen städtespezifische Bestandteile für die Webseite generiert werden können:

Die Funktion getContent() gibt HTML-Code für das Wetter zurück. Dieser unterscheidet sich entsprechend der Städteart (die großgeschriebenen Bezeichnungen sind Platzhalter für die passenden Werte):

- Kleinstadt: <p>In STADTNAME ist es WETTERZUSTAND.</p>
- Großstadt: <p>In STADTNAME ist es WETTERZUSTAND.</p><p>Dies trifft auch für die Stadtteile STADTTEIL1, STADTTEIL2, STADTTEIL3 [...] und LETZTERSTADTTEIL zu.</p>

Die Funktion getURL() generiert den Dateinamen, unter dem die für die Stadt entsprechende Unterseite zu finden ist. Diese unterscheidet sich ebenfalls nach den Städtearten (die großgeschriebenen Bezeichnungen sind Platzhalter für die passenden Werte):

- Kleinstadt: wetter_kleinstadt_STAEDTENAME.html
- Großstadt: wetter_grossstadt_STAEDTENAME.html

Der Städtename in der URL wird kleingeschrieben. Darüber hinaus werden alle Leerzeichen durch Bindestriche sowie die Umlaute ä, ö und ü durch ae, oe und ue ersetzt.

Zur Umsetzung des Webseitengenerators liegt uns folgendes UML-Diagramm vor:

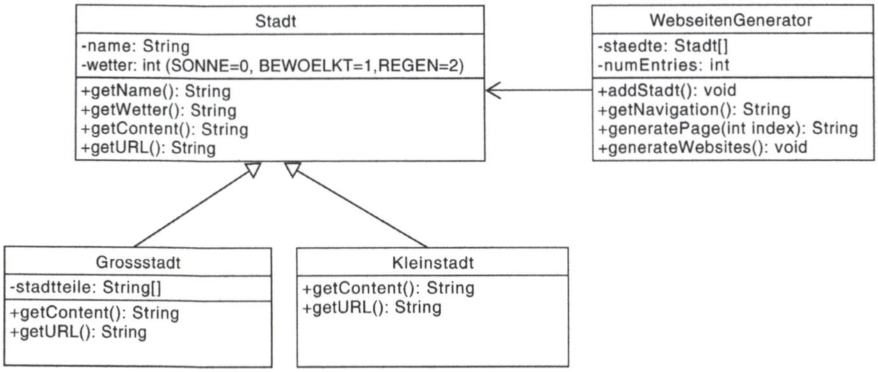

Der Webseitengenerator hat eine Liste von Städten, welche mit den integrierten Funktionen befüllt werden kann.

Die Funktion `getNavigation()` erstellt die Navigationsleiste für die Webseiten. Diese ist nach folgendem Schema aufgebaut:

```
<h1>Die Wetter-Webseite</h1><p><a href="URL_ZUR_SEITE">STAEDTENAME1</a> | <a
    href="URL_ZUR_SEITE">STAEDTENAME2</a> [...]</p>
```

Die Funktion `generateWebsites()` erstellt anschließend die HTML-Dateien der kompletten Wetterwebseite, die aus folgenden Bestandteilen besteht:

1. index.html: Die erste Seite, die lediglich aus der Überschrift und der Navigationsleiste besteht.
2. Die individuellen Unterseiten für die Städte.

Die Struktur in den HTML-Dateien ist dabei wie folgt aufgebaut (die großgeschriebenen Bezeichnungen sind Platzhalter für die passenden Werte):

```
<html>
    <body>
        NAVIGATIONSLEISTE
        WETTER
    </body>
</html>
```

Aufgabenstellung

Setze die im UML-Diagramm dargestellten Klassen um und generiere den beschriebenen Webseitengenerator. Baue entsprechende Getter- und Setter-Methoden ein.

Testfälle

- Köln (Großstadt)
  - Wetter: Sonne
  - Stadtteile: Ehrenfeld, Raderthal, Nippes, Poll, Esch, Pesch, Kalk
- Daaden (Kleinstadt)
  - Wetter: Bewölkt
- Bonn (Großstadt)
  - Wetter: Regen
  - Stadtteile: Poppelsdorf, Südstadt, Beuel, Duisdorf, Graurheindorf

Ergebnis:

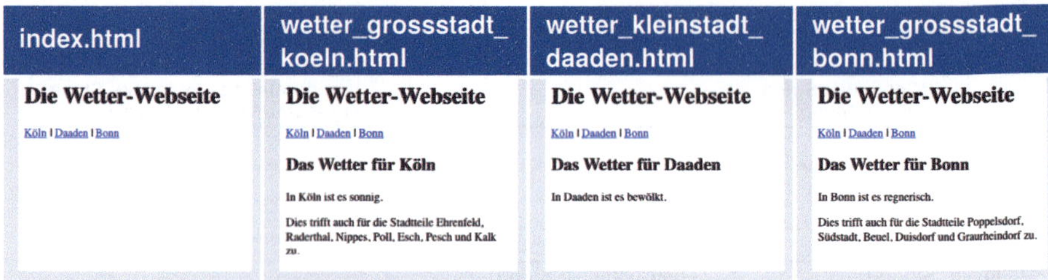

Algorithmische Tipps

Wenn du stockst und nicht weiterweißt, dann versuch mal Folgendes:

- In Processing kannst du den `PrintWriter` verwenden, um Dateien zu öffnen und darin hineinzuschreiben. Nach der Initialisierung mit `createWriter(dateiname)` kannst du mit dem Aufruf der Instanzmethode `Objekt.print(...)` anschließend Inhalte in die entsprechende Datei schreiben. Danach bitte nicht vergessen, die Datei mit `Objekt.close()` wieder zu schließen.
- Manche Textpassagen, die von den Methoden ausgegeben werden, scheinen für Kleinstadt und Großstadt identisch auszusehen. Könnte gut sein, dass du diese Passage nur in eine Klasse zu schreiben brauchst, um Tipparbeit zu sparen.
- Die Zahlen für das Wetter kannst du als verständliche Konstanten außerhalb der Klassen definieren. Dann brauchst du dir die einzelnen Zahlen nicht zu merken.

A Installation Processing

A.1 Einleitung

In diesem Anhang wollen wir Processing in der Version 4.2 installieren, damit wir es für die Aufgaben dieses Buches verwenden können. Da die Software in Java programmiert wurde, können wir sie auf nahezu allen bekannten Betriebssystemen nutzen. In den folgenden Abschnitten werden die Installationsschritte für Windows 11, macOS Ventura und Ubuntu Linux 22.04 LTS beschrieben.

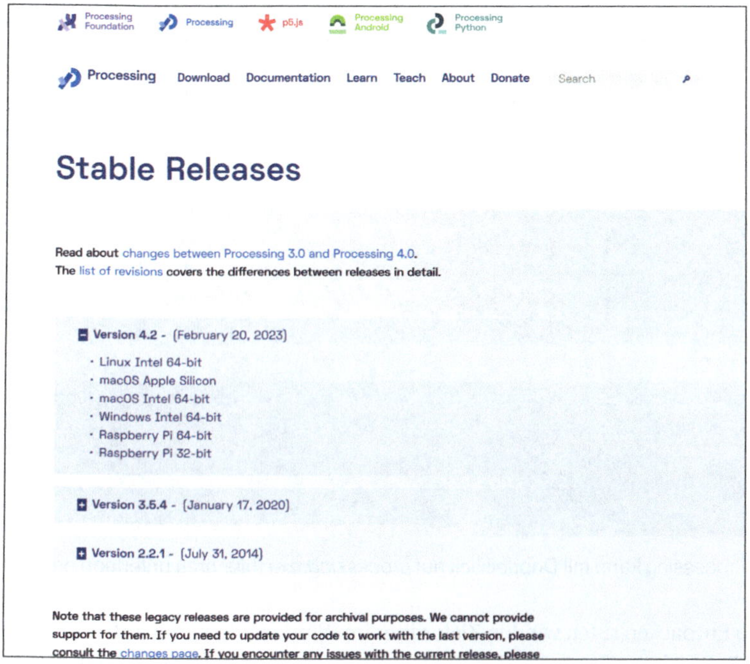

Bild A.1 Downloadbereich auf der Processing-Website

Die Funktionalität für Python müssen wir im Anschluss separat innerhalb der Processing-Software installieren. Die Schritte dafür sind für alle Betriebssysteme identisch und stehen in Abschnitt A.5 dieses Anhangs.

A.2 Windows

Um Processing auf einem Rechner mit *Windows 11* zu installieren, müssen wir zunächst die Downloadseite von Processing mit einem Webbrowser aufrufen (https://processing.org/releases). Die beschriebenen Installationsschritte sollten in vorherigen Windows-Versionen ähnlich sein. Wie in Bild A.1 zu sehen ist, wird für die Processing 4.2 die 64-bit Version vorgeschlagen. Weiter unten auf der Seite führt ein Link zu älteren Processing-Versionen und -Varianten.

Verwenden wir ein älteres System, sollten wir zunächst ermitteln, mit welchem *Systemtyp* wir arbeiten. Um die Bit-Version für unseren Rechner zu ermitteln, klicken wir mit der rechten Maustaste auf den Windows-Startbutton (standardmäßig unten links) und klicken im dann auftauchenden Pop-up-Menü mit der linken Maustaste auf *System*. Im dann sichtbaren System-Menü können wir unter *Systemtyp* herausfinden, ob wir ein 32- oder 64-Bit-Betriebssystem verwenden.

Mit dieser Info laden wir jetzt die passende Version von der Processing-Website herunter. Die heruntergeladene Zip-Datei entpacken wir mit einem Rechtsklick auf die Datei und einem Klick mit der linken Maustaste auf *Alle extrahieren...*. Den Zielordner können wir individuell wählen. Es wird der Ordner sein, in den wir Processing installieren werden.

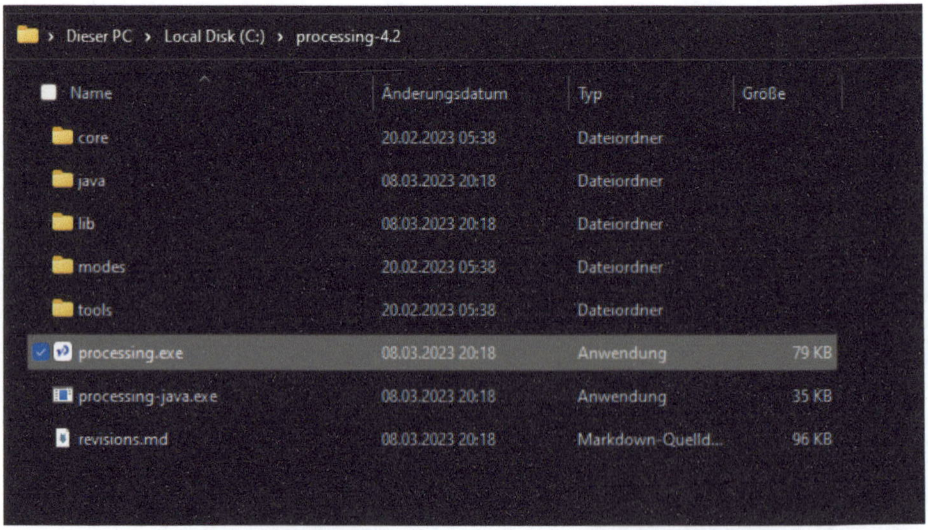

Bild A.2 Processing kann mit Doppelklick auf *processing.exe* (hier grau unterlegt) gestartet werden.

Nach dem Entpacken rufen wir den Zielordner im Windows-Explorer auf. Processing können wir anschließend mit Doppelklick auf die Datei *processing.exe* starten (siehe Bild A.2).

Sollte der vorausgehende Schritt nicht erfolgreich sein und Windows die Ausführung unterbinden, müssen wir zunächst die Eigenschaften der Datei *processing.exe* bearbeiten. Dazu klicken wir die Datei mit der rechten Maus-Taste an und wählen aus dem erscheinenden Menü den Eintrag *Eigenschaften* aus. Im aufpoppenden Dialog aktivieren wir das Kästchen *Zulassen*, siehe Bild A.3. Danach sollte sich Processing problemlos starten lassen.

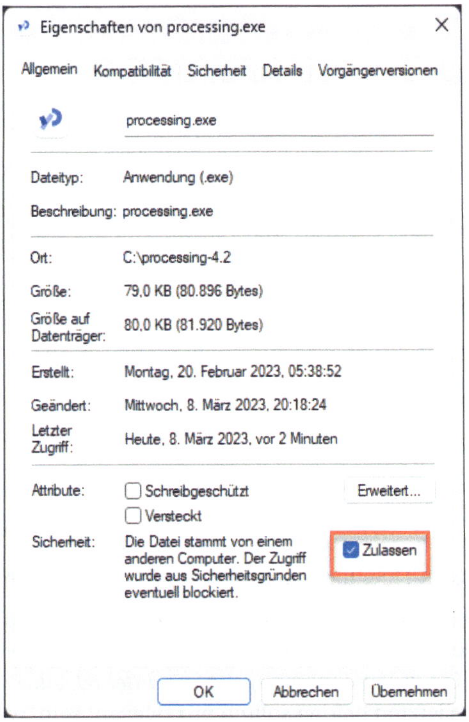

Bild A.3 Zugriff auf die Datei *processing.exe* zulassen.

A.3 macOS

Zur Installation auf *macOS Ventura* rufen wir zunächst die Downloadseite von Processing mit einem Webbrowser auf (https://processing.org/releases/) und laden dort die Version 4.2 für *macOS* herunter (siehe Bild A.1). Hierbei gibt es zwei Versionen für *Intel 64-bit* und *Apple Silicon* Prozessoren. Bei neueren Mac-Modellen sollte in der Regel Apple Silicon und bei den älteren Modellen Intel 64-bit geeignet sein. Die heruntergeladene Zip-Datei entpacken wir mit einem Klick auf diese Datei.

Nach dem Entpacken sollte im Ordner der Zip-Datei eine Datei mit Namen *Processing.app* erscheinen. Diese Datei markieren wir und ziehen sie in den *Programme*-Ordner auf der linken Seite (siehe Bild A.4). Damit haben wir Processing auf unserem System installiert. Wir können die Software jetzt wie jedes andere macOS-Programm aufrufen.

Die beschriebenen Installationsschritte sollten auch in vorherigen Versionen von macOS nach dem gleichen Schema funktionieren.

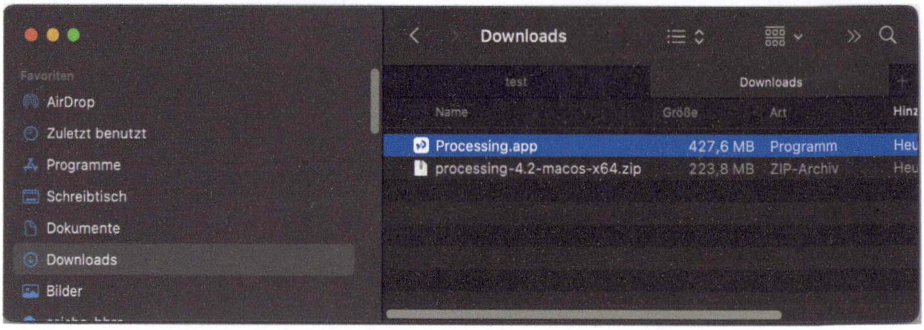

Bild A.4 Die Processing-App erscheint nach dem Entpacken der Zip-Datei. Diese müssen wir nur noch in den Programme-Ordner auf der linken Leiste verschieben.

A.4 Linux

Die Installationsschritte sind hier für *Ubuntu Linux 22.04 LTS (Jammy Jellyfish)* beschrieben.

Im ersten Schritt müssen wir die Downloadseite von Processing mit einem Webbrowser aufrufen (https://processing.org/releases/, siehe auch Bild A.1). Hier wird uns Processing für drei verschiedene Linux-Versionen angeboten: *Intel 64-bit, Raspberry Pi 64-bit* und *Raspberry Pi 32-bit.* Die letzten beiden sollten nur relevant sein, wenn wir Processing auf einem Raspberry Pi oder ähnlichen Geräten installieren wollen.

Um festzustellen, ob wir Ubuntu Linux mit 64 oder 32 Bit verwenden, müssen wir oben rechts in die Ecke klicken, wodurch ein Menü mit Informationen über das Netzwerk, dem Login-Namen und den Akkustand erscheinen sollte. In diesem Menü klicken wir auf das Werkzeugsymbol, womit wir in das Einstellungsmenü kommen. Wenn wir in diesem Menü im Abschnitt *System* auf den Menüpunkt *Details* klicken, werden uns Informationen zum System angezeigt. Bei *OS Type* können wir sehen, ob wir ein 32- oder 64-Bit-System nutzen. Leider wird Processing nur noch für 64-Bit-Systeme unterstützt.

Sofern wir ein 64-Bit-System nutzen, laden wir die passende Version mit unserem Webbrowser herunter. Die heruntergeladene *tgz*-Datei lassen wir uns im Dateimanager anzeigen und entpacken sie mit einem Doppelklick darauf. Anschließend sollte ein neuer Ordner erstellt worden sein. Den Inhalt dieses Ordners können wir in den persönlichen Ordner verschieben. Dies wird unser Installationsordner sein. In diesen müssen wir anschließend navigieren, bis wir eine Ordneransicht wie in der Bild A.5 sehen.

Zur Installation von Processing müssen wir das Terminal an dieser Stelle der Ordnerstruktur öffnen. Dazu klicken wir mit der rechten Maustaste in eine freie Stelle der Ordneransicht und klicken mit der linken Maustaste auf *Im Terminal öffnen.*

Im erscheinenden Terminalfenster tippen wir jetzt `./install.sh` ein und bestätigen mit Enter. Damit haben wir Processing installiert, und eine Verknüpfung wird den Ubuntu-Anwendungen hinzugefügt. Unter der Anwendungsauswahl (das viereckige Logo mit den 3×3 angeordneten Rechtecken zeigt *Anwendungen anzeigen* an, wenn wir etwas länger mit dem Mauszeiger drüber bleiben) können wir nun Processing auswählen und starten.

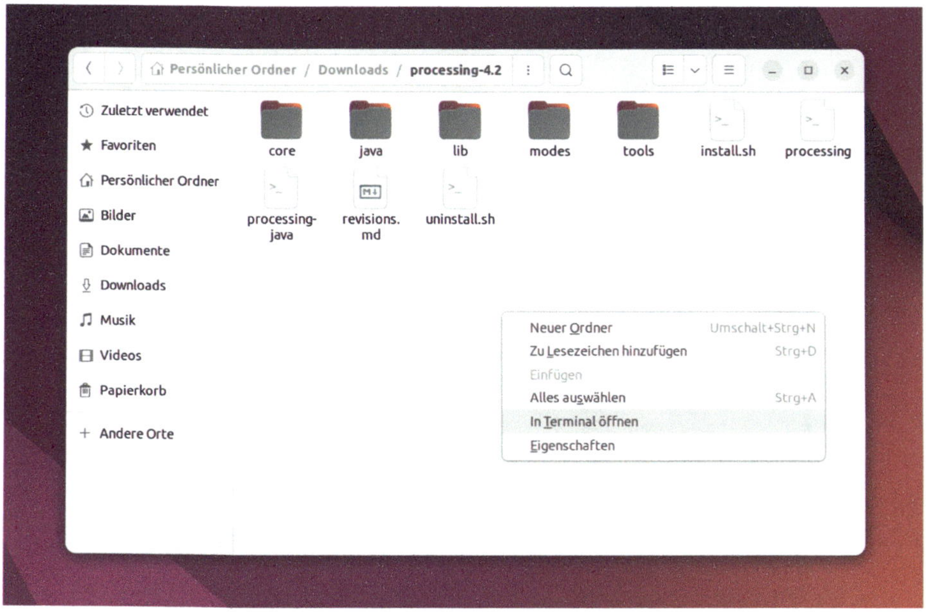

Bild A.5 Wenn wir diese Ordnerstruktur mit der `install.sh` sehen, können wir Processing installieren. Das Terminal öffnen wir mit Rechtsklick in die freie Fläche.

A.5 Aktivierung des Python Mode

Um die im Buch beschriebenen Aufgaben mit Python lösen zu können, müssen wir den *Python-Mode* in Processing aktivieren. Hierzu öffnen wir zunächst Processing auf unserem Betriebssystem.

Anschließend klicken wir bei einem neuen Sketch auf den Auswahlbutton oben rechts mit der Beschriftung *Java*. Im dann erscheinenden Drop-down-Menü wählen wir *Modes verwalten...* aus.

Im dann sichtbaren *Contribution Manager*, wie in Bild A.6 zu sehen, wählen wir den *Python Mode for Processing 4* aus und klicken auf den *Install*-Button unten rechts. Anschließend haben wir den Python Mode installiert und können ihn bei einem neuen Sketch auswählen, indem wir wieder auf den Auswahlbutton oben rechts mit der Beschriftung *Java* klicken.

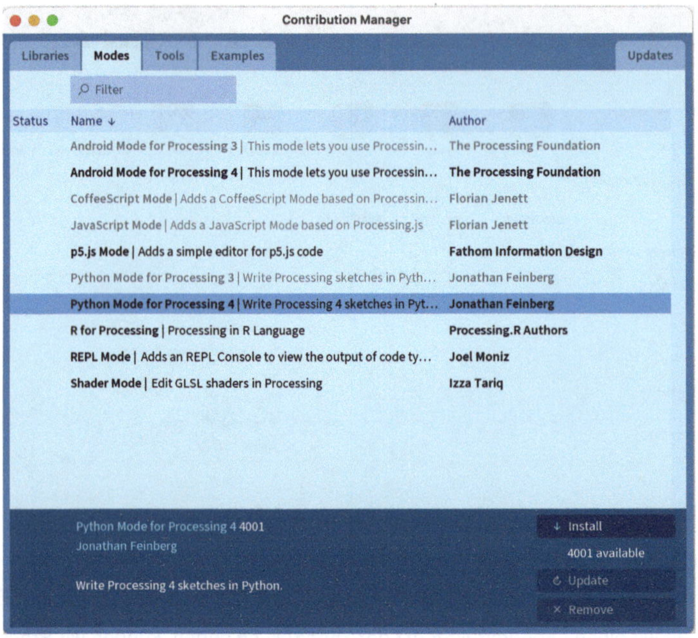

Bild A.6 Contribution Manager zur Installation des Python Modes

B Howto: Buch-Aufgaben ohne Processing lösen

Damit ihr so schnell wie möglich mit dem Programmiertraining loslegen könnt, sind **alle Lösungsvorschläge im Buch für die Entwicklungsumgebung Processing optimiert**. Processing lässt sich leicht installieren, erlaubt das ballastfreie und sofortige Loslegen, ohne mit Konfigurationswidrigkeiten hadern zu müssen, und beinhaltet Funktionen, mit denen einfache grafische Ausgaben programmiert werden können. Besonders das Zeichnen von Elementen kann in Processing durch die integrierten Funktionen deutlich schneller und leichter umgesetzt werden. Das bedeutet aber auch, dass einige unserer Lösungsvorschläge in der abgedruckten Form nicht in „reinem" Java oder Python funktionieren.

Für fortgeschrittene Programmiererinnen und Programmierer gibt es aber Wege, wie ihr unsere Aufgaben ohne Processing lösen könnt.

B.1 Java

Da Processing auf Java basiert, könnt ihr die Java-Library von Processing (Processing Core) in euer Projekt importieren. Diese Library mit dem Dateinamen `core.jar` findet ihr im Processing-Programmordner unter `core/library/`. Unter macOS müsst ihr im Finder einen Rechtsklick auf die Processing-App machen, dann auf *Paketinhalt anzeigen* klicken und dann in den Ordner `Contents/Java/core/library/` navigieren. Die aktiven Leute von Processing haben zum Importieren der Library in die Programmierumgebung Eclipse eine ausführliche Anleitung geschrieben (https://web.archive.org/web/20190316234615/https://processing.org/tutorials/eclipse/).

B.2 Python

Für Python ist das nicht ganz so einfach anpassbar, da der Python-Mode in Processing vor der Ausführung den Python-Code in Java umwandelt. Folglich existiert aktuell leider keine Möglichkeit, um die integrierten Processing-Funktionen in Python aufzurufen.

Abseits von Processing existieren für Python jedoch 2D-Zeichenlibraries (z. B. Tkinter (https://wiki.python.org/moin/TkInter), pygame (https://www.pygame.org/) oder graphics.py (https://pypi.org/project/graphics.py/). Diese kommen zwar unserer Meinung nach nicht an die Einfachheit von Processing heran, bieten jedoch ähnliche Funktionen. Wir zeigen anhand von Pygame, wie sich damit eine Zeichenaufgabe aus dem Buch in Standard Python 3 umsetzen lässt.

Beispiel: pygame

Die Pygame-Programmbibliothek bietet im Gegensatz zu Tkinter auch 2D-Rotationen, weshalb wir sie zur Umsetzung der Windrad-Aufgabe aus dem Kapitel „Kontrollstrukturen" nutzen können. Hierbei werden auch die Grenzen und Möglichkeiten von pygame deutlich.

Installation

Installieren können wir pygame in der Kommandozeile über den Python-Paketmanager **pip**:

```
pip install pygame
```

Alle Klassen und Funktionen von pygame sind in der offiziellen Dokumentation beschrieben (https://www.pygame.org/docs/). Darüber hinaus sind auf der offiziellen Website einige Tutorials zu finden (https://www.pygame.org/wiki/tutorials).

Los geht's

Die Initialisierung von pygame ist relativ simpel:

```
# coding=utf-8
import sys, pygame

# Starte Pygame
pygame.init()
```

Die Fenstergröße (in Processing wäre das der `size()`-Befehl) setzen wir mit:

```
# Definiere Fenstergröße
width = 800
height = 800

# Setze Abmaße für Bildschirmfenster
screen = pygame.display.set_mode((width, height))
```

Mit dem hier initialisierten `screen`-Objekt können wir später den Inhalt des Bildschirmfensters setzen.

Die `draw()`-Funktion in Processing können wir in Form einer Endlosschleife abbilden:

```
while 1:
  # Hier folgen dann die weiteren Befehle
```

Innerhalb dieser Schleife können wir dann die Fensterinhalte zeichnen. Zunächst definieren wir den Hintergrund des Bildschirmfensters:

```
white = 255, 255, 255

# Setze Hintergrund auf Weiß
screen.fill(white)
```

Probleme

Da wir in pygame keinen Bogen mit Farbfüllung zeichnen können, verwenden wir im Beispiel stattdessen ein Rechteck.

Pygame besitzt von sich aus leider keine Funktion zum Verschieben des Koordinatensystems (`translate()`-Funktion in Processing). Folglich müssen wir hier selbst die Koordinaten der einzelnen Elemente berechnen. Dies hat auch zur Folge, dass wir das Koordinatensystem nicht drehen können (`rotate()`-Befehl in Processing).

Daher sind Rotationen in pygame nicht so trivial wie in Processing umzusetzen. Nach Beginn der Schleife wie in der Processing-Lösung

```
# Erzeuge Einzelteile des Windrades
for i in range(0, 8):
```

sind folgende Schritte notwendig:

1. Wir müssen zunächst eine Zeichenfläche (leeres Bild) erzeugen

```
# Erzeuge neue Zeichenfläche für Windrad-Element (radius x radius)
surface = pygame.Surface(((radius, hoehe)))
```

2. dort entsprechend draufzeichnen

```
# Setze Hintergrund der Zeichenfläche auf Transparent (blende weiße Farbe aus
    )
surface.fill(white)
surface.set_colorkey(white)

# Male Rechteck auf die Zeichenfläche
pygame.draw.rect(surface, windrad_farbe, windrad_abmasse)
```

3. diese Zeichenfläche dann rotieren

```
# Rotiere den Bogen um entsprechende Gradzahl
winkel = -45*i

# Einfache Rotation durchführen
# Achtung: Ab 90 Grad Rotation verändert pygame die Abmaße unserer
# Zeichenfläche
surface = pygame.transform.rotate(surface, winkel)
```

4. und diese Zeichenfläche an die entsprechende Position im Fenster zeichnen.

```
# Rotiere den Bogen um entsprechende Gradzahl
winkel = -45*i

# Einfache Rotation durchführen
# Achtung: Ab 90 Grad Rotation verändert pygame die Abmaße unserer
# Zeichenfläche
surface = pygame.transform.rotate(surface, winkel)
```

5. Ab einer Rotation um 90 Grad werden von pygame die Bildmaße der Zeichenfläche verändert, sodass wir hier Sonderfälle behandeln müssen.

```
# Berechne Position der gedrehten Zeichenfläche.
if i<3:
    # Zeichne unten rechts
    # (obere linke Ecke der Zeichenfläche in der Mitte des Bildes)
    position = surface.get_rect(topleft = mitte)
```

```
elif i<5:
    # Zeichne unten links
    # (obere rechte Ecke der Zeichenfläche in der Mitte des Bildes)
    position = surface.get_rect(topright = mitte)
elif i<7:
    # Zeichne oben links
    # (untere rechte Ecke der Zeichenfläche in der Mitte des Bildes)
    # Wir müssen dabei die Y-Position um die Hälfte der Höhe verschieben,
        damit
    # wir in der Mitte des Windradflügels sind
    position = surface.get_rect(bottomright = (mitte[0], mitte[1]+hoehe/2))
else:
    # Zeichne oben rechts
    # (untere linke Ecke der Zeichenfläche in der Mitte des Bildes)
    # Wir müssen dabei die Y-Position um die Hälfte der Höhe verschieben,
        damit
    # wir in der Mitte des Windradflügels sind
    position = surface.get_rect(bottomleft = (mitte[0], mitte[1]+hoehe/2))
```

6. Schließlich zeichnen wir diese rotierte Zeichenfläche in das Bildschirmfenster:

```
# Zeichne Fläche in das Bildschirmfenster
screen.blit(surface, position)
```

Nach Ende dieser Schleife müssen wir dann noch dafür sorgen, dass die gezeichneten Elemente im Fenster dargestellt werden. Dies erfolgt mit:

```
# Zeige alle gezeichneten Elemente im Fenster an
pygame.display.flip()
```

Womit wir folgendes Ergebnis erhalten:

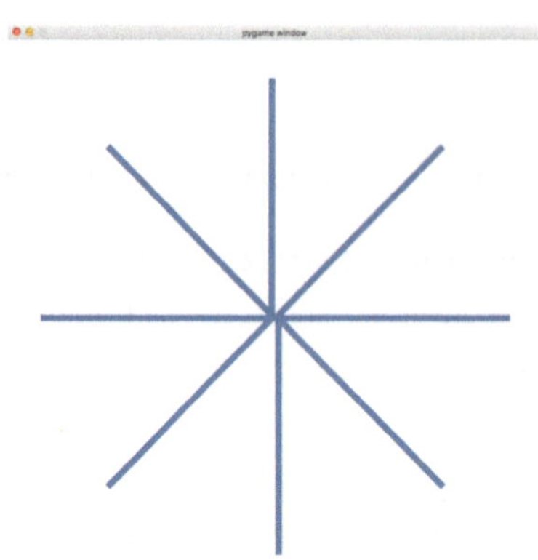

Bild B.1 Das ‚Windrad' in Pygame

Die Lösung findet ihr auch in unserem GitHub-Repository zum Buch.

B.3 Fazit

Die Lösungen lassen sich auch ohne Processing umsetzen. Allerdings wird sich dann besonders in Python der Schwierigkeitsgrad deutlich erhöhen. Aufgaben mit Rotationen sind damit deutlich schwieriger umzusetzen (Tkinter hat keine integrierte Rotationsfunktion!).

Wenn ihr allerdings schon die Workouts aus dem Buch in Processing geschafft habt, könnt ihr es natürlich auch mal in „reinem" Java oder Python probieren. Wenn ihr Lösungen ohne Processing umgesetzt habt, stellen wir sie gerne im Github-Repository zum Buch online.

C Lösungen in Java

C.1 Download und Verwendung der elektronischen Lösungen

In diesem Anhang haben wir unsere Lösungsvorschläge in Java für alle Aufgaben abgedruckt. Vielleicht möchtest du deine Lösungen mit unseren Vorschlägen vergleichen. Damit du aber nicht alle Lösungen von Hand abtippen musst, haben wir alle Quelltexte für dich als Download bereitgestellt. Hierbei hast du die Möglichkeit zwischen den Online-Plattformen GitHub und Hanser Plus.

In diesem Kapitel findest du alles Wichtige zu Download und Verwendung der elektronischen Lösungen.

C.1.1 Download von GitHub

Die Quelltexte haben wir auf dem Online-Dienst **GitHub** hochgeladen. Dieser ist in der Programmierszene besonders populär. Hierbei gibt es zwei Möglichkeiten, wie du die Quelltexte herunterladen kannst.

1. **Download über die Kommandozeile**

   Solltest du bereits die Versionsverwaltungs-Software *git*[1] auf deinem Computer installiert haben, kannst du das sogenannte Repository clonen. Ein Repository speichert jede Änderung an einem Quellcode, und das *Clonen* ist der Download eines angegebenen Zeitpunktes in der Programmentwicklung. Standardmäßig ist der Zeitpunkt immer der aktuellste Stand der Programmcodes.

   Zum Clonen der Quelltexte auf deinen Computer brauchen wir lediglich im Zielordner diese Zeile in der Kommandozeile eingeben und mit der Enter-Taste ausführen:

   ```
   git clone https://github.com/protrain/loesungen.git
   ```

   Die Quelltexte werden damit in den aktuellen Ordner, der in der Kommandozeile angegeben ist, kopiert.

[1] Zur Installation von *git* existieren viele Möglichkeiten. Hier ist jeweils eine für jedes Betriebssystem: Windows (https://git-for-windows.github.io/), macOS (`xcode-select --install` in der Kommandozeile), Linux (`sudo apt-get install git` in der Kommandozeile)

2. **Zip-Archiv von der Website**

   Ganz ohne die Kommandozeile funktioniert diese Variante. Dazu öffnen wir einen Browser und rufen diese Website auf: https://github.com/protrain/loesungen

   Anschließend wird uns der Projektordner mit den Lösungsvorschlägen angezeigt. Um uns das ganze Projekt als Zip-Datei herunterzuladen, klicken wir auf einen grünen Button auf der rechten Seite mit der Beschriftung *Code* (siehe Bild C.1). Im dann erscheinenden Reiter klicken wir auf *Download ZIP*. Dieses Zip-Archiv laden wir uns herunter und entpacken es in einem Ordner unserer Wahl.

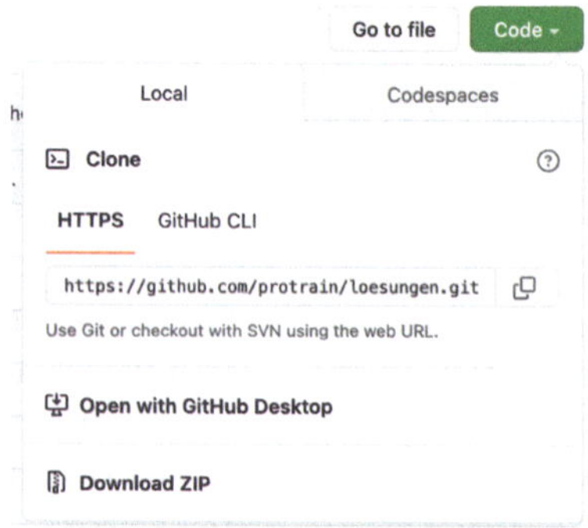

Bild C.1 Über diesen Button und einen Klick auf *Download ZIP* können wir die Lösungsvorschläge herunterladen.

Nach beiden Varianten sollten die Lösungen in einem Ordner auf der Festplatte liegen.

C.1.2 Download von Hanser Plus

Solltest du kein GitHub nutzen wollen, dann kannst du dir die Lösungen auch bei Hanser Plus herunterladen. Dafür musst du einfach den Link https://plus.hanser-fachbuch.de aufrufen und den Code `plus-23nr4-W2umK` eingeben. Die Dateien kannst du dir dann als ZIP-Datei herunterladen.

C.1.3 Öffnen der Programme

Die Ordnerstruktur ist nach diesem Schema aufgebaut:

- loesungen_in_java
  - 02-einfuehrung_in_die_programmierung
    - aufgabe_02_2_1_meinErstesProgramm
    - aufgabe_02_2_2_weihnachtsbaum
    - … *weitere Aufgaben*
  - 03-variablen,_datentypen,_operatoren_und_ausdruecke
    - … *Aufgaben*

  - 04-kontrollstrukturen
    * *... Aufgaben*
  - *... weitere Kapitel*
- loesungen_in_python
  - ...

Die erste Ordnerebene unterscheidet zwischen den Java- und Python-Lösungen, in der zweiten Ebene werden die Kapitel unterteilt, und in der dritten Ebene folgen dann die einzelnen Aufgaben zu den jeweiligen Kapiteln. In den Aufgabenordnern finden wir das Processing-Projekt zur entsprechenden Aufgabe mit der Dateiendung *.pde* (Java) bzw. *.pyde* (Python). Diese können wir in Processing über den Reiter *Datei → Öffnen ...* öffnen.

Wenn wir beispielsweise den Java-Lösungsvorschlag zur Aufgabe W.3.1 öffnen wollen, klicken wir zunächst *Datei → Öffnen ...*, gehen in den Ordner *loesungen_in_java/03-variablen,[...]/aufgabe_03_2_01_[...]]* und öffnen darin die Datei *aufgabe_03_2_01_rechen aufgaben.pde* mit einem Doppelklick. Das Projekt haben wir damit geladen und können es mit einem Klick auf den Play-Button ausführen.

C.1.4 Tipp: Debugger

Wenn du die Funktionsweise des Codes besser verstehen möchtest, empfehlen wir den in Processing integrierten Debugger. Allerdings ist dieser nur im Java-Modus verfügbar.

Mit dem Debugger können wir die Code-Ausführung an bestimmten Stellen im Code stoppen und die Werte aller Variablen zu dem Zeitpunkt einsehen. So können wir Programme Anweisung für Anweisung nachvollziehen.

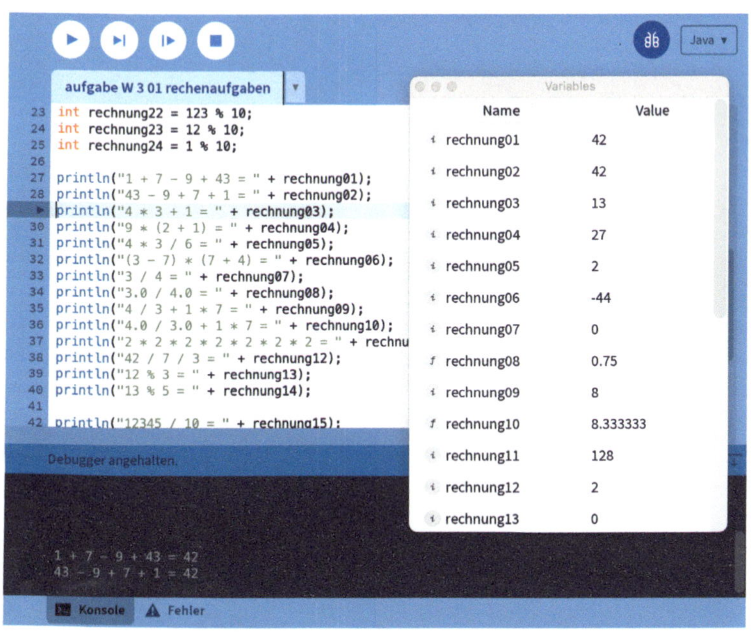

Bild C.2 Der Debugger in Processing

Wir testen den Debugger beispielhaft anhand der Aufgabe W.3.1. Um den Debugger zu aktivieren, klicken wir zunächst auf der linken Seite auf das Schmetterlingssymbol (siehe Bild C.2). Wenn wir den Code bei Zeile 29 stoppen wollen, klicken wir mit der linken Maustaste auf die Beschriftung der Zeile. Diese Beschriftung sollte sich nun zu einem Rautenzeichen verändern, womit wir einen Haltepunkt (Breakpoint) im Code gesetzt haben (siehe Bild C.2).

Den Debugging-Vorgang können wir jetzt mit dem zweiten Button von links oben starten. Der Code wird nun bis zur Zeile 29 ausgeführt und dann gestoppt. In dem dann geöffneten Fenster mit der Beschriftung *Variables* werden die Werte der verwendeten Variablen angezeigt (siehe Bild C.2). In diesem Beispiel sind dies die Ergebnisse der einzelnen Rechenaufgaben.

Zum weiteren Debuggen haben wir nun zwei Möglichkeiten:

1. Mit dem zweiten Button von links oben (Dreieck mit einem Strich rechts davon) können wir den Debugger bis zur nächsten Zeile (in diesem Fall Zeile 30) springen lassen. Hierbei müssen wir keinen Breakpoint für Zeile 30 gesetzt haben.
2. Mit dem dritten Button von links oben (Dreieck mit einem Strich links davon) können wir den Debugger bis zum nächsten Breakpoint springen lassen.

Mit diesem Vorgehen können wir nun zu Stellen im Code springen, die uns interessieren, und sie genauer analysieren. So können wir beispielsweise auch Processing-Grafiken beim Entstehen betrachten, wenn wir bei den Zeichenelementen den Debugger stoppen lassen.

D Lösungen in Python

D.1 Download und Verwendung der elektronischen Lösungen

In diesem Anhang haben wir unsere Lösungsvorschläge in Java für alle Aufgaben abgedruckt. Vielleicht möchtest du deine Lösungen mit unseren Vorschlägen vergleichen. Damit du aber nicht alle Lösungen von Hand abtippen musst, haben wir alle Quelltexte für dich als Download bereitgestellt. Hierbei hast du die Möglichkeit zwischen den Online-Plattformen GitHub und Hanser Plus.

In diesem Kapitel findest du alles Wichtige zu Download und Verwendung der elektronischen Lösungen.

D.1.1 Download von GitHub

Da die Python- und Java-Quelltexte alle in einem Projektordner gespeichert sind, kannst du hier die gleichen Schritte wie in Abschnitt C.1.1 durchführen.

D.1.2 Download von Hanser Plus

Solltest du kein GitHub nutzen wollen, dann kannst du dir die Lösungen auch bei Hanser Plus herunterladen. Dafür musst du einfach den Link https://plus.hanser-fachbuch.de aufrufen und den Code `plus-23nr4-W2umK` eingeben. Die Dateien kannst du dir dann als ZIP-Datei herunterladen.

D.1.3 Öffnen der Programme

Die Ordnerstruktur ist nach diesem Schema aufgebaut:

- loesungen_in_java
  - ...
- loesungen_in_python
  - 02-einfuehrung_in_die_programmierung
    - aufgabe_02_2_1_meinErstesProgramm

    - aufgabe_02_2_2_weihnachtsbaum
    - … *weitere Aufgaben*
  - 03-variablen,_datentypen,_operatoren_und_ausdruecke
    - … *Aufgaben*
  - 04-kontrollstrukturen
    - … *Aufgaben*
  - … *weitere Kapitel*

Die erste Ordnerebene unterscheidet zwischen den Java- und Python-Lösungen, in der zweiten Ebene werden die Kapitel unterteilt, und in der dritten Ebene folgen die einzelnen Aufgaben zu den jeweiligen Kapiteln. In den Aufgabenordnern findest du dann das Processing-Projekt zu der entsprechenden Aufgabe mit der Dateiendung *.pde* (Java) bzw. *.pyde* (Python). Diese kannst du in Processing über den Reiter *Datei* → *Öffnen …* öffnen.

Wenn wir beispielsweise den Python-Lösungsvorschlag zur Aufgabe W.3.1 öffnen wollen, klicken wir zunächst *Datei* → *Öffnen …*, gehen in den Ordner *loesungen_in_python/03-variablen,[…]/aufgabe_03_2_01_[…]]* und öffnen darin die Datei *aufgabe_03_2_01_[…].pyde* mit einem Doppelklick. Das Projekt haben wir damit geladen und können es mit einem Klick auf den Play-Button ausführen.